# TE LIJF

Van Isa Hoes verscheen eveneens

*Doordraven en overeind blijven* (met Barry Atsma)
*Toen ik je zag*
*Kompas* (essay voor de Maand van de Spiritualiteit 2015)
*Gedichten die vrouwen aan het huilen maken*
*Engel* (met Vlinder Kamerling)

Isa Hoes & Medina Schuurman

# TE LIJF

## De kunst van het *mooi* ouder worden

Met illustraties van Petra Lunenburg

Ambo|Anthos
Amsterdam

isamedina.com

MIX
Papier van
verantwoorde herkomst
FSC® C004472

Eerste druk 2016

Negende druk 2019

ISBN 978 90 263 4574 6

Deze uitgave kwam tot stand door bemiddeling van Sebes & Bisseling

Literair Agentschap te Amsterdam

Redactie Jet [red.]

Boekverzorging Marry van Baar

Illustraties © Petra Lunenburg

Foto's auteurs © Mark Uyl

Verspreiding voor België:

Veen Bosch & Keuning uitgevers nv, Antwerpen

# INHOUD

# VOORWOORD

*Was will das Weib? Alles bitte!*

'Het lijkt wel alsof ik mezelf kwijt ben.' Dat horen wij onszelf de laatste tijd net iets te vaak zeggen. En dat is vreemd, want we hebben onze levens inmiddels toch best goed op de rit. Leuk en veel werk, lieve kinderen, onze draai gevonden in het alleenstaand ouderschap – waarom voelen we ons dan zo? Wat is hier aan de hand?

Het blijkt de overgang te zijn. Heb je het leven eindelijk een beetje door, krijg je dat.

Eerlijk gezegd zien wij nogal op tegen al die veranderingen en lichamelijke aftakeling. Al is het voor ertegen opzien een beetje laat, want we zitten er duidelijk middenin. Ze zeggen dat het een fase is. Dat is fijn, maar hoe komen we die enigszins prettig door? We willen graag mooi, elegant en gezond ouder worden. We willen deze periode het begin laten zijn van een mooie tweede helft. Zo wordt de overgang hopelijk, in plaats van een drama, een *passage to power*.

Over de overgang wordt weinig gesproken. Het is geen 'sexy' onderwerp. Maar ondertussen heeft het op veel vrouwen een enorme impact. We begrijpen dat tachtig procent van de vrouwen overgangsklachten heeft en dat één op de drie zich hierdoor regelmatig ziek meldt. Bovendien worden we steeds ouder; na de overgang hebben we nog een heel leven te leven. Het liefst zo fris en fruitig mogelijk, wat ons betreft. En gezien de risico's op allerlei ziekten die samenhangen met hormonale veranderingen (zoals hart- en vaatziekten en osteoporose) is het van nog groter belang te weten hoe je zo gezond mogelijk ouder wordt.

Omdat wij de ballen verstand hadden van die hele overgang, zijn we samen op zoek gegaan naar informatie. De uitkomst daarvan delen we graag met jou en die talloze andere vrouwen die in de overgang zijn of nog moeten komen. Dit is geen wetenschappelijk handboek. We hebben alles wat op ons pad kwam getest en aan den lijve ondervonden. Het is een weergave van onze persoonlijke zoektocht, aangevuld met kennis en adviezen van (ervarings)deskundigen: van gynaecoloog tot voedingsexpert, van feminist tot filosoof.

Wij zijn dolblij dat we elkaar hebben in deze fase van ons leven. Onze vriendschap helpt ons echt door die soms pittige periodes heen. We hopen dat jij ook een of meerdere vriendinnen hebt met wie jij je ervaringen kunt delen. Maar mocht je er voor je gevoel alleen voor staan in de overgang, vrees dan niet: we delen in dit boek alles wat we te weten zijn gekomen over onze overgang, wat meevalt én wat ontzettend tegenvalt.

Dus als je niemand hebt, laat ons dan je 'vrouwengroep' zijn. We voelen ons vereerd en ja, ook strijdbaar. De overgang is namelijk iets heel natuurlijks. Je kunt doen alsof er niks aan de hand is, maar wat schiet je daarmee op? Door de overgang te negeren of te bagatelliseren, mis je de kans er iets moois van te maken. En als je erop voorbereid bent en je ervaringen kunt delen, kan dat zoveel schelen in hoe je het beleeft!

Zit je in de overgang, weet dan: je bent niet alleen. Je bent in uitstekend gezelschap. Tegenwoordig zijn vrouwen in de overgang geen afgeschreven oude besjes meer op weg naar het einde. Wij, en velen met ons, staan nog midden in het leven en we willen dat graag zo houden. Dat alles tijdelijk op z'n kop wordt gezet, kun je ook zien als een seintje van de natuur om orde op zaken te stellen. Ook daaraan besteden we ruimschoots aandacht: levenskeuzes maken in de overgang. Dat betekent niet: alles overboord gooien. Het betekent wel: onderzoeken wie je bent en wat je wilt en op basis daarvan je leven (her)inrichten. Je hoeft niet per se van alles los te laten, je kunt ook op een andere manier vasthouden. En onthoud: het is een fase. Op naar een mooie, glorieuze tweede helft!

Kus,
Isa & Medina (IM)

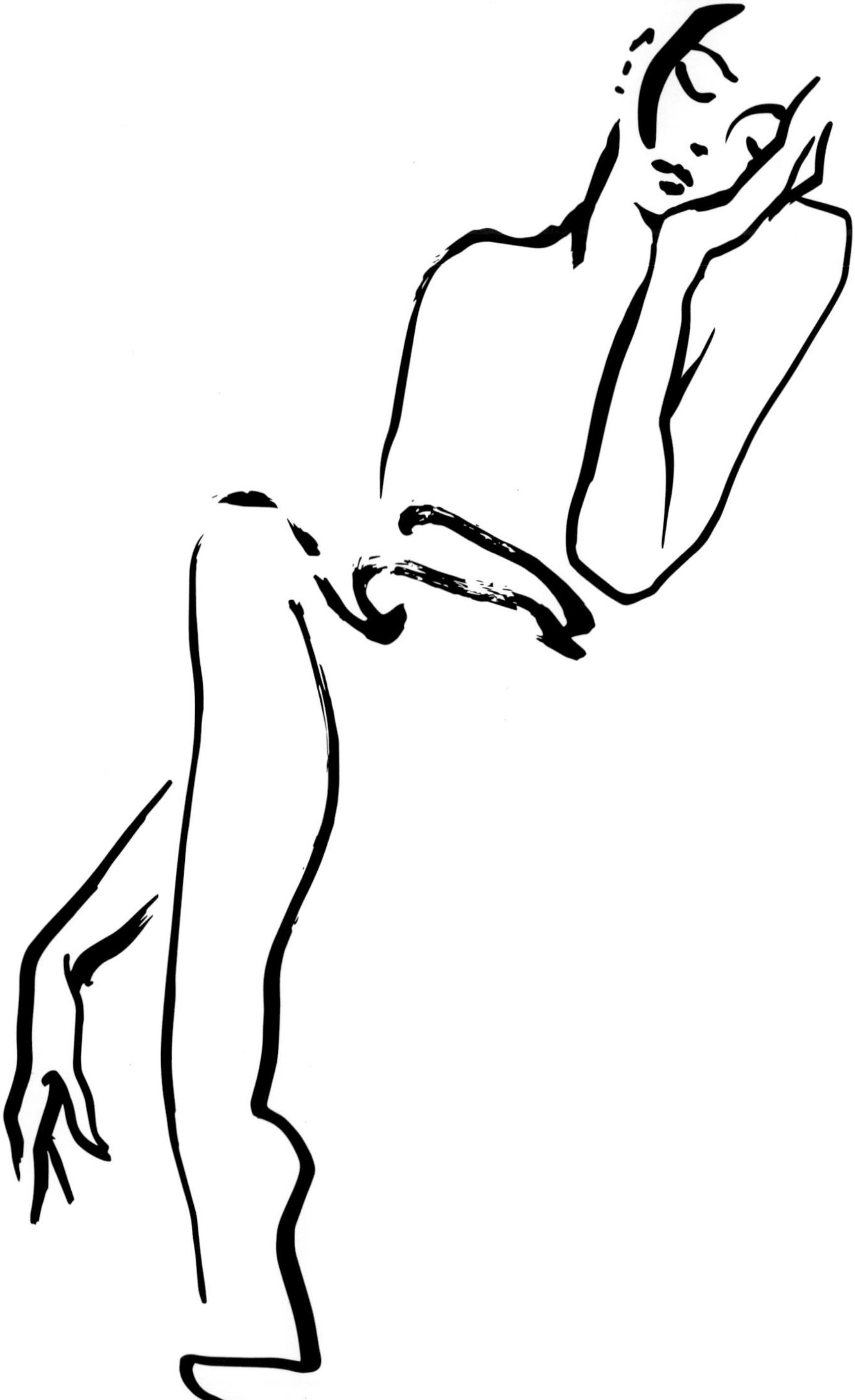

HOOFDSTUK 1

# ALTIJD MOE

## Het begin van het einde?

ISA HOES De wekker gaat. Nee... Ik heb de halve nacht wakker gelegen en ben voor mijn gevoel pas net in slaap gevallen. Ik ben gesloopt. En niet van één nacht; dit is al weken aan de gang.

Vlinder kijkt me lief aan. 'Wil je nog blijven slapen, mama?'

Ja, heel graag, maar dat kan dus niet. Ik heb een strak ochtendritueel: eerst een kopje thee voor Vlinder, citroen uitpersen voor mezelf, lunch voor school maken en een vers sapje, en dan heb ik nog net tijd voor mijn 7-minuten-workout. Dan douchen en naar school.

Ik ben nu al kapot, en dan moet de dag nog beginnen. Ik voel me eigenlijk helemaal niet lekker; een beetje buikpijn, koortsig. Ik zou het liefst alles afzeggen vandaag en in mijn bed blijven liggen.

Maar ik moet van alles: Merlijn gaat zo werken en ik wil hem iets voedzaams toestoppen. Daarna door naar therapie. Ik ga gestrest naar binnen, maar kom er redelijk ontspannen vandaan. Zodra ik buiten sta, zie ik drie berichtjes; een van een vriend of ik vanmiddag wil lunchen (tja, wanneer heb ik daar weer eens tijd voor?!), een van de uitgever van ons kinderboek over het omslag (ik móét vanavond echt gaan schrijven; de deadline hijgt in mijn nek!) en een van mijn literair agent of ik zo dadelijk buiten klaar kan staan want we zijn al aan de late kant voor de lezing...

Néé! Ik schrik me rot, ik moet inderdaad al over een halfuur in de auto zitten. En ik moet echt nog een lunch klaarmaken om mee te nemen… Pff, daar gaat mijn relaxte mood.

Thuis zet ik de krultang aan, kijk naar mijn make-up en denk: het is wel goed zo. Ik ben ook maar een mens. Ik pak een cracker en doe er wat kaas en komkommer op. Best gezond, toch? Ik ren weer naar mijn krultang en doe mijn haar. Ik drink nog een glas water, pak mijn jas en ren de trap af. Op naar de lezing.

Als ik aan het einde van de middag weer in de auto naar huis zit, ben ik toch ook wel weer blij. Dit soort lezingen geven is altijd inspirerend, ook al ben ik moe. Gelukkig hoef ik vandaag niet te koken; Vlinder eet bij een vriendinnetje en Merlijn met vrienden. Ik kijk wel in mijn koelkast wat ik nog heb liggen. Hmm, niet veel. Een soepje dan maar, of ik bak een ei. Dan kan ik ondertussen nog mooi aan het kinderboek schrijven.

Ik zit net in een goede flow met schrijven als Vlinder om halfacht thuiskomt. Eigenlijk wil ik doorwerken, maar ik kies voor qualitytime met mijn dochter. We kijken wat tv, praten over de dag en als ik haar in bed stop, kruip ik ernaast. Ik weet dat ze het fijn vindt als ik blijf tot ze in slaap valt. Dus daar lig ik dan, naast m'n lieve meisje.

Ik kan niet wachten tot ik ook naar bed kan. Die buikpijn is er nog steeds. Eigenlijk zou ik veel meer willen genieten van mijn avond, weer eens een film kijken of dat boek lezen dat al weken zo uitnodigend naast mijn bed ligt…

'Mam, mam, waar ben je?' Ik word wakker van Merlijn die mij zoekt. Ik lig nog steeds naast Vlinder en het is al halftien! Hmm, wel lekker eigenlijk, dat uur heb ik alvast binnen. Ik sleep mezelf met mijn laptop naar mijn eigen slaapkamer en installeer me in mijn eigen bed. Maar voor de film begint, ben ik al weg. Als ik maar kan slapen, denk ik nog. En morgen ga ik melatoninepillen kopen.

Na een klein uurtje slaap, een zielige vijfenveertig minuten, lig ik weer de rest van de nacht klaarwakker in bed te flippen. Waarom? Geen idee. Stress?

De leeftijd? Het feit dat ik alleenstaand ben? Komt die man ooit nog? Ik kan op zulke momenten niet anders dan piekeren. Maar ik heb mijn rust nodig! Ontspannen is lastig als je midden in de nacht ligt te draaien en te puffen van de hitte.

Ik ben nu negenenveertig. En ik ben eigenlijk alleen maar moe. Dat moet toch anders kunnen?

## MEDINA SCHUURMAN

Die moeheid! Dat herken ik helaas. Ik ben nu zevenenveertig, alleenstaand met een zoon van vijf. Ik ben ook zo ontzettend moe. Na een nacht slecht slapen denk ik: moet ik weer? Dan zet ik de knop om en word ik een soort robot: ontbijt en schoollunch voor Jonathan klaarmaken, douchen en naar school. Snel weer naar huis, vóór vijf uur moet ik een script indienen voor een nieuwe telefilmcompetitie. Bij de koffie overvalt me ineens een somber gevoel. Waarom? Ik weet het niet. Op zich is er niets aan de hand. Ja, ik ben wat druk, maar verder gaat het goed, toch? Zit ik misschien in de beruchte week voor mijn ongesteldheid? Ach, dat kan ik niet eens meer zeggen, want ik word tegenwoordig elke twee weken ongesteld – eigenlijk ben ik het continu een beetje.

Ineens is het kwart voor drie. Ik sjees naar school en vergeet de danskleren voor Jonathan mee te nemen. Dan maar in zijn onderbroek dansen. Nee, dat kan ik niet maken! Dus race ik weer naar huis en net op tijd lever ik hem mét outfit af op de dansschool. Terwijl ik nog even aan mijn script schrijf, zie ik mijn to-dolijst, waarop al veel te lang staat dat ik mijn vrienden moet bellen. Dat ga ik echt vanavond doen!

Terug in de kleedkamer kijk ik naar de andere moeders. Al die vrouwen zien er zo moe uit… Witte, gespannen gezichten, kringen onder de ogen, onopgemaakt, piekhaar. Net als ik! Is dit dan gewoon een moederkwaal, die stress en vermoeidheid? Of is er meer aan de hand?

Ik heb ook zo'n enorm kort lontje.

Thuisgekomen kijk ik nog snel het script door voor ik het verzend. Op dat moment vraagt Jonathan aandacht en ik vál toch ineens tegen hem uit. Gewoon omdat ik moe ben en gejaagd, en ik moet nog zoveel. Ik wil sorry tegen hem zeggen, maar hij is op de bank in slaap gevallen. Dan maar geen boodschappen doen. Ik heb voor hem nog een restje pasta en ik eet zelf wel een salade of zoiets.

Ik neem een glas wijn, al heb ik knallende koppijn. Het liefst zou ik naast Jonathan in slaap vallen of gaan trainen, maar daar heb ik nu echt geen puf voor. Morgen begin ik weer; vanaf morgen ga ik weer elke dag trainen. Trouwens, ik heb de laatste tijd last van mijn gewrichten. Vooral mijn knieën. Hardlopen kan dus bijna niet meer, en dat is nou net mijn training. En als ik fiets of de trap af loop, heb ik een zeurend gevoel in mijn knieën.

Ik moet Jonathan nu echt wakker maken, voor hij midden in de nacht wakker wordt en mij uren uit mijn slaap houdt. Dat kan nu niet, ik heb morgen een draaidag voor *Penoza*. Shit, ik moet mijn tekst nog leren. Dat doe ik dan wel vannacht in bed.

Jonathan is over zijn eetlust heen, ik heb ook geen honger meer. Ik geef hem fruit en yoghurt en breng hem naar bed.

Als ik weer beneden kom, is het eindelijk stil. Er is weer een dag voorbij en ik ben erdoorheen gejakkerd als een malle. Ik kan niet goed navertellen wat ik nu eigenlijk heb gedaan of gevoeld, of het leuk was of niet. Ik heb gewoon de race gelopen en nu ben ik klaar. En morgen zal het wel weer zo zijn.

Ineens moet ik heel erg huilen. Ik voel me een slechte moeder, ik twijfel aan het script dat ik heb ingediend, ik voel me dik en lelijk en eenzaam en ik heb nu écht geen puf meer om mijn vrienden te bellen. Ik mis ineens een man in mijn leven, maar ja, als je mijn leven bekijkt, hoe zou ik hem dan moeten inpassen? Dit moet toch anders kunnen.

## WAT IS ER AAN DE HAND?

Als we met vriendinnen van onze leeftijd praten, merken we dat er veel overeenkomsten zijn. Ze doen dan misschien ander werk of hebben wel een relatie, maar de problemen lijken dezelfde. Ze klagen dat ze continu moe zijn, hebben behoefte aan meer tijd voor zichzelf, rommelen een beetje met hun ongesteldheid, hebben allerlei klachtjes en zitten niet lekker in hun vel. Veel vrouwen hebben naast die moeheid ook ineens nieuwe, vage klachten die niet meer weggaan.

Wij merken bijvoorbeeld dat onze nagels niet meer zijn wat ze waren; broos, ze breken snel, ze lijken wel dunner. Ook ons haar lijkt dunner te worden. Nee, het ís dunner. Ons vel wordt slapper, rimpeliger, onze huid droger. Pijn in onze kniegewrichten is ook iets nieuws, zelfs als we fietsen. Sinds een tijdje hebben we ook slechtere ogen, en dat gaat echt hard. We hebben nu allebei een leesbril. Lange autoritten, waar we vroeger onze hand niet voor omdraaiden, zijn doodvermoeiend. Concentratie: dat is ook een ding tegenwoordig. Regelmatig staan we ergens en denken: wat ging ik ook alweer doen? Teksten uit ons hoofd leren… ook zoiets. Vijf jaar geleden ging dat moeiteloos, nu is het echt blokken. Het lijkt ook wel alsof alles veel harder binnenkomt, een soort overgevoeligheid voor omgevingsgeluiden, voor prikkels. En we zijn de laatste tijd zo boos… om niks, uit het niets. En ook daar zijn we dan weer geïrriteerd en gefrustreerd over. Het lijkt wel alsof we anderen steeds minder dulden. We zijn eigenlijk best onhebbelijke schepsels aan het worden. Alleen met elkaar kunnen we nog overweg, omdat we het erover hebben en herkenning vinden bij elkaar.

Ook de melancholie is stilletjes ons leven binnengeslopen. Over wat was en nooit meer terugkomt, over de jeugdige naïviteit waarmee we in het leven

Vrouwen rond de vijfenveertig die zich niet goed voelen of vage kwaaltjes hebben, moeten zich afvragen of ze niet in de overgang zijn. Het antwoord is waarschijnlijk: ja.

stonden. De toekomst lag aan onze voeten en nu zien we een jongere generatie die doet wat wij deden. Wat is onze plek nu? Waar gaan wij dan naartoe?

## DE SHOCK

Tijdens een avondje lamenteren valt ineens het woord 'overgang'. We weten achteraf niet meer te vertellen wie ermee kwam – kan liggen aan de wijn –, maar het blijft hangen. Zou het dáár dan mee te maken hebben? We zoeken contact met verpleegkundig overgangsconsulent Jos Teunis. Zij bevestigt ons voorzichtige vermoeden. Al onze klachten kunnen gewoonweg overgangsklachten zijn. 'Er is niets mis met je, je zit gewoon in de startende overgang. Je hoeft niet in therapie of aan je geestelijke of lichamelijke gezondheid te twijfelen. Maar je moet wél weten wat er aan de hand is: je gaat naar een andere fase. De overgangsklachten kunnen vanaf je vijfenveertigste langzaamaan beginnen. Je wordt gewoon nog ongesteld, maar emotioneel begin je te wankelen. Je denkt: maar ik ben nog zo jong en ik word nog ongesteld – dus je wijt al die lichamelijke kwaaltjes en emotionele schommelingen niet aan de overgang. Maar ondertussen zit het je wel in de weg. Vooral de emotionele schommelingen kunnen echt zwaar worden.'

Wat een klap. Wat zonde ook van onze tijd! Al die twijfels, al die verwarring en vermoeidheid. En wij maar graven in onze 'onverwerkte' verledens op zoek naar verlossing. Dat emotionele geschommel hoort dus bij de overgang.

Aanvankelijk herkenden wij de bekende fysieke signalen van de overgang ook niet. Je bent er niet op bedacht als je halverwege de veertig bent. Ik (Isa) dacht bij mijn eerste opvliegers dat ik koorts had. Inmiddels wordt duidelijker dat ik al een tijdje in de overgang zit. Een jaar geleden werd ik nog één keer ongesteld, sindsdien niet meer. Ik (Medina) word nu juist vaker ongesteld, elke twee weken, en ik heb al een paar opvliegers achter de rug.

## ECHT OVER DE HELFT

De diagnose 'overgang' verklaart een hoop. We vinden het ergens heel fijn, bijvoorbeeld omdat we (straks) niet meer ongesteld zijn – want wat een gedoe elke maand. Maar de overgang… dan ben je wel officieel over de helft. Eerlijk gezegd zien we erg op tegen alle verwarring en veranderingen van de overgangsjaren. Het is een fase, het gaat over. Maar hoe kom je er prettig en enigszins elegant doorheen?

De timing voelt onrechtvaardig. Heb je rond je vijfenveertigste het leven eindelijk een beetje door, je verleden verwerkt, therapietje hier, therapietje daar. Je denkt: nu wordt het mijn tijd. En dan – BAM! – knalt die overgang over je heen en zet alles weer op losse schroeven. Word je niet meer wakker gehouden door kleine kinderen, lig je 's nachts te zweten en te woelen door de opvliegers. Na al die jaren menstrueren, ovuleren, bevallen, nu dit? *Give us a break.*

'Ouder worden is niet erg,' roepen we, maar ondertussen zijn we hartstikke bang voor het lichamelijke verval. We zien er minder goed uit en herstellen minder snel. De laatste jaren hebben we er aardig wat rimpels bij gekregen. En we lijken ook wat dikker te worden. We zijn altijd bezig geweest met ons uiterlijk, en we zijn niet zo blij met wat we nu zien. De spiegel is genadeloos. Ontkennen is geen optie meer. Dit horen we ook om ons heen; er komt een moment waarop je er niet meer onderuit kunt: je zit in de overgang.

## DE GROTE VERANDERING

Naast alle tekenen van lichamelijk verval, gebeurt er in de overgang van alles in je hoofd en je hart. Je gaat terugkijken op de voorbije jaren; de Grote Verandering heeft ingezet. Vaak zie je die verandering pas als ze al een tijdje aan de gang is. Als je in of voorbij de overgang bent. Dan moet je niet alleen vrede zien te krijgen met je veranderende fysiek, maar ook met wat het betekent voor de rest van je leven. Het is het besef dat je niet meer bij de jonkies hoort en nog net niet bij de oudjes – nu zit je ertussenin, maar je stevent af op het oudevrouwenleven.

Lisette Thooft, schrijfster en 'huisfilosofe' van *Happinez,* kwam in een pashokje tot dat besef. 'Het was toen mijn relatie uitging, op mijn zesenveertigste. Ik herinner me dat ik naar de Bijenkorf ging om iets te kopen voor mezelf. Ik paste een afgeprijsde, grijze huispyjama. In het pashokje keek ik naar mezelf en dacht: dit komt nooit meer goed. Ik ben oud, overal adertjes, grijs haar, ik ben zelf een grijze huispyjama geworden. Vanaf nu word ik er niet aantrekkelijker op. Ik dacht: dit is het, ik krijg nu nooit meer een man. Ik moet tevreden zijn, want ik heb kinderen, een hond, leuk werk, een mooi huis, lieve vrienden. Dit is mijn leven. Dat was best een klap; ik heb erom gerouwd. Toch vond ik een paar jaar later een lieve man, met wie ik nog steeds gelukkig getrouwd ben.'

Hedy d'Ancona, politica, sociologe en feministe, vond het vieren van haar vijftigste verjaardag vreselijk. 'Het was geen angst voor de lichamelijke aftakeling, maar wel voor het toetreden tot een nieuw cohort van *ouderen*. Mijn kinderen hebben van mijn vijftigste verjaardag een groot feest gemaakt met allemaal optredens. Ze gaven mij een verschrikkelijke blik in de toekomst. Maar nadien had ik er gek genoeg geen probleem meer mee. Ik heb zestig en zeventig worden niet erg gevonden.'

Het reflecteren op je leven is niet alleen maar kommer en kwel. We zien veel vrouwen een carrièreswitch maken in de periode rond de overgang. Het roer omgooien rond je veertigste of vijftigste, ineens grote stappen durven nemen. Durven luisteren naar wat je hart sneller doet kloppen. Meer jezelf durven zijn. Meer rust in je donder hebben. Ja, zó klinkt het wel weer aantrekkelijk.

Wij kunnen nog niet terugkijken op een omslagpunt, we zitten er middenin. We weten niet wat ons te wachten staat. Wat we wél weten: deze fase willen we goed aanpakken, zodat we er een zo mooi mogelijke tweede helft van kunnen maken.

## GEDEELDE SMART

De overgang blijkt nu al veel meer te omvatten dan wij dachten. We besluiten ons hier meer in te gaan verdiepen. Want wat staat ons te wachten? En hoe komen we aan betrouwbare informatie?

In de tijd dat onze moeders in de overgang zaten werd er nauwelijks over gesproken. Ze ondergingen het gewoon, zo van: 'Kind, je vader heeft er niets van gemerkt.' En er zijn genoeg vrouwen die vrij weinig last hebben gehad van de overgang. Maar al die vrouwen die er wél onder gebukt gingen, konden die ergens terecht?

Vrouwen kregen pas in 1917 kiesrecht. Met dit in het achterhoofd kun je wel invoelen hoe het er met hun privésituatie voor stond toentertijd. In de jaren zestig veranderde er veel voor de vrouw. Het werd steeds gebruikelijker dat vrouwen gingen studeren, wat hun maatschappelijke positie verbeterde en hen mondiger maakte. Feministische schrijfsters trokken allerlei onderwerpen uit de taboesfeer – scheiden, problematisch moederschap, seks, depressies en Prozac – maar ze schreven voor zover wij hebben kunnen achterhalen níét over de overgang. In hun kringen moest het over werk gaan, niet over privézaken. Of je nu huisvrouw of feministe was: je sprak niet over de overgang.

Hoe kwamen onze vrouwelijke voorgangers aan informatie als de overgang onder tafel geschoven werd? We leggen het voor aan verpleegkundig overgangsconsulent Jos Teunis. Toen zij samen met journaliste José Rozenbroek research deed voor hun boek *De overgang* (2016), konden ze aanvankelijk weinig historische informatie over de overgang vinden. Totdat ze iemand vonden die toegang had tot de dossiers van de Valeriuskliniek in Amsterdam. In die kliniek zaten in de jaren zestig veel vrouwen van boven de vijfenveertig die zwaar aan de valium, librium of alcohol verslaafd waren en gediagnosticeerd waren als zwaar overspannen. 'Maar ik werd gewaarschuwd: "Weet waar je aan begint. Je moet alle dossiers doorspitten, want het woord 'overgang' zal in geen enkel dossier voorkomen; dat werd in die tijd nog niet gediagnosticeerd." De klachten werden niet herkend en zeker niet erkend. Die vrouwen werden gewoon gek… door de overgang! En denk ook eens aan alle sherryuurtjes in die tijd. Waarom denk je dat die vrouwen bij elkaar gingen zitten drinken? Die hadden een uitlaatklep nodig om de waanzin van de overgang met elkaar te bespreken.'

**Het sherryuurtje**

Sherry werd populair in de jaren zestig. Het drankje werd steeds betaalbaarder, maar had wel een chic imago. In de jaren zeventig was Nederland de grootste afnemer van sherry na het Verenigd Koninkrijk. Vooral vrouwen dronken de ene sherry na de andere. Vanaf de jaren tachtig boette het in aan populariteit; wijn werd hip. Het sherryuurtje van toen kun je dus vergelijken met anno nu een flesje wit opentrekken met je vriendinnen. Heel louterend.

## LEVEN ZONDER HORMONEN, DAAR ZIJN WE EIGENLIJK NIET VOOR GEMAAKT

Jos Teunis vertelt ons dat de overgang pas ruim een eeuw oud is. 'Rond 1900 werden vrouwen gemiddeld nauwelijks vijftig en kwamen dus nooit in de overgang. Als je slechts één generatie terugkijkt, zie je dat er totaal geen aandacht werd besteed aan de overgang. Het eerste "standaardwerk" over de overgang stamt uit 1992, geschreven door Germaine Greer: *The Change – Women, Aging and the Menopause*. Al zijn er eerder boeken geschreven over het fenomeen, dit is de eerste grote klassieker geschreven vanuit een vrouwelijk oogpunt. En pas sinds de laatste vijftien jaar komen er wat meer boeken op de Nederlandse markt.'

Nou, gelukkig maar dat er in deze tijd wel meer kennis is over de overgang, denken we tevreden. 'Dat valt toch tegen,' zegt Jos. 'Er zijn pas sinds kort poliklinieken met een menopauzespreekuur. Ons beroep als menopauzeverpleegkundige bestaat ongeveer twintig jaar, maar om erkenning te krijgen hebben we heel hard moeten knokken. We zijn nog helemaal niet ver, we komen net een beetje op stoom.'

Helaas wordt het beeld dat Jos schetst bevestigd als wij verder onderzoek doen. In *Wij zijn ons brein* van Dick Swaab wordt bijvoorbeeld met geen woord over de overgang gerept. Alles komt aan bod: puberteit, seksualiteit, anorexia, alzheimer, medicatie, criminaliteit, religie, hersenbeschadiging, psychische problemen, bijna-doodervaringen. Maar niet de overgang... In deze moderne tijd! Terwijl het zo'n belangrijke fase is in een vrouwenleven. Ja, zo houd je het taboe wel in stand!

## HORMONOLOGEN

Dat het een taboe is en dat dat nodig doorbroken moet worden, bewees actrice en regisseuse Yvonne van den Hurk met haar voorstelling *Hormonologen* (2010). Zij was een van de eersten in Nederland die de overgang als thema voor een voorstelling gebruikte. We bellen haar op.

'Ik heb een moeder en twee oudere zussen, maar ik wist niets van de overgang. Ik zag wel dat mijn moeder af en toen een rood hoofd kreeg en een beetje humeurig was. We weten natuurlijk allemaal dat wanneer de menstruatie stopt, je vruchtbaarheid ten einde loopt en dat je opvliegers krijgt, maar wat ik absoluut niet wist, was dat het zo'n impact zou hebben op mijn emotionele en werkzame leven.

Nog voor ik in de overgang kwam, hoorde ik van een oudere vriendin behoorlijk wat spookverhalen over de overgang. Ze had allerlei klachten, maar de overgang werd bij haar niet gediagnosticeerd. Ze hield zich een jaar lang zo goed als schuil in haar huis omdat ze niet meer kon functioneren: onzekerheid, emotionele buien. Dit raakte mij en ik ben me erin gaan verdiepen. Mijn hemel, als je daar toch iets beter op voorbereid bent, dan kan dat zoveel schelen in hoe je het beleeft! Zodoende dacht ik: hier wil ik een voorstelling over maken.

Ik heb voor de voorstelling veel vrouwen geïnterviewd en ook deskundigen: overgangsconsulenten, gynaecologen en artsen. Iedereen wilde graag meewerken. Het verkopen van de voorstelling was een ander verhaal. De theaterdirecteuren reageerden niet zo enthousiast. Uiteindelijk kreeg ik het toch de planken op geluld en werd het een enorm succes, drie seizoenen lang. Maar het onderwerp is gewoonweg niet sexy. Je bent niet meer vruchtbaar. Je ligt waarschijnlijk ook niet meer goed in de markt. En vrouwen proberen het toch zo lang mogelijk te verbloemen voor de mannen. Met name hogeropgeleide vrouwen, juist zij! Dat komt volgens mij doordat zij met het glazen plafond te maken hebben en daarbij hun vrouwelijke charmes denken te moeten inzetten.'

Wat een verhaal – nog erger dan we dachten. Zijn wij dan de eerste generatie vrouwen die openlijk over de overgang praat? In dat geval lijkt het ons hoog tijd om er eerlijk over te zijn.

Op het forum van de website Vrouw en Overgang stelt iemand de vraag of er ook nog iets positiefs is aan de overgang. *Ik had geen idee wat me overkwam en ik voel me nog steeds behoorlijk belazerd door Moeder Natuur. Mijn levensenthousiasme is weg.* En: *Ik ervaar de overgang als een hel, al jarenlang.* En: *Dit voelt precies hetzelfde als mijn postnatale depressie.* En: *Ik voel me een emotioneel wrak, nog los van alle lichamelijke ongemakken.* Oeps, hier worden we niet echt vrolijk van. Op zo'n forum vind je misschien vooral de vrouwen die het hardst worstelen met overgangsklachten, maar dit klinkt wel heel verontrustend. En wij staan nog maar aan het begin.

Wij willen niet dat dit ons voorland is. (Wie wel?) We moeten dit anders gaan aanpakken. De overgang daagt ons uit om ons leven onder de loep te nemen, op allerlei terreinen. We willen zelf de regie nemen, voor zover dat kan, in deze overgang naar de tweede helft.

Om te onderzoeken hoe we dat kunnen doen, hebben we van onszelf een casus gemaakt. Met die casus gaan we op onderzoek uit. We praten met verschillende experts; onder anderen een hormoonarts, filosofen, een seksuoloog en voedingsexperts.

**De casus**

Vrouw, knap ;-), 45+, doodmoe. Heeft een drukke baan, opgroeiend(e) kind(eren), slaapt steeds slechter, drinkt (te veel) om te ontspannen, loopt zichzelf achterna en heeft last van perfectionisme en onzekerheid. Wil alles goed doen: werk, kinderen, relatie, vriendschappen. Zit niet lekker in haar vel. Heeft last van fysieke en emotionele (overgangs)klachten. Het lukt maar niet om te sporten, gezond eten schiet er ook vaak bij in. Zit boordevol schuldgevoel omdat ze alles steeds net niet redt.

## OP NAAR EEN MOOIE TWEEDE HELFT!

Het is belangrijk om de realiteit onder ogen te zien en eerlijk te zijn naar jezelf. Voor ons geldt: we zijn nu vijfenveertigplus, zitten in een behoorlijke crisis en zoeken naar een nieuw evenwicht. We hebben besloten de overgang grondig aan te pakken om de volgende fase de beste tijd van ons leven te laten worden. We willen graag *mooi* ouder worden, in de breedste zin van het woord. We willen goed voor onszelf zorgen, de overgangsklachten serieus nemen, maar ook fitter, gelukkiger en vrijer worden. En we willen meer innerlijke rust.

We gaan alles eens flink uit de taboesfeer halen, zodat wij en jij beter voorbereid zijn op wat ons te wachten staat. Dan overvalt het ons niet zo knalhard en weten we wat we kunnen doen om het, ondanks de ongemakken, zo fijn mogelijk te hebben.

We delen onze zoektocht en onze ervaringen graag met je. Weet dat het een fase is en dat je het niet alleen hoeft te doen! Dit boek wijst je de weg in hoe je kunt omgaan met al die veranderingen waar je voor staat of waar je al middenin zit.

Op zoek naar de sterke en zelfbewuste vrouw in ons. Die trots is op haar jaren. Die ondanks woelige wateren rechtovereind blijft staan. Die empathisch is en weet te relativeren. Die in haar kracht staat door kwetsbaar te durven zijn. Want hoewel niemand graag oud wil zijn, wil iedereen het worden. Wij gaan op zoek naar de prettigste manier om oud te worden én straks te zijn.

*To those about to reach older age: we salute you!*

HOOFDSTUK 2

# DE EITJES ZIJN OP

## Wat gebeurt er in je lijf?

'Da's goor, hè, een vrouw in de overgang... is goor, hè, vrouw in de overgang. Die zweten... zweten... overal hè, zweten. Verlept, verlept lijf. Ja, en slappe tieten, fiew. Ik snap niet dat die tieten eraan blijven hangen na hun vijftigste, waarom heeft een vrouw tieten na d'r vijftigste, waarom?! Geen enkele zin, en die doen bleh bleh, helemaal niks, dus dan moet gewoon als ze vijftig wordt, dat zou mooi zijn, je wordt vijftig, FLOEP FLOEP, klaar. Vrouwen in de overgang die zweten, hebben gewoon een rooie, een rooie kop hè, van de... van de opvliegers, opvliegers, ja opvliegers, dan lopen ze over straat, niks aan de hand, en dan in één keer whoohoo!! En chagrijnig! Chagrijnig!! O! Da's ook zoiets, dan ligt er dus in je bed, een zwetend wijf, met een rooie kop, en een verlept lijf in bed, te mekkeren, en die vraagt dan: "Vind je me nog aantrekkelijk?" Wat denk je nou zelf? Sjongejongejonge zeg. Nee, da's allemaal heel erg, allemaal heel erg... Overgang – klinkt een beetje als een promotie hè? Maar dah kajje het toch niet echt noemen, ofwel? Promotie. Menopauze, o pauze, komt er een tweede bedrijf? Nee, 't is afgelopen mevrouw, fijne tijd, hè!'

– Hans Teeuwen, uit zijn voorstelling *Dat dan weer wel*

## PREMENOPAUZE – MENOPAUZE – POSTMENOPAUZE

Het is allemaal nog een beetje verwarrend voor ons. Want wanneer zit je in de overgang, wat gebeurt er, wanneer ben je eruit en wat ben je dan? We spreken met Monique Brood-Van Zanten, arts, gespecialiseerd op het gebied van endocrinologische gynaecologie, en verbonden aan het VUmc en Antoni van Leeuwenhoek. Na haar studie geneeskunde is ze zich gaan verdiepen in de werking van vrouwelijke hormonen, met name in de overgang. Als hormoonspecialist houdt ze menopauzespreekuren en ze werkt mee aan landelijke richtlijnen voor zorg aan vrouwen in de overgang.

Monique vertelt ons dat de overgang neerkomt op veroudering van de eierstokken. 'Dit heeft grote gevolgen, want de eierstokken maken de vrouwelijke geslachtshormonen oestrogeen en progesteron aan. Deze hormonen zorgen voor de ontwikkeling van de vrouwelijke geslachtskenmerken, zoals borstvorming, het produceren van eicellen, het reguleren van de menstruatiecyclus, vruchtbaarheid en zwangerschap. Daarnaast hebben oestrogeen en progesteron een beschermende functie: ze verkleinen de kans op hart- en vaatziekten, houden je huid en slijmvliezen elastisch en beschermen je tegen botontkalking. In de overgang neemt de aanmaak van deze hormonen af en word je onvruchtbaar.

De overgang bestaat uit twee fases: de premenopauze en de postmenopauze. De menopauze is het moment ertussen. Aan de hand van die fases legt Monique ons uit wat er gebeurt met je lijf tijdens de overgangsjaren.'

**Overgang: de eitjes zijn op**

Een vrouw heeft bij de geboorte enkele duizenden eicellen in aanleg, waarvan er gedurende haar vruchtbare leven maar een paar honderd tot rijping komen. Als een vrouw in de overgang komt, zijn letterlijk haar eitjes op.

Voor je de menopauze bereikt, zit je in de premenopauze; een periode waarin je nog menstrueert en dus helemaal niet aan de overgang denkt. Maar in deze fase maken je eierstokken al steeds meer met pieken en dalen oestrogeen aan. Je eierstokken worden ouder en de kwaliteit van je laatste eicellen is minder. Op een gegeven moment krijg je een onregelmatige cyclus. In het begin wordt je cyclus vaak wat korter. De hoeveelheid follikelstimulerend hormoon (FSH), dat wordt afgegeven door de hypofyse, wordt hoger, waardoor je eicellen sneller gaan rijpen en je bijvoorbeeld elke drie weken kunt gaan menstrueren. Daarna ga je cycli overslaan, je krijgt minder makkelijk een eisprong. Het kan zijn dat je een halfjaar niet ongesteld bent en dan ineens twee keer kort achter elkaar. Dit komt omdat het moeilijker is voor je eierstokken om een eicel te laten rijpen, maar af en toe lukt dat nog wel: een opleving. Later in de premenopauze daalt je oestrogeenniveau. Dit kan klachten veroorzaken als opvliegers, nachtzweten en stemmingswisselingen. Het kan zijn dat je al vanaf eind dertig merkt dat je heftiger ongesteld wordt dan vroeger of dat het langer wegblijft. Dit is een teken van het begin van de (vervroegde) overgang.

**Doorbraakbloeding**

Wanneer je geen eisprong hebt in de premenopauze, maak je nog wél oestrogeen aan (al is het minder dan voorheen), maar geen progesteron. Oestrogeen bouwt het slijmvlies op in de baarmoeder en dat wordt nu niet meer afgebroken door progesteron. Als je alleen maar opbouw hebt van slijmvlies, krijg je op een gegeven moment een doorbraakbloeding. Die kan heel heftig zijn. Het is dus geen menstruatie, maar een ander soort bloeding (met stolsels). Indien het bloedverlies voor jou abnormaal veel is of langdurig aanhoudt, kan de huisarts je hormonen geven om de bloeding te stoppen. Als het overmatig bloedverlies vaker voorkomt, is het verstandig om te laten controleren of je geen bloedarmoede ontwikkelt.

De menopauze is niets meer dan de allerlaatste menstruatie. Daarna wordt er zoveel follikelstimulerend hormoon vanuit de hypofyse afgegeven zonder resultaat, dat duidelijk is dat de eierstokken echt geen eicel meer kunnen produceren; je eicellen zijn op. Je kunt dit pas vaststellen een jaar na die laatste menstruatie. Je kunt wel ongeveer voorspellen wanneer het moment van menopauze zal zijn: wanneer de cycluslengte langer dan zes weken wordt, volgt de menopauze doorgaans binnen één tot twee jaar.

Een jaar nadat je voor het laatst ongesteld bent geweest, ben je officieel in de postmenopauze. Dat zijn we, omdat we steeds ouder worden, tegenwoordig zo'n dertig tot veertig jaar lang. In deze periode gaat het vooral om het vinden van een nieuwe balans: je lichaam en geest moeten wennen aan minder vrouwelijk hormoon. Het is niet zo dat je overgangsklachten een jaar na de menopauze acuut stoppen. Die stoppen pas als je een nieuw hormonaal evenwicht hebt gevonden. Dan is niet per se de postmenopauze over; die blijft eigenlijk gewoon doorgaan.

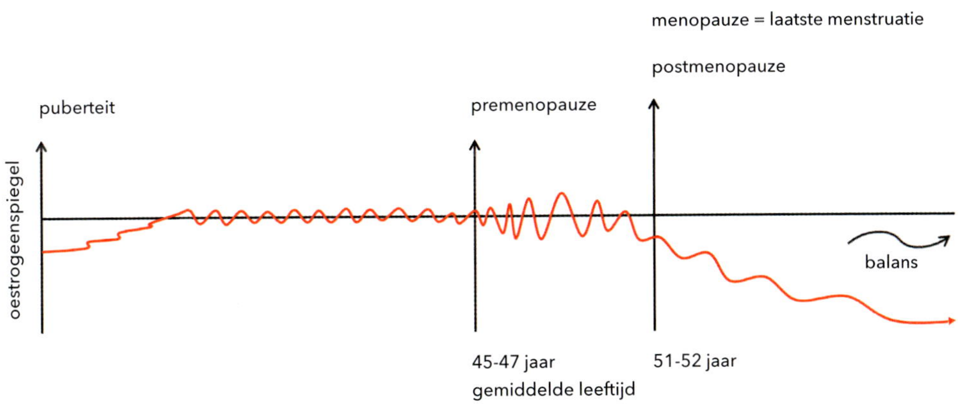


oestrogeenverlies:
- ↓ serotonine: slecht slapen, stemmingswisselingen
- ↓ oxytocine: van extrovert naar introvert, uitgezorgd
- ↓ collageenbouwer: effect op spieren, gewrichten, slijmvliezen, botten, huid en haar

**Ben je in de overgang of niet?**

Vermoed je dat je in de overgang bent, maar weet je het niet zeker? Je menstruatiecyclus bijhouden kan helpen om het vast te stellen. Daar heb je tegenwoordig ook apps voor.

Menopause View (Apple Store, Engels)

Menopauze - Visuele e-Gids (Android, Nederlands)

Menofood (Apple Store, Nederlands)

Ook kun je een menopauzetest doen, te verkrijgen bij apotheek of drogist. De test, die het FSH-gehalte in je urine meet, is voor 99% betrouwbaar.

## MENOPAUZE IS IETS ANDERS DAN DE OVERGANG

De twee fases samen – de premenopauze en de postmenopauze – én daarbij het moment van de menopauze noem je de overgang. Het is de gehele periode waarin je als vrouw de overgang maakt van vruchtbaar naar onvruchtbaar. De fase waar je het meest over hoort en die doorgaans wordt bestempeld als dé overgang, is dus eigenlijk de premenopauze en de jaren vlak na de menopauze, maar iedere fase behoeft aandacht en een andere aanpak. De lichamelijke veranderingen die te maken hebben met de overgang duren gemiddeld vijf tot tien jaar. Tijdens deze veranderingen daalt de oestrogeenspiegel met tachtig procent.

## LET OP: JE BENT VRUCHTBAARDER DAN JE DENKT!

Het komt voor dat vrouwen van eind veertig, begin vijftig totaal onverwacht zwanger raken. Dat het hen echt overvalt, omdat ze al maanden, soms een jaar lang niet meer ongesteld waren en dachten dat ze niet meer vruchtbaar waren. Juist de fase na je (vermeende) laatste menstruatie is verraderlijk. Je hypofyse is als een malle aan het werk om het oestrogeenpeil weer op te krikken en soms lukt het om toch nog een laatste eitje te laten springen. Zelf heb je dat dan niet in de gaten, want je wordt niet meer ongesteld. Tot je ineens zwanger blijkt te zijn. Het is dus slim om tot ruim een jaar na je laatste menstruatie anticonceptie te gebruiken.

**De menopauzepuberteit**

Breinspecialist Dick Swaab vertelt ons dat het dalen van het oestrogeenniveau van grote invloed is op de hersenen. 'De overgang is te vergelijken met de puberteit van een meisje; ook dan zijn er heftige hormoonveranderingen. Vrouwen maken dit dus twee keer mee in hun leven. Mannen hebben de penopauze, maar bij hen daalt het testosteronniveau heel geleidelijk, dus ze merken er niet zoveel van en het is minder heftig. Bij vrouwen echter gaat de hormoondaling snel; het brein moet daar echt aan wennen. Het temperatuurcentrum in het brein raakt bijvoorbeeld ontregeld – vandaar de opvliegers. En er kunnen stemmingswisselingen optreden. Gelukkig past het brein zich na verloop van tijd aan de nieuwe hormoonrealiteit aan en nemen de overgangsklachten af. Dit brengt dan weer rust in de tent.'

MEDINA Ik word sinds een tijdje om de week ongesteld en soms ook ineens heel lang niet. Premenopauze dus, weet ik nu. Ik heb nu standaard tampons in mijn tas. Het vooruitzicht om er echt doorheen te zijn lijkt mij heerlijk! Niet meer ongesteld, geen buikpijn, geen moodswings, geen stress over zwanger worden, gewoon rust in mijn lijf. Maar nu ik er middenin zit lijkt het wel alsof ik nu continu in een staat van PMS ben; je weet wel, die rotweek vlak voor je ongesteld wordt. Opgeblazen gevoel, pijn in je borsten, zeurende pijn in je onderbuik, misselijk, humeurig, of zeg maar strontchagrijnig, overemotioneel. Maar ook nieuwe klachten dienen zich aan: ik heb ineens pijn in mijn kniegewrichten, mijn haar is droog, en midden in de nacht word ik soms zwetend wakker. Ben benieuwd waar dit naartoe gaat.

ISA De overgang is voor mij al een poos aan de gang. Het begon ermee dat ik 's nachts wakker werd en enorm aan het transpireren was. Na een paar nachten dacht ik dat ik koorts had en omdat ik er overdag geen last van had, vond ik het wel prima. Vervolgens werd mijn menstruatie onregelmatig. Was het niet al vijf weken geleden dat ik tampons nodig had gehad? En dan kwam het ineens na twee weken alweer.

Dat hele ongesteld zijn heb ik altijd – het woord zegt het al – bloedirritant gevonden. Buikpijn, me niet fris voelen, alleen willen zijn… Allemaal onhandig, en alleen maar om te weten dat ik vrouw ben, elke maand weer? Ik kon niet wachten tot het over zou gaan.

Toen kwam het moment dat het zich overdag aan mij openbaarde. Ineens had ik het door, op de set van *Celblok H*: het zijn opvliegers! Ik was zo blij dat ik niets anders kon dan de hele dag roepen, wijzend naar mijn rode konen: jongens, dit is een opvlieger! Maar al snel was de lol eraf, want toen kwamen ze ook tijdens opnames. Lekker dan, op de set. 'Make-up!' En plotseling werd ik ook weer ongesteld.

Na een kort maar hevig gevecht gaf ik me gewonnen. De opvliegers kwamen en gingen en ik kon het laten gebeuren. Overdag was het beter te doen dan 's nachts. Ik werd meerdere malen zwetend wakker met hartkloppingen, zowel ik als mijn dekbed waren drijfnat. Vaak was ik te moe om mijn bed te verschonen, dus dekbed omdraaien en in een koud, nat bed proberen de slaap weer te vatten, wat dan weer niet lukte. Overdag begon het met een rode blos op mijn wangen en voelde ik vanuit mijn taille de opvlieger opkomen. Ze namen toe in aantal, soms wel tien op een dag. Trui uit, trui aan. Ik kon er gelukkig om lachen. Het was de ene dag erger dan de andere; zou ik zenuwachtig zijn? Moe? Zou het aan mijn voeding of de alcohol liggen?

Tot ineens alles weer stopte: de menstruatie, de opvliegers. Heel gek, maar ook heel fijn. Ik ben nog één keer een klein beetje ongesteld geworden, maar dat is ook alweer maanden geleden. Maar volgens mij voel ik de opvliegers alweer aankomen.

## OPVLIEGER: WAT HET IS EN WAT ER GEBEURT

Het is het bekendste sein dat de overgang is begonnen: een plotseling opkomende hitte die samen kan gaan met zweten, een versnelde hartslag, tintelingen, misselijkheid en zware en vermoeide ledematen. Je gezicht, hals en borst kleuren meestal rood.

Monique legt uit dat de opvliegers veroorzaakt worden door hormonale veranderingen. 'Doordat je oestrogeenniveau daalt, wordt de thermostaat in je hersenen ontregeld. Daarbij komt adrenaline vrij, waardoor je bloeddruk stijgt, je hart harder gaat kloppen en je bloedvaten wijder open gaan staan: oftewel, een opvlieger.'

De nachtelijke opvlieger uit zich vaak in een transpiratieaanval die je uit je slaap houdt. Ongeveer zeventig procent van alle vrouwen in de overgang heeft last van opvliegers, de een meer en langer dan de ander. Het aantal opvliegers verschilt van vrouw tot vrouw, van een paar keer per maand tot meerdere per uur. Gemiddeld duurt een opvlieger enkele minuten. Sommige vrouwen krijgen jaren vóór de menopauze al opvliegers, maar de meeste pas na de laatste menstruatie. Gemiddeld zijn bij driekwart van de vrouwen de opvliegers binnen vijf jaar verleden tijd.

Naast hormonen zijn er ook externe factoren die invloed hebben op de duur of de heftigheid van opvliegers. Als je rookt zijn je opvliegers niet alleen heftiger maar ook langduriger. Bovendien is de kans groot dat je eerder last krijgt van opvliegers dan niet-rokende vrouwen. Daarnaast ervaren veel vrouwen dat hun opvliegers worden versterkt door stress, alcohol (hmm, dus toch dat wijntje maar laten staan?), koffie, thee en gekruid eten.

### Licht ontvlambaar

Ik zit in de overgang. En niet zo'n beetje ook. Al twee jaar vlieg ik tegen het behang, val ik uit tegen iedereen en lig ik nachten wakker omdat ik simpelweg m'n ogen niet meer dicht krijg. Alsof er luciferhoutjes tussen zitten. Dodelijk vermoeiend.

En het is dat ik borstkanker achter de rug heb – nee, het zat niet op m'n rug natuurlijk, 'gewoon' in m'n borst, helaas, maar gelukkig is alles weer goed hoor, dank je wel –, anders zou ik iedere hormoonkuur aangrijpen om niet zo'n last te hebben van die vermaledijde overgang. Ik mag niks slikken. Ja, laffe, natuurlijke rooieklaverpillen van de rechtsdraaiende gezondheidswinkel. Die slik ik wel, maar het doet niks voor me.

Een opvlieger is een nutteloos, irritant gebeuren. Zo'n slordige zesendertig keer per etmaal stijgt mijn kerntemperatuur tot boven de vijftig graden. Onverwachts en resoluut sta ik minutenlang in de fik. Dag én nacht.

Op zulke momenten zou ik het liefst met m'n blote kont in een pak sneeuw gaan zitten, maar dat is niet altijd voorradig. Gelukkig heeft elke supermarkt een koeling waar ik m'n kop in kan steken zodat ik tussen de diepvrieserwten en raketjes zo snel mogelijk weer op temperatuur kan komen.

Kijk, ik mag natuurlijk niet klagen, ik ben gelukkig weer kerngezond en die rooie vlekken en klotsoksels overleef ik wel. Dus klagen mag ik niet, maar ik doe het wel. Ik heb die opvliegers namelijk ook tijdens de seks. Zijn we net lekker bezig, mijn vriend en ik, moet ik soms vlak voor een hoogtepuntje even tot mezelf komen!

'O god, daar ga ik weer!'

'Ja! Lekker hè?'

'Nee! Ja, in principe wel, maar nu even niet! Sorry hoor, opvlieger... even nergens aankomen, waar is m'n waaier? Lagen hier geen ijsblokjes? Sorry, schat, niet te doen dit, ik weet het. Af! Niet aanraken! Ik sta in de fik... ooo help, verschrikkelijk dit. Wacht... het zakt alweer... Even tot mezelf komen, het gaat alweer... Kom lieverd, waar waren we geblev... Lief...?'

'... *snurk*'

– Mylène d'Anjou

### De opvliegers te lijf: wat kun je zelf doen?

- Draag meer natuurlijke stoffen, zoals katoen en linnen, en zorg voor meerdere lagen zodat je iets kunt uittrekken als het zweet je uitbreekt. Kies kleding waarin eventuele kringen (rondom je oksels) niet zo zichtbaar zijn.
- Er zijn verschillende natuurlijke middeltjes die opvliegers zouden kunnen verminderen. Het is niet gezegd dat ze ook bij jou werken, maar het is de moeite van het proberen waard:
  - Sojaproducten kunnen werken; het verhaal gaat dat Aziatische vrouwen veel minder last hebben van opvliegers door de combinatie van soja en zeewier in hun dieet. Een causaal verband is helaas niet echt te vinden, dus ga niet als een zotte aan de soja als je het met tegenzin moet wegwerken – dan nog liever een opvlieger.
  - Superfood maca, ook wel Peruaanse ginseng genoemd, wordt aangeraden. Het schijnt te helpen om de hormoondisbalans te verminderen, of je nu te veel (premenopauze) of te weinig oestrogeen (postmenopauze) hebt. Bonus is dat het ook nog libidoverhogend zou werken.
  - Fyto-oestrogenen uit kruiden als rode klaver, zilverkaars en salie. Deze zijn bij diverse gezondheidswinkels te koop als ingrediënt van natuurgeneesmiddelen tegen opvliegers. Je moet wel zes à zeven weken geduld hebben voordat je resultaat merkt.
- Vermijd triggers zoals cafeïne, pittig eten, snelle suikers, alcohol en sigaretten. Meer weten over goede voeding? Zie hoofdstuk 6.
- Als de opvliegers je om de oren blijven vliegen en ze zitten je echt in de weg, dan kan hormoontherapie uitkomst bieden. Informeer naar de mogelijkheden bij je huisarts of een gespecialiseerde overgangsconsulent.

En verder, drie praktische tips van ervaringsdeskundige Isa:

- Accepteer je opvlieger, praat erover, duid het en schaam je niet.
- Heb altijd een flesje water bij je.
- Neem altijd en overal een waaier mee naartoe.

Last van nachtelijke transpiratieaanvallen? Dat heeft extra impact. Je wordt hondsmoe van het slaaptekort, dat weer allerlei klachten tot gevolg heeft: concentratiestoornissen, vergeetachtigheid, stemmingswisselingen en emotioneel gewiebel. Zorg voor een goed geventileerde slaapkamer en neem een donzen dekbed met katoenen beddengoed. Ga niet onder een synthetisch dekbed liggen. Houd je voeten net even onder het dekbed vandaan. Zet een thermoskan met ijswater op je nachtkastje. Doe voor het slapengaan iets wat ontspanning geeft, bijvoorbeeld yinyoga. Dit helpt ons aardig de nacht door.

Naast huis-tuin-en-keukenoplossingen kan er ook medisch het een en ander gedaan worden voor vrouwen in de overgang. Hierover praten we verder met Monique Brood-van Zanten, arts en gespecialiseerd op het gebied van vrouwelijke hormonen.

***Er wordt gezegd dat de gemiddelde leeftijd waarop vrouwen de laatste menstruatie krijgen, eenenvijftig is. Maar wij zitten nu al in de overgang. Kan dat komen door onze levensstijl?***

'Roken kan een belangrijke factor zijn. Gemiddeld raak je daardoor twee jaar eerder in de overgang. Voor de rest zitten jullie gewoon in de normale *range*: tussen de vijfenveertig en vijfenvijftig.'

***Is onze overgang hetzelfde als die van onze moeders?***

'Er is zeker een relatie. Als je moeder langdurig veel klachten heeft gehad, kan dat ook voor jou gelden. Als je moeder rond haar vijftigste in de overgang is geraakt, is het heel waarschijnlijk dat het bij jou ook rond die leeftijd start. Hetzelfde geldt als je moeder vroeg in de overgang is geraakt.'

***Wat zijn de lichamelijke klachten tijdens de overgang?***

'In eerste instantie komen de klachten door een tekort aan progesteron. Dit zijn de cyclusklachten: onregelmatige of uitblijvende menstruatie, heftiger bloeden. Daarna begint de fase van een oestrogeentekort of schommelende oestrogeenspiegels. Dit kan tot opvliegers en nachtelijke transpiratie leiden. Dit zijn meestal de vervelendste klachten: 's nachts drijfnat wakker worden, licht slapen. Daar word je moe van en daardoor kun je weer psychische klachten krijgen, zoals stemmingswisselingen, concentratiestoornissen, vergeetachtigheid en labiliteit. Als je daar een maand of drie of nog langer last van hebt, raak je uitgeput. Op langere termijn heeft een oestrogeentekort ook consequenties voor botten (osteoporose) en een verhoogd risico op hart- en vaatziekten. Maar niet iedereen heeft hier last van.'

***En hoelang gaat het allemaal duren?***

'De ergste overgangsklachten duren over het algemeen één tot twee jaar. Dertig procent van de vrouwen heeft echt hinderlijke klachten en daar weer een klein percentage van heeft het heel erg en heel lang: die vrouwen hebben er soms wel meer dan tien jaar last van.

***Tijdens een zwangerschap word je standaard periodiek gecontroleerd. Idee voor de overgang?***

'Je bloeddruk periodiek laten controleren is wel goed. Vrouwen met een hoge bloeddruk hebben namelijk vaak meer overgangsklachten. Ze slapen niet meer goed en voelen zich gejaagd, dan krijgen ze hartkloppingen en stijgt de bloeddruk nog sneller. Het is dus heel belangrijk voor vrouwen in de overgang dat hun bloeddruk normaal is en niet verhoogd [zie tips verderop in dit hoofdstuk]. Maar je hoeft niet op heel veel andere dingen te gaan controleren. Het risico op hart- en vaatziekten op vijftigjarige leeftijd is namelijk niet zo groot. Vertel, als je toch reden hebt om te vermoeden dat je iets mankeert, in ieder geval ook aan je huisarts hoe je cyclus verloopt.'

***Wat kun je doen als je klachten hebt?***

'Je kunt ermee naar je huisarts. Helaas hebben huisartsen weinig ervaring met klachten die bij de overgang horen. Veel huisartsen schrijven dan de anticonceptiepil voor, of, als de vrouw al aan de pil is, laten ze haar de pil doorslikken, vaak zelfs tot haar zesenvijftigste. Verder weten veel huisartsen het eigenlijk niet en de meeste vinden 'die hormoonpillen' gevaarlijk. Maar daarmee zeg je eigenlijk: zoek het maar uit. Dan laat je die vrouw in de kou staan. Met het lang doorslikken van de anticonceptiepil zit je al snel aan overdosering. De anticonceptiepil remt namelijk de eisprong, wat na de menopauze niet meer nodig is. Je kunt dus veel beter met een hormoontherapie de lichaamseigen hormonen op een laag pitje zetten en gelijkmatig houden, dan overdoseren met de anticonceptiepil. Wat ook vaak voorkomt is dat de huisarts voor twee nachten per week een slaapmiddel geeft. Dat is alleen maar symptoombestrijding en dat vind ik weer een vorm van onderbehandelen. Bedrijfsartsen zien ook vaak over het hoofd dat een vrouw in de overgang zit. Dat komt omdat ze daar niet naar vragen, maar ook omdat vrouwen het niet over de overgang willen hebben uit angst hun baan kwijt te raken.'

***Jij bent dus tegen het doorslikken van de pil om overgangsklachten te verminderen?***

'Ik ben er niet vóór. Wel natuurlijk als anticonceptiemiddel of als je het als cyclusregulatie gebruikt. Veel vrouwen krijgen de anticonceptiepil in de overgangsleeftijd voorgeschreven om heftige bloedingen tegen te gaan. Je moet dan wel af en toe een periode stoppen om erachter te komen of je nog wel ongesteld wordt. Maar de pil alleen maar gebruiken tegen overgangsklachten vind ik echt geen goed idee.'

***Wat doe je als je huisarts je niet verder helpt?***

'Dan kun je terecht bij een overgangskliniek. Hier krijg je wel goede informatie en ook begeleiding van een overgangsconsulent: een verpleegkundige met een aanvullende opleiding speciaal gericht op de overgang. De meeste consulenten zijn aangesloten bij de Vereniging Verpleegkundig Overgangsconsulenten (VVOC). Je consult wordt door vrijwel alle zorgverzekeraars geheel of gedeeltelijk vergoed als je aanvullend verzekerd bent. Je kunt zonder verwijzing van de huisarts een afspraak maken.'

***De algemene tendens is dat je 'het' maar gewoon moet dragen. Hoe zie jij dat?***

'Iedere vrouw gaat anders door de overgang heen. Je weet nooit welke klachten je te wachten staan. Vergelijk het met een bevalling: je kunt het van tevoren compleet medicaliseren, maar je kunt het ook even aanzien en als je het echt niet meer trekt, om verlichting vragen. Als het te zwaar wordt, stap dan naar een overgangsconsulent of naar de huisarts. Informatie en begeleiding helpen enorm. De overgang is altijd een periode van verwarring en verandering. Daarnaast heeft het heel erg te maken met hoe je leven eruitziet. Als jij voldoende tijd hebt om overdag bij te komen, komt het wat minder nauw dan wanneer je voor je werk elke dag fit en alert moet zijn.'

## OVERGANGSKLACHTEN: WAT KUN JE VERWACHTEN EN WAT KUN JE ERAAN DOEN?

### Opvliegers

De bekendste overgangsklacht hebben we hierboven uitgelicht. Zie p. 39 voor informatie en tips om je klachten te verminderen en enigszins elegant om te gaan met je *private summers*.

### Stemmingswisselingen

Door hormoonschommelingen kun je somber, prikkelbaar, angstig of nerveus zijn. Deze 'buien' komen ineens opzetten en gaan ook weer zo voorbij. Ook kun je last krijgen van depressieve gevoelens.

Het inzicht dat wij kregen van Jos Teunis dat onze stemmingswisselingen te maken hebben met de overgang en de oorzaak dus hormonaal is en niets met onze psychische gesteldheid te maken heeft, maakt het voor ons veel dragelijker; we kunnen het nu plaatsen. Zorg goed voor jezelf, doe regelmatig iets wat jij echt leuk vindt. Maar als deze klachten te lang aanhouden, ga dan naar je huisarts of naar een overgangsconsulent. Monique raadt ons sint-janskruid aan. Dit kruid wordt vaak voorgeschreven als natuurlijk antidepressivum. Lees wel goed de bijsluiter; het kruid kan invloed hebben op de werking van bepaalde medicijnen.

### Slechte nachtrust

Ik (Isa) was altijd zo goed in slapen! De nachten vind ik nu echt dramatisch. Het is zo zonde om dat kwijt te raken. Goede nachtrust is de basis van alles.

Je slaappatroon kan veranderen in de overgang. Je behoefte aan slaap neemt af als je ouder wordt, maar als je last hebt van opvliegers en transpiratie, kan dit je nachtrust behoorlijk verstoren. Daarnaast kunnen ook emotionele kwesties of depressieve gevoelens ervoor zorgen dat je slechter slaapt.

Probeer elke avond rond hetzelfde tijdstip naar bed te gaan. Kijk niet te lang tv in bed. Vermijd alcohol voor het slapengaan. Voor mij (Isa) scheelt dit enorm! Loop ook niet te lang door met slaapproblemen. Slaapgebrek is namelijk net zo ongezond voor je lichaam als roken en te weinig bewegen. Zorg dat je voldoende daglicht krijgt. Dit bevordert de aanmaak van serotonine; het gelukshormoon, dat weer zorgt voor de aanmaak van melatonine, waardoor je beter slaapt.

**Tip Isa & Medina: yinyoga**

Yinyoga is een rustige vorm van yoga. De houdingen zijn vooral gericht op het versterken en versoepelen van bindweefsel en gewrichten; ze rekken dieperliggende spieren en maken het bekkengebied los. Het maakt je hoofd leeg en je slaapt er veel beter door. Op YouTube staan verschillende filmpjes. Je kunt ook naar een yogaschool gaan of een dvd aanschaffen.

## Gewichtstoename

Dit is dus echt iets wat wij absoluut niet willen! Veel vrouwen komen enkele kilo's aan tijdens de overgang. Behalve door hormonale veranderingen kun je in deze fase ook door andere factoren dikker worden. Met het ouder worden vertraagt je stofwisseling en kun je met minder calorieën toe. Als je hetzelfde blijft eten als vroeger, kun je dus aankomen. In hoofdstuk 6 gaan we hier dieper op in.

De oplossing is gelukkig relatief simpel. Minder calorieën en minder suiker innemen. Door wisselende insuline- en glucosespiegels kun je ook warmteaanvallen krijgen. Dus suiker laten staan is sowieso verstandig. Aandacht voor gezonde, volwaardige voeding en regelmatige beweging is nu belangrijk. Word ook weer niet te mager; na de menopauze zorgt het buikvetweefsel voor de aanmaak van oestrogenen. Weliswaar veel minder dan in de eierstokken, maar toch.

### Hartkloppingen

Tijdens de overgang kun je last krijgen van hartkloppingen. Dit kan ook tijdens een opvlieger gebeuren. Hartkloppingen in de overgang zijn meestal onschuldig, maar doordat je lijf minder oestrogeen aanmaakt, loop je in en na de overgang wél meer risico op hart- en vaatziekten.

Hartkloppingen kun je zo veel mogelijk voorkomen door regelmatig te bewegen en gezond te eten. Probeer stressfactoren te verminderen. Zorg voor ontspanning, denk bijvoorbeeld aan yoga en mindfulness. Als de hartkloppingen aanhouden, is er misschien meer aan de hand. Neem in dat geval contact op met je (huis)arts. Kijk ook eens op de website van de Hartstichting of van de Hart & Vaatgroep.

### Droge, schilferige huid

Je huid is echt aan het veranderen. Zowel voor als na de menopauze gebeurt er van alles met je huid. Oestrogeen heeft een anti-agingeffect op de huid. Als je minder oestrogeen aanmaakt, kan het zijn dat je huid dunner, slapper en droger wordt, minder elastisch, en dat wondjes minder snel genezen. Je huid veroudert nu sneller en kan gevoeliger worden voor invloeden van buitenaf. Erfelijke aanleg speelt hierbij ook een rol.

Tijdens de overgang is het belangrijk om je huid goed te reinigen, te voeden en te verzorgen. Ga niet te veel in de zon, gebruik altijd zonnebrand, stop met roken en bescherm je huid met een goede crème. Zie ook hoofdstuk 3.

### Vreemde (pigment)vlekjes

Wij zijn van een generatie zonaanbidders die zich vaak in hun jongere jaren niet goed tegen de zon beschermde. Het kan zijn dat je steeds meer donkere plekjes en moedervlekken krijgt. Dit komt door de afname van oestrogeen en hoort bij het verouderingsproces van de huid.

Bescherm je huid altijd met een factor. En laat bij twijfel de plekjes, vlekjes en moedervlekken onderzoeken door huisarts of dermatoloog.

## Dunner en brozer haar

Je haar wordt dunner en brozer en kan ook uitvallen doordat er minder talg wordt afgescheiden en de hoofdhuid minder is doorbloed. Hierdoor worden je haarwortels minder goed gevoed.

Massage van je hoofdhuid helpt om de bloeddoorstroming te ondersteunen. Met hormoonpreparaten kun je de balans enigszins herstellen en haaruitval tegengaan. Overleg dit altijd met een deskundige, zoals een overgangsconsulent.

Heb je langer dan zes maanden last van overmatige haaruitval? Ga dan eens naar je huisarts of dermatoloog om de oorzaak te onderzoeken. Je moet echt niet te lang wachten met dit bezoek, want haarwortels die langer dan drie jaar niet actief zijn geweest, maken vrijwel nooit meer haar aan. Soms is er niets meer aan te doen en moet je gewoonweg accepteren dat je haardos minder vol is.

## Terugtrekkend tandvlees

We horen van sommige vrouwen dat ze last krijgen van hun tandvlees. Ook dit probleem ontstaat doordat je minder oestrogeen aanmaakt. Hierdoor neemt de botdichtheid af en trekt het tandvlees zich terug. Dit betekent dat er meer kans is op beschadiging van de tanden. Heb je hier last van, leg het probleem dan eens voor aan je tandarts. Als je tandvleesklachten kunt voorkomen door beter of anders te poetsen, is dat toch mooi meegenomen.

## Broze nagels

Nagels breken sneller af en lijken dunner. Dit komt door de afname van oestrogeen. Gebruik tijdens de overgang een nagelverharder of laat je adviseren door een drogist. Slik dagelijks calcium en vitamine D3.

## Overbeharing

Waar je hoofdhaar dunner wordt, kan de beharing op je lichaam en in je gezicht juist toenemen door de overgang (hoezo oneerlijk!). In welke mate dit gebeurt, is niet alleen een kwestie van hormonen, maar ook genetisch bepaald. Zie ook hoofdstuk 3.

De oplossing is relatief simpel: het pincet is je beste vriend. Als je voorgoed met ongewenste haargroei wilt afrekenen, kun je kiezen voor een professionele behandeling met laser (zie hoofdstuk 3) of elektrisch ontharen.

### Vaginale droogheid

Je vaginawand wordt dunner en minder elastisch, en je slijmvliezen worden droger. Daarnaast veranderen je afscheiding en de zuurgraad van je vagina. Je kunt last krijgen bij dagelijkse activiteiten als fietsen, paardrijden en bij het dragen van strakke kleding – het zit niet lekker meer. Het kan ook pijn geven bij het vrijen, maar het is goed om te weten dat je weliswaar door de dag heen wat droger bent, maar dat je nog net zo vochtig kunt worden door seksuele opwinding als voorheen. Het is belangrijk om dit onderscheid te maken.

Er bestaan zetpillen en zalfjes met oestrogenen die goed werken tegen vaginale droogheid. Deze gebruik je lokaal, dus in en rond de vagina. Vraag dit na bij de apotheek. Meestal merk je al binnen een paar weken verbetering. Of gebruik een natuurlijk product als kokosvet. Maar vraag je wel af of dit de juiste weg is. Overgangsconsulent Jos Teunis raadt aan om er in eerste instantie (samen met je partner) voor te zorgen dat je écht seksueel opgewonden raakt voor de penetratie. Als je daar tijd en aandacht voor neemt, heb je geen glijmiddel nodig. Meer hierover in hoofdstuk 7.

### Urineverlies

De binnenwand van je plasbuis wordt dunner en de spieren rond je blaasuitgang worden zwakker. Hierdoor kun je vaker aandrang krijgen en is het moeilijker je plas op te houden.

Als je last hebt van urineverlies bij hoesten, lachen en sporten, kan bekkenbodemfysiotherapie voor veel verbetering zorgen. Op www.nvfb.nl vind je adressen van bekkenfysiotherapeuten. Je kunt ook thuis gratis deelnemen aan het corewellness-videoprogramma, te vinden op www.corewellness.nl. De bekkenbodemoefeningen in dit programma zouden de klachten bij zestig tot zeventig procent van de vrouwen verhelpen.

## Blaasontsteking

Blaasontstekingen doen zich tijdens de overgang vaker voor. Je voelt dan vaak aandrang om te plassen en het doet pijn. Als je hier last van hebt, ga dan naar de huisarts. Je kunt het ook proberen op te lossen door vlierbessensap te drinken, maar als het na een paar dagen nog niet weg is, moet je alsnog naar de huisarts.

## Pijnlijke borsten

Tijdens de overgang zullen je borsten waarschijnlijk veranderen. Ze worden minder stevig en voelen soms pijnlijk aan. Dit komt aan de ene kant doordat je bindweefsel slapper wordt naarmate je ouder wordt, en aan de andere kant veranderen de verhoudingen van je melkklier- en vetweefsel door de afname van oestrogeen.

Pijnlijke of gespannen borsten zijn hinderlijk, maar vaak goedaardig. Als je het niet vertrouwt, als het steeds pijnlijker wordt of als je zwellingen ziet of voelt, dan kan het zijn dat je een cyste hebt of een bindweefselzwelling. Ga dan naar je huisarts.

## Hoofdpijn

Vlak voor en tijdens de overgang kun je (meer) last krijgen van hoofdpijn of migraine. Ik (Medina) merk dit de laatste tijd inderdaad. Ik wil niet te veel pijnstillers slikken, dus ik zorg dat ik veel water drink en soms even een wandeling maak in de frisse buitenlucht als ik een hele dag binnen zit te werken. Na de overgang nemen hoofdpijnklachten die een hormonale oorzaak hebben gelukkig af.

Als je hoofdpijn hebt, dan helpt uiteraard een pijnstiller zoals paracetamol. Neem niet te vaak of te lang achter elkaar pijnstillers in. Dagelijks pijnstillers slikken veroorzaakt juist hoofdpijn; de zogenoemde medicijnafhankelijke hoofdpijn. Heb je elke maand één of meerdere migraineaanvallen, dan kun je medicatie overwegen die migraine helpt voorkomen. Vraag daarvoor je huisarts om advies.

## Vergeetachtigheid en concentratieproblemen

Wij zijn echt veel vergeetachtiger geworden en ook snel afgeleid. Dat is niet echt handig in ons vak. Het blijkt dat veel vrouwen in de overgang hier last van hebben. De oorzaak is vaak vermoeidheid door onder andere een slechte nachtrust. Dit kan leiden tot een haperend geheugen of gebrek aan concentratie.

Wij zijn heel praktisch geworden en maken overal lijstjes voor, niet alleen voor de dagelijkse boodschappen, maar ook voor al onze ideeën en plannen. Wat ook helpt is om minder alcohol te drinken; te veel alcohol tast (helaas) je geheugen aan. Meditatie en mindfulnessoefeningen verbeteren je concentratievermogen en houden je hoofd scherp. Ook heel heilzaam: beweging! Ga fietsen, joggen, zwemmen. Belangrijk is wel dat je minimaal dertig minuten aan één stuk beweegt.

Maak je vooral niet boos over je vergeetachtigheid. Het is een normaal verschijnsel dat bij de overgang hoort. Bovendien kan spanning ertoe leiden dat je nog meer dingen vergeet.

## Hoge bloeddruk

Vrouwen met een hoge bloeddruk hebben vaak meer last van overgangsklachten. Ze slapen niet meer goed en voelen zich gejaagd, dan krijgen ze hartkloppingen en stijgt de bloeddruk nog meer.

Let op je zoutinname, beperk alcoholgebruik en zorg voor een goed gewicht. Dit helpt allemaal om te voorkomen dat je bloeddruk de pan uit rijst. Laat verder regelmatig je bloeddruk checken bij de huisarts, ongeveer één keer per jaar. Kijk voor meer tips en informatie op de website van de Hartstichting.

## Verhoogd cholesterol

Aandoeningen aan de kransslagaders komen na de menopauze vaker voor. De concentratie van lipiden (vetachtige stoffen) in je bloed stijgt, vooral van LDL-cholesterol. Dit is het slechte cholesterol.

Verander tijdig je levensstijl: nuttig minder alcohol, eet minder zout en zorg voor een goede conditie en een gezond gewicht. Laat ook eens je cholesterol checken, ook al heb je nergens last van, want van een verhoogd cholesterol merk je lang niet altijd iets, terwijl het je van binnenuit wél aantast.

### In topvorm

Meisjes van vijfenveertig jaar en ouder, hou je vast, want er is licht aan het einde van de tunnel! Ik kan het weten, want ik ben erdoorheen – heelhuids en gereviseerd. Het is nóg mooier aan deze kant!

Heb je opvliegers? Ja, dat is het begin van hormonale disbalans. *Get it together*. Hetzij door het slikken van hormonen, hetzij door natuurlijke middelen. En de opvliegers, die gaan vanzelf weer weg. Neem ondertussen je leven onder de loep, want de overgang is een mooie waarschuwing. Vraag je af of je goed bezig bent. Waar je staat in het leven. Of je bent waar je wilt zijn.

Toen ik vijfenveertig was, heeeeeeel lang geleden ;-), was ik in topvorm. Ik kreeg mijn eerste opvlieger pas tien jaar later en heb daar onmiddellijk wat aan gedaan door natuurlijke middelen te gebruiken. Ik gebruikte al geen suiker (suiker is echt gif) en at geen rood vlees, kortom bewust eten was *part of the deal*, en sporten natuurlijk ook.

Wat je in je mond stopt, is heel belangrijk. Ik was vijfenvijftig toen ik in de overgang kwam en al vijftien jaar in mijn heerlijke huwelijk met Erik. We hadden het goed samen. Ook op seksgebied. In zo'n periode kun je wat droger worden, en dan heb je kokosvet in het nachtkastje liggen. Werkt prima en is heel natuurlijk.

Helaas werd Erik ziek. Hij overleed vijf jaar later, nadat we twintig jaar lief en leed (maar vooral lief) gedeeld hadden. Ik kwam in een diep dal en nu, zes jaar later, kan ik eindelijk zeggen dat ik daaruit ben.

Voor de beginnende osteoporose die bij me werd geconstateerd, smeer ik nu zo'n drie jaar hormonen van een Belgische arts. De meest natuurgetrouwe die er zijn. Osteoporose was een angstbeeld omdat mijn moeder het had en ik heb haar letterlijk langzaam in zien storten, met veel pijn. Haar skelet begaf het. Ik had me dus voorgenomen anders oud te worden.

Ik sport ook veel, sinds januari 2016 zelfs twee keer in de week met een personal trainer. Kost wel wat, maar dan heb je ook wat. En raad eens: er is geen osteoporose meer geconstateerd! Dat vind ik wel een overwinning. Eigenlijk zit ik beter in mijn vel dan ooit. Alles doet het nog, en dat mag op mijn leeftijd gerust een wonder heten – ook als je er zelf alles aan doet.

– Patricia Steur

## Osteoporose (botontkalking)

In de overgang kun je te maken krijgen met osteoporose. Je verliest dan botmineralen en je botdichtheid en -sterkte nemen af. Botweefsel wordt gedurende je hele leven steeds weer opgebouwd en afgebroken, maar na je vijfendertigste begint de definitieve afbraak. Dit proces gaat nog sneller tijdens de overgang.

Door de afname van oestrogeen verliezen vrouwen in de overgang in enkele jaren tijd zo'n tien tot twintig procent botmassa. Dit zorgt ervoor dat je botten op latere leeftijd gemakkelijker breken. Ook vrouwen die heel vroeg in de overgang zijn gekomen lopen een verhoogde kans op botontkalking.

De combinatie van hormoontherapie en veel sporten kan helpen. Wat sowieso goed is: calciumrijk voedsel eten, regelmatig bewegen en vooral niet roken. Neem dagelijks calcium in combinatie met vitamine D; vitamine D is namelijk noodzakelijk voor een goede calciumopname.

### Pijnlijke gewrichten

Ook hier hebben wij de laatste tijd last van, vooral in onze knieën. Veel vrouwen krijgen tijdens de overgang last van pijnlijke gewrichten. Bijvoorbeeld als je uit de auto stapt, of als je lang hebt gezeten. Dit heeft te maken met een tekort aan collageen (door, jawel, de afname van oestrogeen) waardoor je gewrichten minder goed 'gesmeerd' zijn en sneller slijten. Collageen is een lijmvormend eiwit in bindweefsel. Door oestrogeen worden alle collageenstructuren ondersteund; niet alleen in de huid, maar ook in de slijmvliezen, banden, pezen, spieren en het kraakbeen. Oestrogeen heeft ook nog eens invloed op de vochtigheid en doorbloeding van de slijmvliezen. In de overgang kunnen slijmvliezen uitdrogen, waardoor gewrichten over elkaar schuren en gewrichtsklachten ontstaan.

Warme kompressen op de gewrichten kunnen helpen, net als een warm bad. Massage kan de klachten ook verlichten. Er zijn natuurlijke geneesmiddelen als zwarte bes en brandnetel; vraag dit na bij een overgangsconsulent of huisarts.

## NEEM JE KLACHTEN SERIEUS!

Wat een waslijst! Een aantal klachten herkennen we helaas, en wie weet wat er nog gaat komen. Maar wát er ook gebeurt: neem je klachten serieus. Vindt je partner dat je zeurt? Het ís ook niet leuk! Als hij vier maanden niet zou slapen, zou hij ook chagrijnig zijn. En bedenk: we hoeven niet zo te zeuren als we goede begeleiding krijgen. Praat erover – met je huisarts of een overgangsconsulent. De meeste bedrijfsartsen zien de overgang over het hoofd, terwijl ruim een derde van alle werkende vrouwen vanaf vijfenveertig jaar zich regelmatig ziek meldt door overgangsklachten.

**1 op de 3 vrouwen (45+) meldt zich ziek door overgangsklachten**

Hoog tijd om vrouwen, werkgevers en bedrijfsartsen wakker te schudden, vindt het gynaecologenduo Wilma Smit en Pauline Ottervanger, schrijfsters van *Menoblues* en *Menoproof*. 'Niet iedereen ervaart problemen, maar de kans op psychische en lichamelijke klachten wordt wel groter als je in de overgang komt. Tussen je vijfenveertigste en zestigste speelt er zóveel. Hormonaal kom je in een rollercoaster terecht, je wordt geconfronteerd met je onvruchtbaarheid, je kunt last krijgen van opvliegers en slecht slapen. Veel vrouwen hebben daarnaast nog (puberende) kinderen thuis en hebben steeds vaker de zorg voor een ouder. Ondertussen zitten ze ook nog gewoon in het arbeidsproces, want ze werken steeds langer door. Er wordt aan allerlei kanten aan hen getrokken. Geen wonder dat ze het soms niet meer trekken en zich ziek melden. Maar als je zelf niet begrijpt dat je klachten deels door de overgang kunnen komen en bedrijfsartsen niet doorvragen omdat ze je behandelen als een vijfendertigjarige, dan blijf je ermee rondlopen. Terwijl er heel veel aan te doen is. Dat moet anders en kán ook anders, bijvoorbeeld door werknemers actief te informeren. Bedrijfsartsen zouden op hun beurt met werkgevers kunnen zoeken naar praktische oplossingen.'

Het is essentieel om de overgang bespreekbaar te maken op de werkvloer, aldus de gynaecologen. 'Doe niet geheimzinnig over je klachten, maar praat erover. Dat is in ieders voordeel. Weg met het taboe!'

ISA Telkens denk ik: het valt wel mee, gewoon ondergaan, adem in, adem uit… Maar dan komt er in *no time* weer zo'n hittegolf over me heen, door me heen, ik weet soms niet meer waar het vandaan komt. En ik ben ook zo geïrriteerd! Ik kan het er gewoon niet bij hebben, ik ben veel te druk, moet veel te hard werken. En slapen doe ik dus niet meer. Dan neem ik maar weer een wijntje, maar dat mag dus ook al niet. Daar word ik dan weer heel recalcitrant van; ik ging het toch leuk hebben? Ik bepaal zelf wel wat ik doe of laat! En als ik dan de hele week hard gewerkt heb, wil ik een avond ontspannen. Dus bij één wijntje blijft het niet. En die gezonde leefstijl… Waar, wanneer en hoe?

MEDINA Bij mij wordt het ook steeds erger. Ik heb continu een gevoel van grieperigheid en een zeurend gevoel in mijn onderbuik; alsof ik ongesteld moet worden. En ik blijf steeds langer ongesteld, met veel bloedverlies. Die stemmingswisselingen verontrusten me ook. Het gevoel dat ik moet huilen, zonder te weten waarom. En als ik dan hoor dat huisartsen maar bitter weinig voor vrouwen kunnen betekenen, zinkt de moed me helemaal in de schoenen.

Wie met overgangsklachten bij de huisarts komt, krijgt vaak te horen dat deze 'erbij horen'.

We praten hierover met verpleegkundig overgangsconsulent Jos Teunis.

***Wat is dat toch met huisartsen en de overgang?***

'Veel huisartsen denken niet aan de overgang, zeker niet als het psychische klachten betreft. Vrouwen worden eerder gediagnosticeerd met een burnout of depressiviteit, en naar huis gestuurd met een recept voor een antidepressivum. In die zin is er helaas weinig veranderd ten opzichte van de jaren zestig, toen de kliniek vol zat met zogenaamd depressieve vrouwen die in feite gewoon in de overgang waren. Bovendien duurt een consult bij de huisarts maximaal tien minuten en omdat de klachten vaak zo vaag zijn, zal een huisarts niet snel de diagnose overgang kunnen stellen. Huisartsen zijn vaak slecht op de hoogte van de nieuwe inzichten betreffende hormoontherapie, ook omdat bijscholingscursussen over de overgang voor huisartsen schrikbarend slecht worden bezocht. Daarbij moet je weten dat de 'ijkpersoon' in de medische zorg nog steeds gebaseerd is op een man van vijftig jaar. De meeste medicatie wordt daarop afgestemd. De medische wereld weet bijzonder weinig van de overgang.'

***Nog steeds niet?***

'In 2016 is er pas een start gemaakt, door onder andere gynaecoloog Dorenda van Dijken van het OLVG, locatie West in Amsterdam. Zij heeft een onderwijsformule geschreven die nu voor het eerst aan medisch specialisten in opleiding gegeven wordt.'

**Behandel me als een dame**

Jannet Vaessen, directeur van platform WOMEN Inc., bevestigt dat er in de medische wereld heel weinig bekend is over alles wat te maken heeft met de vrouwelijke cyclus (puberteit, zwangerschap, overgang). 'De gezondheidszorg is gebaseerd op mannen. Er bestaat echt een blinde vlek wat betreft vrouwengeneeskunde. Dit heeft verschillende oorzaken. Enerzijds wilde men de mogelijk zwangere vrouw en haar ongeboren kind juist beschermen tegen ingrijpend medisch onderzoek en anderzijds werd verondersteld dat vrouwen hormonaal te veel fluctueren om consequente onderzoeksresultaten op te leveren. Dit heeft ertoe geleid dat vrouwelijke patiënten grotendeels buiten de medische wetenschap zijn gehouden.

Toverwoorden in de gezondheidszorg zijn efficiëntie en kostenbesparing. Dan is het makkelijk als we er gewoon van uitgaan dat er één norm bestaat. Pas rond 1990 vroegen de eerste gynaecologen en cardiologen zich af: moeten we de vrouw niet apart bekijken? Vrouwen hebben namelijk andere fysieke kenmerken en bijvoorbeeld andere symptomen bij een hartaanval. Maar toen zaten we net in de eeuw van de gelijkheid: er mag geen verschil gemaakt worden! Ook vrouwen vonden dat. Qua gezondheid geldt nu: *men die quicker, but women get sicker*. Wees je ervan bewust dat er een enorme onwetendheid is met betrekking tot de overgang. WOMEN Inc. lanceerde in 2016 de campagne "Behandel me als een dame" omdat dit gebrek aan kennis van het vrouwenlichaam levens bedreigt en omdat we gelijke kansen willen voor iedereen, ook wat gezondheid betreft. Maar we richten ons ook op de vrouwen zelf. Als je naar een arts gaat raden we je aan om je goed voor te bereiden. Bedenk welke vragen je wilt stellen en geef informatie over je hormonale cyclus. Dit kan de arts helpen om een betere diagnose te stellen. En vraag door als je iets niet begrijpt.'

***Heeft het dan wel zin om naar de huisarts te stappen?***

'Het is aan te raden voor vrouwen rond de vijftig om zich te laten screenen op cholesterol, schildklierfunctie, glucose, vitamine D en bloeddruk. Sommige klachten kunnen namelijk ook wijzen op schildklierproblemen of hart- en vaatziekten. Meestal zijn klachten als hartkloppingen en onregelmatige bloedingen overganggerelateerd, maar je moet het wel laten checken.'

***Wat kun je doen als je huis- of bedrijfsarts je niet verder kan of wil helpen?***

'Een goede huisarts verwijst je door naar een overgangsconsulent, maar je kunt ook zelf naar een overgangsconsulent, zonder verwijzing. Overgangsconsulenten zijn nodig omdat vrouwen zelf weinig weten over de overgang én omdat ze geneigd zijn veel van hun klachten aan omgevingsfactoren te wijten. Tussen je veertigste en zestigste levensjaar gebeurt er natuurlijk ontzettend veel in je leven – ouders overlijden, kinderen gaan puberen of verlaten het nest, de pensioenleeftijd nadert. Geen wonder dat ik somber of moe ben, denken veel vrouwen. Maar vergis je niet in wat er allemaal in je lijf gebeurt. Vaak zijn het overgangsklachten die ervoor zorgen dat je je zo wankel voelt.'

***Waarom worden overgangsklachten zo vaak aangezien voor een burn-out of depressie?***

'Omdat de klachten er verdacht veel op lijken. Je kunt het vergelijken met de week voor je menstruatie, maar dan iedere dag: je bent niet te genieten, moe, somber, onzeker, angstig, snel geïrriteerd, boos, prikkelbaar, gevoeliger voor geluid. Veel vrouwen denken: wat is er met mij aan de hand? Nou, je hoeft in elk geval niet aan de antidepressiva. Je zit in de overgang! Dit is belangrijk om te weten. Maar weet ook: het gaat allemaal weer over. Laten we dat vooral duidelijk stellen. Op een gegeven moment kom je weer in balans.'

***Hoe kun je een nieuwe balans bereiken?***

'Wij coachen vrouwen zo goed mogelijk door de fases van de overgang heen: de premenopauze en de postmenopauze. Elke fase heeft namelijk een andere (hormoon)behandeling nodig. Leg je er niet zomaar bij neer als je echt veel klachten hebt tijdens deze periode – het kan ook anders. Na de overgang is er hopelijk nog een lang leven zonder hormoonproductie voor je weggelegd. Dat bespreken we ook: hoe word je zo gezond en fijn mogelijk oud.'

***Wat doet de overgangsconsulent precies?***

'Het is niet zo dat je hier de deur uit stapt met alleen maar een receptadvies voor de huisarts, of met voedingssupplementen. Ik kijk naar iemands gehele leefsituatie. Ik zeg niet alleen maar: tegen je opvliegers kun je dit nemen, want als jij hartstikke veel stress hebt – wat vaak voorkomt – dan is dat niet genoeg. Je moet dan ook begeleid worden bij stressvermindering. Een holistische aanpak dus, toegesneden op de persoon. Want zoals iedere fase van de overgang anders is, is ook iedere vrouw in de overgang anders.'

***Wat kan helpen bij overgangsklachten?***

'Naast de dingen die je zelf kunt doen om je klachten te verminderen (zie overzicht op p. 43-52) zijn er binnen de natuurgeneeskunde goede middelen. Als je klachten zo erg zijn dat je het niet met natuurlijke middelen redt, is hormoontherapie een goed alternatief. Als vrouwen zichzelf echt helemaal kwijtraken in deze fase, raad ik aan een of twee jaar aan de hormonen te gaan; het heeft geen zin om dit een paar weken te doen. Ik adviseer dan een hormoonpreparaat met lichaamseigen stofjes, zoals oestradiol en progesteron in de vorm van tabletten of pleisters. Ik ga uitgebreid met vrouwen in gesprek om erachter te komen wat bij hen past en wat ze willen.'

**Ook naar een overgangsconsulent?**

Jaarlijks laten honderden vrouwen zich informeren, adviseren en begeleiden door een verpleegkundig overgangsconsulent. Op www.overgangsconsulente.com staat veel nuttige informatie. Via deze site kun je ook een overgangsconsulent bij jou in de buurt vinden.

**Menopauzespreekuur**

Steeds meer huisartsen en ziekenhuizen bieden menopauzespreekuren aan: vaste tijden waarop informatie en advies wordt gegeven over de overgang. Je kunt tijdens zo'n spreekuur met je overgangsvragen terecht bij een verpleegkundige of gynaecoloog. Informeer eens bij je huisarts of er bij jou in de buurt zo'n spreekuur is.

***Wat is eigenlijk hormoontherapie?***

'De officiële naam is "hormone replacement therapy", HRT, ook wel hormoonsuppletie genoemd. Door middel van tabletten, pleisters of gel krijg je hormonen toegediend die je lichaam niet meer aanmaakt. Welk middel voor jou geschikt is hangt van verschillende factoren af, onder andere van de klachten die je hebt en in welke fase van de overgang je zit. Een overgangsconsulent kan je hierin adviseren.'

***Hormoontherapie, daar krijg je toch kanker van?***

'Er doen veel fabels de ronde over hormoontherapie waardoor vrouwen onnodig bang worden gemaakt. Huisartsen in Nederland zijn nog steeds veel te terughoudend in het voorschrijven van hormoontherapie. Sommige huisartsen zeggen letterlijk tegen vrouwen dat ze van hormoontherapie kanker krijgen, maar zij baseren zich op oud onderzoek. En dan zijn er ook nog de ongenuanceerde berichten in de media. Er is de afgelopen jaren veel onderzoek gedaan naar de risico's van HRT. Als gevolg daarvan zijn de huidige preparaten veel verfijnder dan pakweg vijftien jaar geleden en is de dosis hormonen flink naar beneden bijgesteld. Op dit moment wordt de bijsluiter van hormoontherapie aangevochten door de vereniging van gynaecologen; de bijwerkingen die daarin staan, zijn alleen om claims te voorkomen en geven daardoor niet écht de nodige informatie.'

***Maar word je er nou dikker van?***

'Nog zo'n fabeltje. Nee, het is zeker niet zo dat je van HRT dikker wordt. Zeker de producten waar natuurlijk – dus lichaamseigen – oestradiol in zit geven geen gewichtstoename. Het kan wel gebeuren dat iemand in de opstart- of gewenningsfase wat meer trek krijgt, maar als je daar secuur mee omgaat als gebruiker, gebeurt er niets. De meer synthetische vormen van HRT zorgen bij sommige vrouwen wel voor gewichtstoename, maar dit verschilt van persoon tot persoon. Er zijn vrouwen die zeggen er kilo's van aan te komen en anderen merken niets. Over het algemeen zorgt HRT dus niet voor gewichtstoename.'

## Vroeg in de overgang? Informeer jezelf goed!

**Vroeg in de overgang kan leiden tot chronische ziektes**

Slechts 1% van alle vrouwen komt voor haar veertigste in de overgang. Over deze groep is bekend dat zij een veel grotere kans hebben op hart- en vaatziekten, op (vroegtijdige) dementie en op osteoporose. Daar staat een veel lagere kans op borstkanker tegenover. Maar de uitkomst van de optelsom is toch dat vrouwen die vroeg in de overgang komen op latere leeftijd meer kans hebben op chronische ziekten op latere leeftijd en gemiddeld vroeger overlijden dan vrouwen die op de gemiddelde leeftijd - tussen 45 en 55 jaar - in de overgang komen.

**Hormoontherapie kan bescherming bieden**

Ook is bekend dat wanneer deze vrouwen hormoontherapie krijgen tot de gemiddelde overgangsleeftijd van vijftig, zij minder kans hebben op het oplopen van chronische ziekten zoals osteoporose en een even grote kans op borstkanker hebben als leeftijdgenoten die nog niet in de overgang zijn. Het kan zijn dat een supergezonde voeding en sportieve leefstijl net zo goed of beter dan hormoontherapie beschermt tegen de kans op deze chronische ziekten - dat is niet onderzocht. Waarschijnlijk is de combinatie van een gezonde leefstijl en voeding mét hormoontherapie tot het vijftigste jaar nog beter voor vrouwen met een vervroegde overgang.

**Meer weten?** Maak een afspraak met een overgangsconsulent.

***De algehele tendens is dat we dit allemaal maar moeten dragen, er gewoon even doorheen moeten.***

'Ja, dat is heel calvinistisch, heel Nederlands; je moet ook met pijn bevallen, vooral geen pijnbestrijding nemen. Nee hoor, gewoon de natuur zijn gang laten gaan. Dit geldt ook voor de overgang. In Nederland gebruikt slechts vijf procent van de vrouwen hormoontherapie. Maar met al die klachten en de kennis van nu, dan ben je toch knettergek als je dit laat gebeuren? Het kan tien jaar duren voor je weer in balans bent! Dat hoeft dus niet. Door je hormonen op een goed niveau te houden, ga je niet alleen beter door de ouderdom heen; je huid blijft mooier, je haar blijft voller en het biedt bescherming tegen osteoporose.'

**Wat zijn de voordelen van HRT?**

- Het bestrijdt overgangsklachten als opvliegers, nachtzweten, stemmingswisselingen, depressieve gevoelens en vaginale droogheid.
- Het heeft een gunstige invloed op je botdichtheid en voorkomt dus osteoporose.
- Het beschermt mogelijk tegen hart- en vaatziekten.
- Het verlaagt de kans op diabetes.
- Bij vrouwen die voor hun veertigste in de overgang zijn gekomen, verlengt het hun levensverwachting.
- Je huid veroudert minder snel en je hebt minder last van haaruitval.

***En hormooncrèmes?***

'Er zijn inderdaad ook crèmes met hormonen. Je huid is een perfect opname-orgaan; alles wat je via de huid smeert, komt in je weefsels. Maar je weet nooit wat er wel en niet opgenomen wordt. Die progesteroncrèmes die je nu ook via internet kunt kopen, kunnen bij verkeerd gebruik problemen geven als je het zonder medische begeleiding doet. Het kan bijvoorbeeld tot heftige doorbraakbloedingen en tot afwijkingen in het baarmoederslijmvlies leiden, omdat progesteron slecht door de huid wordt opgenomen. Je kunt toch beter voor de goed onderzochte hormonen kiezen. Ga zeker niet zelf dokteren! Ga gewoon naar een overgangsconsulent, naar een menopauzespreekuur of naar een gynaecoloog. Daar krijg je alle informatie en kun je heel gedegen kiezen.'

***Zijn er contra-indicaties, oftewel wanneer kom je niet in aanmerking voor hormoontherapie?***

'Of je wel of geen hormonen in de overgangsjaren mag gebruiken, hangt af van verschillende factoren. De voor- en nadelen en de risico's moet je goed overwegen als je ziekten hebt of hebt gehad, bijvoorbeeld epilepsie of trombose, of bij bepaald medicatiegebruik. Als je erfelijke aanleg hebt voor hormoongevoelige tumoren als borstkanker is dit een reden om geen hormonen te gebruiken. Het effect van hormoontherapie is minder groot bij vrouwen die roken. Hun wordt geadviseerd te stoppen.'

We zijn tijdens dit gesprek een aantal keer bijna van onze stoel gevallen. Het was een heel emotionele ervaring: de herkenning en het besef dat wij, twee toch intelligente en goed gebekte vrouwen, eigenlijk al heel lang last hebben van allerlei klachten en we er door met deskundigen te praten pas achter komen dat het dus overgangsklachten zijn. En dat er echt iets aan te doen is! Dit geeft hoop en het is tegelijkertijd spijtig omdat we er te lang mee rond hebben gelopen. Hoe belangrijk is het dat er verpleegkundig overgangsconsulenten zijn!

We waren alle twee erg huiverig voor hormoontherapie: de zin 'Daar krijg je borstkanker van en je wordt er dik van' was al uit onze mond voor we het doorhadden. Maar het idee dat er in de nabije toekomst mogelijk een ander advies komt voor het gebruik van HRT zet ons aan het denken. Als de voordelen aan het onderhouden van je oestrogeenniveau groter zijn dan de nadelen en risico's en het grotendeels je klachten wegneemt; waarom zou je het jezelf dan moeilijk maken?

Deze afweging moet iedere vrouw voor zichzelf maken. Hoe kom je er het beste doorheen, daar gaat het om. We spreken Linda de Mol, die er weloverwogen voor kiest om voorlopig de pil nog door te slikken. 'Ik kan het er echt niet bij hebben als ik werk. Stel, ik krijg een opvlieger als ik midden in een opname zit, dan moet ik eruit stappen, andere kleren aan… dat kan niet. Zo schuif ik het voorlopig nog even voor me uit. Dat is een bewuste keuze.'

Voordat wij een keuze kunnen maken, moeten we ons eerst verdiepen in onze eigen hormonale situatie. We hebben beiden een consult gedaan bij Jos.

## PREMENOPAUZECONSULT

MEDINA Voor Jos was het snel duidelijk dat ik in de premenopauze zit. De reden dat ik me zo uitgeput voel komt mede door het vele bloedverlies tijdens de langere periodes van ongesteld zijn. Dat hevige bloeden is niet goed voor je algehele conditie. In deze fase is een anticonceptiepil met estradiol de beste optie. Ik heb een langere periode last van PMS dan vroeger. Ze raadde mij aan om voor onderzoek naar een gynaecoloog te gaan die gespecialiseerd is in de overgang en te zien of bijvoorbeeld anticonceptiepil Zoely voor mij geschikt is. Deze pil is als enige anticonceptiepil gebaseerd op het lichaamseigen hormoon 17-beta-estradiol. Je hebt je bloeding beter onder controle, en het heeft ook een positief effect op het brein. Het prettige van deze pil is dat er maar vier stopdagen nodig zijn. Dus minder last van PMS-klachten. Een andere optie is de Mirena-spiraal. Het Mirena-spiraaltje is een hormoonspiraal met een staafje progesteron dat ervoor zorgt dat het baarmoederslijmvlies zich onder invloed van oestrogeen minder opbouwt, waardoor menstruele klachten worden tegengegaan. Eventueel kun je bij klachten van emotionele disbalans oestrogeen bijslikken of oestrogeenpleisters gebruiken.

Ik heb nu een afspraak staan bij de gynaecoloog. Jos zei wel dat ik, als ik aan de anticonceptiepil of later aan de HRT wil, moet stoppen met roken. Dit is voor mij wel een ding, want waarom denk je dat ik rook, om al die stress aan te kunnen! Dit is dus een vicieuze cirkel geworden. Ik slik nu alvast trouw vitamine D3 en calcium. Ik weet wel dat als ik in de volgende fase kom en de klachten te erg worden, ik absoluut aan de HRT ga. Ik vind de kwaliteit van leven erg belangrijk en heb nu al best veel klachten. Daarbij: ik heb nu eenmaal een veeleisend leven en een te heftige overgang kan en wil ik er gewoonweg niet bij hebben.

## POSTMENOPAUZECONSULT

ISA Na een aantal vragen te hebben beantwoord, vertelde Jos mij dat ik duidelijk in de laatste fase van de overgang zit; de postmenopauze. Jos vond mijn klachten vrij pittig en stelde voor om aan hormoontherapie te beginnen. De alternatieve manier zou misschien wel helpen, maar dan zijn we weer zeven weken verder en ik liep inmiddels best op mijn tandvlees. Jos raadde mij aan naar de huisarts te gaan voor een recept voor een hormoonpreparaat dat gebaseerd is op het lichaamseigen hormoon 17-beta-estradiol en helemaal is afgestemd op mijn fase. Er zijn verschillende preparaten die specifiek zijn afgestemd op de pre -en postmenopauze. Binnen een maand was ik van mijn opvliegers af, sliep ik beter en zat ik lekkerder in mijn vel. Ik heb helemaal geen rare bijwerkingen gehad en ik ben ook niet dikker geworden. Ik zal een jaar deze pil dagelijks slikken en dan gaan we bepalen of en wanneer ik weer ga afbouwen. Het is erg belangrijk om hormoontherapie langzaam af te bouwen om niet opnieuw klachten te krijgen. Mijn leven is echt veranderd. Ik voel me eindelijk weer meer mensch.

**Mogelijkheden**

Er zijn nieuwere anticonceptiepillen waarin zowel estradiol als oestrogeen zit. Bij vrouwen met overgangsklachten die hormoonsuppletie krijgen, wordt altijd estradiol gegeven. De doseringen kunnen in de overgangsjaren langzaam afgebouwd worden. Als er anticonceptie of cyclusregulatie nodig is, zijn er anticonceptiepillen met gemiddeld 2 mg estradiol of 1,5 mg. Voor hormoontherapie bij overgangsklachten kunnen 1 mg of 0,5 mg estradioltabletten worden voorgeschreven. Als vrouwen een estradiolpleister gebruiken kan het van

50 mcg (hele pleister) naar 25 mcg (halve pleister) of 12,5 mcg (kwart pleister). Zo kun je steeds lager doseren naarmate de overgang vordert.

Wat wij zeer zorgwekkend vinden is dat er zoveel huisartsen en bedrijfsartsen zijn die niet genoeg weten van de overgang om tijdig een goede diagnose te kunnen stellen. Er blijkt nog amper onderzoek te zijn gedaan naar de moderne vrouw in de overgang, begrepen we van Monique Brood, Jos Teunis en Jannet Vaessen.

Hoe vaak hebben wij en ook veel vriendinnen van ons niet bij onze huisarts gezeten met rode wangen of soms huilend en deden een poging om onze vage klachten te duiden. Elke keer weer kregen we te horen dat we te hard werkten, dat we moesten oppassen geen burn-out te krijgen en aan stressvermindering moesten gaan doen ('Is yoga niet iets voor jou?'). Als wij dan voorzichtig de mogelijkheid van de overgang als oorzaak van de klachten te berde brachten, kregen we steevast te horen: 'Neeee, daar ben jij nog veel te jong voor.' Hadden we maar eerder geweten van het bestaan van overgangsconsulenten!

### Nog even alles op een rijtje:

Neem je klachten serieus en blijf er vooral niet mee rondlopen. Maak het bespreekbaar thuis, op je werk en onderneem actie. Ga wat ons betreft zo snel mogelijk naar een overgangsconsulent zodat je oplossingen kunt vinden voor de dingen die jou belemmeren.

Voor iedere vrouw in de overgang geldt: neem elke dag vitamine D3. En neem calcium als je last hebt van verminderde botdichtheid. Zorg voor een gezonde leefstijl en voor een goede conditie. Pas op met suiker en alcohol. Stop met roken. En beweeg! Niet alleen om je overgangsklachten te verlichten, maar juist voor het algeheel welbevinden en de kwaliteit van leven. Op naar die mooie tweede helft!

## Meer informatie?

VVOC: Vereniging voor Verpleegkundig Overgangsconsulente
(www.overgangsconsulente.com)
Hartstichting (www.hartstichting.nl)
Hart & Vaatgroep (www.hartenvaatgroep.nl)
Osteoporose Stichting (www.osteoporosestichting.nl)
Vitamine Informatie Bureau (www.vitamine-info.nl)
WOMEN Inc. (www.womeninc.nl)

## Boekentips

*De menopauze managen* (2015) – Myra Hunter & Melanie Smith
*Menoblues* (2009) en *Menoproof* (2010) – Pauline Ottervanger & Wilma Smit
*De overgang* (2016) – José Rozenbroek & Jos Teunis

## Websites

www.vrouwenpoliboxmeer.nl
www.vrouwenwijzer.nl
www.energiekevrouwenacademie.nl
www.jos-teunis.nl
www.vrouwenovergang.nl

HOOFDSTUK 3

# TUSSEN SCHOONHEID EN VERVAL

Knetterknap ouder worden graag!

*'You can be gorgeous at thirty, charming at forty, and irresistible for the rest of your life.'* – Coco Chanel

## WAT IS DE ROL VAN SCHOONHEID IN ONS LEVEN?

**MEDINA** Ik weet nog goed dat ik tijdens het eerste seizoen *Rozengeur & Wodka Lime* 's ochtends met Willeke van Ammelrooy, die in de serie mijn moeder speelde, in de make-up zat. Zij keek naar zichzelf in de spiegel en zei: 'Mijn hemel, het duurt steeds langer voordat mijn gezicht wakker wordt.' Ik keek haar een beetje meesmuilend aan; ik begreep totaal niet wat ze bedoelde.

Helaas snap ik dat nu, vijftien jaar later, wél. Ik heb altijd kraaienpootjes gehad rondom mijn ogen. Maar die eerst zo elegante lachrimpeltjes zijn nu aardige groeven. En dat gebied is nu standaard uitgebreid met donkere wallen en een losser zittend huidje onder mijn ogen. Ook merk ik dat mijn ogen minder goed opengaan doordat het vel erboven zwaarder lijkt te zijn. In de ochtend schrik ik soms echt van mijn hoofd. Dan hangen er van die vochtzakken onder mijn wallen. Het duurt een halve dag voordat dit is weggetrokken.

Ik wil graag oud worden met élégance. Maar ik merk dat het ouder worden mij iets te snel gaat. De laatste vijf jaar heb ik echt een ouwe kop gekregen. De rek is er een beetje uit. Het waren tropenjaren voor mij. Ik heb een kind gekregen, ben gescheiden, ben in therapie gegaan. Dit alles toont zich wel op mijn gezicht. Ik geef toe, het is nog te overzien, maar het is absoluut niet meer zoals het was.

ISA Vroeger dacht ik altijd dat ik te lelijk was om actrice voor tv te zijn. Toneelactrice kon nog net, dan zagen de mensen me toch van veraf. Ik ben niet opgevoed met trots zijn op jezelf en jezelf mooi vinden. Nog steeds worstel ik hiermee en dat ouder worden maakt het er niet makkelijker op. Ik dacht dus dat het voor mij redelijk makkelijk te accepteren zou zijn als ik er ouder uit ging zien: het was al niet fantastisch en het wordt hooguit ietsje minder. Toch valt dat tegen. Als ik nu in de spiegel kijk, zie ik een vermoeid gezicht. Tot voor kort stond ik op, poetste mijn tanden, deed een dagcrème op en ging de deur uit. Ik ga vaak nog steeds zo de deur uit, maar ik merk dat ik me daar steeds minder zelfverzekerd bij voel. Nu moet ik, om er goed uit te zien, veel meer aan mijn gezicht doen en vooral aan mijn haar. Arm haar, het wordt steeds droger en pluiziger. En die wallen? Die zijn nu standaard. En de lijnen rond mijn mond gaan dus ook nooit meer weg. Natuurlijk weet ik waar het vandaan komt; ook ik ben niet geruisloos door de tijd gegaan, heb zware jaren achter de rug en zorg niet goed genoeg voor mezelf. Maar het ouder worden gaat sneller dan ik wil. Het gekke is: ik voel me niet oud, maar mijn gezicht toont het wel. Vind ik dit erg? Ja! En weet je wat ik helemaal erg vind? Dat dit dus het begin van het einde is.

Schoonheid is voor ons helaas altijd een *issue* geweest. Wij hebben onszelf nooit bijzonder mooi gevonden en konden nooit aan ons 'eigen' schoonheidsideaal voldoen. Nog steeds niet, eerlijk gezegd. En dan staan we ook nog eens aan de vooravond van de ouderdom met alle lichamelijke veranderingen die daarbij horen. De aftakeling heeft ingezet, onze seksuele aantrekkelijkheid schijnt ook nog af te nemen... Daarbij leven we in een tijd waarin we steeds ouder worden, maar er steeds jonger uit willen zien. We hebben het er eerlijk gezegd best moeilijk mee.

## HET BELANG VAN SCHOONHEID

Schoonheid is altijd belangrijk geweest. Fysiek aantrekkelijke mensen zijn aantoonbaar populairder, krijgen vaker hulp van anderen, krijgen vaker gelijk, komen vaker ongestraft weg met slecht gedrag, en worden over het algemeen als intelligenter, socialer en mentaal gezonder beschouwd. Bovendien is er een verband aangetoond tussen schoonheid en geluk. Mooie mensen hebben betere vriendschappen, zijn vaker getrouwd, zijn geestelijk gezonder en verdienen meer geld – het verschil in de VS is tienduizend dollar per jaar. Daar kun je een hoop leuke dingen van doen.

Biologisch gezien is het doel van fysieke aantrekkelijkheid om de aandacht te trekken van de andere sekse en op die manier voor instandhouding van de soort te zorgen. Schoonheid is de belangrijkste graadmeter voor gezondheid en vruchtbaarheid. Darwin noemde dit seksuele selectie. Aha... Het gaat dus om voortplanting, het behoud van onze soort! Ja, dan snappen we dat je als ouder wordende vrouw uitgerangeerd bent. Dat voelden wij dus goed aan.

Er bestaan hardnekkige vooroordelen over de vrouw in de overgang. Ze 'devalueert' omdat ze niet langer vruchtbaar is. Ze verliest wat ze in haar puberteit ontving; haar seksuele aantrekkelijkheid, en daarmee verliest ze haar waarde. In culturen met een positieve houding tegenover ouderen wordt de menopauze niet gezien als een teken van aftakeling. De oudere vrouwen worden gewaardeerd en geëerd om hun kennis en ervaring. De overgang brengt in die culturen ook duidelijk minder klachten met zich mee. In het westen daarentegen roept de menopauzale vrouw het beeld op van een onaantrekkelijke vrouw wier leven voorbij is. Als kind zagen wij dit ook zo: een oma was in onze ogen stokoud, terwijl ze misschien pas vijfenvijftig jaar was. Anderzijds zien vrouwen in de overgang er tegenwoordig stukken jonger uit dan vorige generaties. En als je bedenkt dat onze generatie vrouwen ook nog eens veel langer leeft, moeten we onze houdbaarheidsdatum dus flink oprekken.

## HET IDEAALPLAATJE = NEGATIEF ZELFBEELD

Het huidige westerse schoonheidsideaal komt hierop neer: jong, slank, grote borsten, ronde billen en een gezicht met grote ogen, een klein neusje en volle lippen. Iets waar wij dus niet aan voldoen! Mede door internet heeft het westerse schoonheidsideaal ook nog eens een veel groter en overheersender bereik gekregen. We zien dit beeld niet langer alleen op tv en in tijdschriften, maar ook in de vele selfies en vlogs waar we dagelijks mee overspoeld worden. Dit schoonheidsideaal is vaak niet eens waarheidsgetrouw; de meeste foto's worden zwaar gefotoshopt. Maar ook al wéét je dat het nep is, het schoonheidsbeeld waar we met z'n allen zo graag aan willen voldoen, tóch leidt het al snel tot een negatief zelfbeeld. Te snel vinden we onszelf te dik, onze borsten te klein, onze neus te groot.

Vrouwen kijken gemiddeld 38 keer per dag in de spiegel, mannen 18 keer.

Ook wij kijken in de spiegel en willen diep vanbinnen het liefst op die prachtige size-zeromodellen lijken, maar helaas, dat doen we niet. En daarin staan wij niet alleen. De druk van het schoonheidsideaal grijpt om zich heen en strekt zich uit over alle leeftijdsgroepen. In de tijd van onze oma's was schoonheid veel minder belangrijk. Als je er al mee bezig was, dan met name in een bepaald deel van je leven: je vruchtbare periode. Nu durven sommige meisjes van acht niet eens meer naar het strand omdat ze zichzelf te dik vinden. Meisjes van dertien zijn al op een streng dieet. Onderzoek wijst uit dat als een meisje een uurtje in een glossy bladert, haar zelfvertrouwen met tachtig procent daalt. Zes van de tien meisjes stoppen met de dingen die ze leuk vinden, omdat ze zich onzeker voelen over hun uiterlijk. Tot in het bejaardentehuis aan toe zijn vrouwen nog bezig met het schoonheidsideaal; er doen zich zelfs enkele gevallen van anorexia voor.

Wist je dat slechts vier procent van de vrouwen, over de hele wereld, zichzelf mooi vindt? Maar vier procent! Negen op de tien vrouwen wil iets aan haar uiterlijk veranderen.

## DE MAAKBAARHEID VAN HET LEVEN EN HET LICHAAM

Als frisse meisjes en strakke jongedames in de bloei van hun leven al zo gebukt gaan onder dit ideaalplaatje, wat moeten wij ouder wordende vrouwen dan doen? De druk om te voldoen aan het heersende schoonheidsbeeld is nog nooit zo hoog geweest, en de stap naar botox en plastische chirurgie nog nooit zo klein. Nog niet zo lang geleden was plastische chirurgie alleen toegankelijk voor de *rich and famous*. Tegenwoordig zijn cosmetische ingrepen er ook voor ons gewone stervelingen. Het wordt steeds normaler. De botoxvrouw is de nieuwe hype.

**Ken je die mop van Moos?**

Moos ontmoet een geest die hem zegt dat hij één wens mag doen. 'Denk goed na,' zegt de geest, 'je hebt maar één kans.'

'Doe dan maar vrede in Israël,' verzucht Moos.

'Dat is zo ingewikkeld, heb je geen andere wens?' vraagt de geest.

'Ja,' zegt Moos opgetogen, 'dat Saar mooie strakke billen krijgt en van die pronte tieten.'

De geest: 'Waar is die kaart van Israël?'

Tegenstanders en critici maken zich vooral zorgen over de toenemende druk op – vooral – vrouwen om te voldoen aan onrealistische schoonheidsidealen.

Ondertussen blijft het aantal ingrepen snel groeien. Moeten we hier uiteindelijk allemaal aan geloven? Mogen we niet meer natuurlijk oud worden? Moeten we na ons veertigste een abonnement nemen op een kliniek waar we elke maand 'verjongd' worden?

M Het gemak waarmee andere vrouwen aan hun lijf en gezicht laten sleutelen, maakt mij soms onzeker over mijn uiterlijk en ontevredener. Dus rijst vanzelf de vraag: moet ik dan ook iets laten doen? Maar dat maakt me meteen ook weer boos. Ik ben toch wie ik ben, laat ik me dan beïnvloeden door de heersende mode van de obsessieve schoonheidscultus? Ik doe sowieso niet zoveel aan mezelf, maak me amper op, ga ook niet naar de schoonheidsspecialiste. Jij wel, toch?

I Ja, dat doe ik wel. Heb ik van mijn moeder overgenomen, die verzorgde haar huid ook goed. Ik kan juist echt met bewondering naar oudere vrouwen kijken. Wat ben je mooi, denk ik dan. En die hebben niks aan zichzelf laten doen!

M Maar waarom doe jij dan al twee jaar botox?

I Dat is heel iets anders, dat is medisch.

M Ja, dat zeggen ze allemaal!

I Nee, echt. Voor mijn ogen. Ik weet niet of ik er anders ooit aan was begonnen. Ik vind die opgespoten botoxvrouwen namelijk helemaal niet mooi. Ik vind dat vrouwen te veel op elkaar gaan lijken. En die idioot opgezwollen lippen, die kleine, spitse neusjes, en die rare bobbels in de wangen. Ik heb veertien jaar geleden mijn ogen laten liften omdat ik continu last had van tranende ogen. Ik liep de hele dag met opgetrokken wenkbrauwen en daar kreeg ik weer hoofdpijn van. Twee jaar geleden kreeg ik er weer last van en toen adviseerde een vriend mij botox, dat zou de klacht verhelpen. Dat heb ik gedaan en het helpt! Nergens meer last van.

M Goed, maar je doet het inmiddels niet alleen meer bij je ogen, toch? Ook om er beter uit te zien?

I Klopt.

M Je bent dus gewoon een botoxvrouw. Ik niet. Heb nog nooit iets gedaan.

I Dat is ook te zien, ja.

M Auw… Maar je hebt wel gelijk. Mijn vermoeide kop… Ik zou er graag wat frisser uitzien. Vooral die fronsrimpel stoort me.

I Waarom ga je dan niet eens naar een deskundige om je te oriënteren op de mogelijkheden?

M Botox is vergif, en dat laat je dan in je lichaam spuiten! Er is nog geen wetenschappelijk onderzoek gedaan naar de effecten van botox op langere termijn, daarvoor bestaat het nog te kort. Afgezien daarvan ben ik eerlijk gezegd bang dat die dokter me de hele rataplan voorlegt: botox, fillers, ooglidcorrectie, *coolsculpting* (dat is het nieuwste van het nieuwste; je vet laten bevriezen). Cupmaatje meer misschien? Dat je naar buiten stapt met het idee dat er helemaal niets goed aan je is en je van alles moet laten verbouwen.

I Daar ga jij toch zelf over? Maar weet je wat eigenlijk de vraag is? Waarom zijn wij er zo ontzettend mee bezig? En waarom is in onze maatschappij ouder worden zo erg?

## DE HANG NAAR SCHOONHEID KAN PIJN DOEN

Waarom kijken wij, intelligente vrouwen, niet verder dan ons spiegelbeeld? Waarom laten we uiterlijke kenmerken zo sterk ons geluk bepalen? Waarom denken we bij schoonheid vooral aan uiterlijk? Wat een gemiste kans om het zo nauw te zien. Ging het niet (ook) om de inhoud? Ja, we krijgen rimpels; ja, we worden ouder – maar ook wijzer, toch? Waarom kunnen we dan niet verder kijken dan die rimpels en andere uiterlijke kenmerken van ouderdom? In hoeverre kunnen we het extreme schoonheidsideaal van tegenwoordig nog serieus nemen? Waarom is in onze maatschappij ouder worden zo erg?

## PAS OP VOOR EEN NIEUW KORSET

Sociologe Christien Brinkgreve vertelt ons dat tot aan de jaren zestig het grootste kapitaal van de vrouw haar lichaam was. 'Seksualiteit moest je bewaren voor het huwelijk, anders had je je waarde vergeven. De vrouwenbeweging in de jaren zestig bracht daar voor het eerst verandering in. Vrouwen brachten andere waarden in de maatschappij. Volgens de vrouwenbeweging moest je je ontdoen van al je vrouwelijkheid, tuinbroeken gaan dragen en geen beha's – je moest het niet langer van je uiterlijk hebben. De feministen in mijn tijd (jaren zeventig, tachtig) hadden iets anders aan hun hoofd: er viel een wereld te winnen door je af te wenden van het schoonheidsideaal en de nadruk op het uiterlijk. Het ging nu om iets anders: een plaats in de maatschappij veroveren. En daar had je (deels) andere wapens voor nodig: scholing, diploma's, professionele kennis, intelligentie. De nadruk op uiterlijk leidde alleen maar af, wierp je terug in oude patronen die je juist achter je wilde laten.

Ongeveer twintig jaar geleden kwam de vrouwelijkheid terug; je mocht die weer tonen. Maar tegenwoordig slaat het door. De arena is veranderd; vrouwen hebben hun plaats veroverd, tellen mee, doen van zich spreken en hoeven zich daarvoor niet meer te ontdoen van hun vrouwelijkheid. Ook die mag weer meedoen, zonder dat de oude reflex meteen opspeelt van "dom blondje, ga maar terug naar de keuken". Dit komt nog zeker wel voor, maar we zijn toch duidelijk een generatie verder. Mooie vrouwen worden niet meer beschouwd als lege hulzen. Integendeel: slimme vrouwen zetten hun schoonheid juist in om verder te komen in het leven.

Uiterlijk mag dus weer meedoen. Op zich goed nieuws, ware het niet dat de eisen zijn opgeschroefd. Ik denk dat twee dingen dit versterken: in de me-

We moeten oppassen dat je vrouwelijkheid tonen niet weer een nieuwe dwang gaat worden. Een nieuw korset.

dia zie je voortdurend het ideale uiterlijk; het dringt je kamer, je smartphone en je hoofd binnen. Je vergelijkt jezelf niet met je moeder of met vriendinnen – dan valt het nog allemaal best mee – maar met "perfecte" vrouwen. En ja, dan voel je je nietszeggend, of lelijk, of log, vul maar in.

Het andere nieuwe is het maakbaarheidsideaal: je moet jezelf voortdurend verbeteren. Je denkt niet meer in termen van lot of pech, berust niet meer in onvolkomenheden (en weer: afgemeten aan wat en wie?), nee, je moet eraan werken. Het is nu je eigen schuld als je rond en mollig bent, dus de zweep erover.'

Tja, dan heb je dus een vrouwenbevrijdingsbeweging gehad vanaf de jaren zestig, allemaal prachtig, maar uiteindelijk leggen we onszelf en elkaar weer allemaal nieuwe eisen op. Iets in ons verzet zich hiertegen, maar de drang om mooi te zijn is ook sterk. Iedereen mag zien dat wij een interessant en enerverend leven hebben gehad, maar we willen wel graag de mooiste versie van onszelf zijn. Er zo goed mogelijk uitzien voor onze leeftijd – dát vinden we een heel mooi streven. Knetterknap oud worden. Hoe doen we dat? Dat gaan we uitzoeken!

## DE KUNST VAN HET MOOI OUDER WORDEN

Ouderdom is in eerste instantie af te lezen aan je huid. Rimpels, vlekjes, wallen die niet meer wegtrekken… Wat kan daaraan gedaan worden zónder naalden en messen? We maakten een afspraak bij cityspa SOAP TREATMENT STORE in Amsterdam om erachter te komen. We spraken met oprichter Stephanie Litjens, marketingmanager Marlous Volkers en Marguerite van Randwijck, cosmetisch arts en mede-oprichter van DOCTORS AT SOAP.

***Dit is Medina Schuurman. Ze is zevenenveertig jaar en gaat nooit naar de schoonheidsspecialiste. Is ze nog te redden?***
'Ja, natuurlijk!'

***Als zij binnenkomt voor een behandeling, wat zouden jullie haar dan adviseren?***
'Wij maken altijd eerst een analyse van de huid. Als een vrouw ouder wordt, moet ze zich anders gaan verzorgen, omdat de aanwezigheid van collageen en elastine in de huid afneemt. De meeste vrouwen grijpen dan naar een anti-agingcrème. Maar elke huid is anders, door genen en levensstijl; de ene huid heeft een vochttekort en de andere juist een talgtekort. En elke huid is in de loop der jaren op een andere manier beschadigd; door zon, agressieve huidproducten, verwarming, airconditioning, slaaptekort of stress.

Veel vrouwen houden jaren vast aan eenzelfde product vanuit de overtuiging dat het zo goed voor ze werkt. Maar je huid verandert en heeft soms ook juist een opdonder nodig, bijvoorbeeld door middel van een peeling. Om precies te weten wat jouw huid nodig heeft, kun je naar een schoonheidsspecialiste gaan voor advies. Wij adviseren over het algemeen om thuis je huid goed te verzorgen en eens in de zes weken een bezoek te brengen aan een schoonheidsspecialiste.'

***Waardoor veroudert de huid?***
'Huidveroudering ontstaat door enerzijds genetische factoren en anderzijds omgevingsfactoren zoals roken, zonlicht, voeding en stress. Of je je nu wel of niet goed verzorgt: als je ouder wordt, wordt de huid rondom je schedel slapper, dunner, droger en minder elastisch. Dit komt doordat je oestrogeenniveau daalt, waardoor de hoeveelheid collageen en elastine in je huid sterk afneemt. Daarbij verandert je schedel door botafbraak en neemt tegelijkertijd het onderhuids vet af, waardoor je eerder ingevallen wangen, wallen of hangwangen krijgt; een oudere kop. Daarbij is je huid simpelweg aan zwaartekracht onderhevig. Tot slot heeft de een een wat betere, strakkere of dikkere huid dan de ander. Dat is erfelijk bepaald.'

***Hoe ontstaan rimpels?***

'Rimpels ontstaan door de combinatie van spierbewegingen (bijvoorbeeld de fronsrimpel, voorhoofdlijnen en kraaienpootjes), het dunner worden van de huid en volumeverlies in het gezicht (bijvoorbeeld wallen, neuslippenplooi en afhangende mondhoeken). Een sterke mimiek zorgt ervoor dat de een op haar achtentwintigste al rimpels krijgt, terwijl dit voor een ander met een minder sterke mimiek wat later zal zijn.'

**Werkt niet: retinol in antirimpelcrème**

Uit onderzoek door cosmeticaproducent L'Oréal is gebleken dat de meeste vrouwen na hun dertigste een antirimpelcrème gaan gebruiken. Het belangrijkste ingrediënt van antirimpelcrème is retinol, een afgezwakte vorm van vitamine A-zuur. Maar retinol is gevoelig voor licht en lucht en irriteert de huid. Daarom wordt het in een (te) lage dosering aan de crèmes toegevoegd, met als gevolg dat het niet of nauwelijks werkt.

**Werkt wel: vitamine A-zuur**

Uit onderzoek is gebleken dat vitamine A-zuur wél werkt tegen rimpels. Het stimuleert de celdeling en zorgt dat de oude hoorncellen zich sneller vernieuwen, waardoor de huid soepeler en zachter aanvoelt. Ook stimuleert het de collageenproductie en verbetert het de doorbloeding van de huid. Het vermindert pigmentvlekken, egaliseert de huidskleur en verzacht fijne rimpels en lijnen. Je kunt er bij je huisarts een recept voor krijgen. Ook cosmetisch artsen schrijven dit veel voor. Het mag alleen door de apotheek verstrekt worden. Bij gebruik volgens voorschrift en in overleg met je arts merk je een geweldig effect op je huid: elastischer, egaler en glanzender. Houd je wel strikt aan de voorschriften van je arts, want bij verkeerd gebruik kan het een tegengesteld effect hebben. De huid kan dan heel droog worden en gaan schilferen.

***Heeft stress invloed op de huid?***

'Een slechte levensstijl laat enorme sporen na op je huid. Dat geldt voor roken, een slecht voedingspatroon, te veel zon, slaaptekort en ja, ook stress. Veel vrouwen hebben tegenwoordig een druk bestaan. Het is belangrijk dat je dan je leven eens onder de loep neemt. Want je hebt een keuze: blijf je voor iedereen zorgen en naar vergaderingen of feestjes gaan waar je geen zin in hebt, of ga je een kwartiertje op de bank zitten, sla je dat feestje eens over en neem je een gezichtsmasker? Wees lief voor jezelf.'

***Moet je de ouder wordende huid ook anders gaan reinigen?***

'Eigenlijk zou iedereen standaard de huid in de ochtend en in de avond moeten reinigen. Let op: make-up verwijderen is iets anders dan je huid reinigen. Het is goed om elke dag netjes je make-up te verwijderen, bijvoorbeeld met een schoonmaakdoekje, maar dan is je huid nog niet schoon! Daarna moet je je huid nog reinigen met een reinigingsmelk of -gel en een tonic.'

***Waar kun je nog meer op letten?***

'Bedenk dat dingen waar je gezicht vaak mee in aanraking komt, zoals je kussensloop en je telefoon, ook vies worden. Er zitten bacteriën op je huid en je handen. Dus ook al maak je je huid schoon, die bacteriën blijven op je telefoon zitten en die vermenigvuldigen zich. Je kunt je telefoon makkelijk schoonmaken met speciale schoonmaakdoekjes. En op je kussensloop komen shampooresten. Als je je kussensloop niet regelmatig wast en je zweet veel, dan kun je je gezicht wel schoonmaken, maar wordt je huid toch weer vies. Aan de andere kant heb je huis-tuin-en-keukenbacteriën ook nodig voor je weerstand, dus ontwikkel geen smetvrees: met gezond verstand kom je een heel eind.'

***Is het nodig om dure spullen te gebruiken?***

'Ons gaat het vooral om de ingrediënten van het product en om jouw huidtype. Wat heeft jouw huid nodig? Dit verandert in de loop van je leven. Als je mooi oud wilt worden, raad ik je aan naar de schoonheidsspecialiste te gaan. Met Chanel of Clinique koop je een gevoel, maar je kunt je ook persoonlijk laten adviseren. Dan weet je precies wat jouw huid nodig heeft.'

I Ik ben volgens mij heel braaf op het gebied van huidverzorging. Sinds *Goede Tijden, Slechte Tijden* zorg ik goed voor mijn huid. Elke dag weer een dikke laag make-up op je huid, dat ga je merken: het verstopt je huid, die kan niet ademen. Daarom reinig ik sinds die tijd mijn huid elke ochtend en avond, gebruik altijd een dag- en een nachtcrème, scrub ik elke week en neem ik vaak een maskertje. Hoe moe ik ook ben. En ik probeer om de drie maanden naar de schoonheidsspecialiste te gaan. Iets wat ik mezelf al jaren gun. In mijn dagelijks leven vind ik het heerlijk om zo min mogelijk op mijn huid te hebben. Sinds ik merk dat mijn huid ouder wordt, ben ik overgestapt op een rijker product met een factor, ook in de winter.

M Ik vind het knap van je. Ik begin altijd vol goede moed aan het verzorgingsritueel. Dan koop ik weer eens een nieuw merk en elke dag verzorg ik, smeer ik en reinig ik. Dat hou ik iets van twee maanden vol en dan verslonst het weer. Ik zie nu wel in dat dit niet meer kan. Mijn droge huid schreeuwt om extra aandacht en verzorging. Ik heb laatst een facial gedaan en dat was buitengewoon fijn. Niet alleen voor mijn huid, maar ook om mezelf iets te gunnen en even te ontspannen. Ik neem me nu voor om elke dag mijn huid met een goed product te verzorgen en reinigen en ook vaker naar de schoonheidsspecialiste te gaan.

**Absolute do's voor de ouder wordende huid**

- Factor 30, ook in de winter!
- Stoppen met roken
- Ontspanning
- Bewegen
- Goede nachtrust
- Huid reinigen 's ochtends en 's avonds
- Een crème gebruiken die bij je huid past (laat je adviseren door de schoonheidsspecialiste)
- Kussensloop en telefoon regelmatig reinigen

## WAT ALS CRÈMES EN GEZICHTSBEHANDELINGEN NIET MEER VOLDOENDE ZIJN?

SOAP is niet alleen een schoonheidssalon maar huisvest ook een medische kliniek, DOCTORS AT SOAP. Cosmetisch arts Marguerite van Randwijck is gespecialiseerd in het gezond houden en onderhouden van de huid en het verminderen van de vermoeide blik, oftewel: wallen, kringen en een zakkende kaaklijn.

***Wat gebeurt er als je hier binnenkomt?***

'Wij vragen vooral naar wat je zelf ziet als een probleem. Veel vrouwen vinden dat ze er wat strenger of vermoeider uitzien door bepaalde rimpels en lijnen. Dan zeggen ze dat hun uiterlijk niet meer past bij hun gevoel. Ik vraag vaak of ze een foto mee willen nemen van tien jaar terug. Soms willen mensen een rimpel weg hebben, maar als die er tien jaar geleden ook al zat, waarom zou ik die dan helemaal weghalen? Vaak past die juist bij je gezicht. Het kan iets minder, maar hij hoeft niet helemaal weg. Het moet er niet onnatuurlijk uitzien, we behandelen daarom niet te vaak en met niet te veel. We gaan het proces van ouder worden niet tegen, maar begeleiden het. Juist zo word je elegant en krachtig ouder. Daarnaast is het behoud van een gezonde huid heel belangrijk. Je huid is ten slotte je verdediging naar buiten toe. Boven de veertig zie je vaak dat vrouwen weer acné krijgen. Of de eerste tekenen van zonneschade zoals pigmentvlekken. Met de juiste behandelingen krijg je deze huid weer stralend. Ook behandelen we andere medische klachten zoals hoofdpijn, overmatig transpireren, kaakkrampen en tandenknarsen.'

***Botox: wat is het en hoe werkt het?***

'Botox (botulinetoxine) is een eiwit dat – eenmaal ingebracht in de spier – de receptor blokkeert die de spier normaliter het signaal geeft om te gaan bewegen. Door deze blokkade krijgt je spier tijdelijk geen bericht meer. De spier waarin het wordt gespoten kan niet meer samentrekken, waardoor de huid ontspant en rimpels minder worden. Na verloop van tijd wordt dit middel volledig afgebroken. Een behandeling duurt tien tot twintig minuten. Ik breng de botox met een kleine injectiespuit in. Het duurt ongeveer twee weken voordat het eiwit volledig werkt. Dus na twee weken is het resultaat optimaal. De duur van het resultaat is per persoon verschillend; het varieert van drie tot zes maanden. Dat heeft te maken met de gebruikte dosering, je eigen spierkracht en hoe snel je herstelt. Omdat je spier afzwakt kan het effect langer aanhouden na meerdere behandelingen, maar het resultaat is nooit blijvend. Door je spier weer vol te gebruiken, krijgt hij vanzelf weer spierballen en daarmee zijn kracht terug.'

***Hoe zie je er na zo'n behandeling uit? De Nicole Kidman-achtige botox willen we tegenwoordig niet meer, toch?***

'Nee, absoluut niet. Als je het goed doet, zie je niet dat er botox is gebruikt. Wij werken volgens ons No Trace Face-concept en maken gebruik van zogenoemde 'undetectable injectables', waardoor mensen na een behandeling een goede uitdrukking in hun gezicht behouden. Bewegen en botox kunnen namelijk ook samengaan, terwijl de lijnen toch minder worden. En wat fillers betreft gaat het om het juiste middel in de juiste hoeveelheid op de juiste plek. Zo krijg je dus een heel natuurlijk, subtiel resultaat. Nog maar tien jaar geleden ging je naar een cosmetisch arts om je rimpels te laten opvullen en als het er een beetje nadrukkelijk uitzag, nam je dat op de koop toe. Dat hoeft nu niet meer. De vrouwen die bij ons komen, kiezen voor een zo natuurlijk mogelijk resultaat. We streven dus ook niet naar de gulden snede. De lichte asymmetrie die ieder gezicht heeft is uniek en maakt jou uniek. Je eigen gezicht is al mooi genoeg, alleen die paar harde of strengen lijnen mogen soms wat zachter.'

***Is botox giftig?***

'Alleen bij een overdosis is het giftig. Botox wordt niet alleen cosmetisch gebruikt; je kunt er ook een medische indicatie voor hebben. Bijvoorbeeld tegen tandenknarsen, overmatig zweten, spierspanningshoofdpijn en zelfs migraine. Botox was in eerste instantie een geneesmiddel tegen spasmen. Per toeval werd in de jaren zestig ontdekt dat het ook tegen rimpels in de huid gebruikt kon worden.'

***Hoe weet je of de arts die je gaat prikken goed is in zijn vak?***

'Prikken kan iedereen, behandelen is wat anders. Daarvoor heb je vooral ervaring nodig. Een arts heeft voldoende ervaring als hij of zij minstens twee dagen per week deze behandeling uitvoert en minstens zeshonderd mensen per jaar behandelt. Voldoende nascholing ieder jaar is ook erg belangrijk. Daarnaast moet de arts altijd eerst een intake doen en kijken naar de medische achtergrond van de patiënt. De gecertificeerde leden van de Nederlandse Vereniging voor Cosmetische Geneeskunde (NVCG) worden iedere vijf jaar getoetst of ze aan al deze voorwaarden voldoen.'

***Heeft een behandeling ook een psychologisch effect?***

'Absoluut. Mensen reageren op je gezichtsuitdrukking; als je er altijd boos uitziet, krijg je vaak ook boze reacties. Door je fronsrimpel te laten botoxen, krijg je een vriendelijker uitdrukking, wat er weer voor zorgt dat je uitstraling verbetert.'

***Kunnen jullie een vrouw tot haar dood begeleiden bij het mooi ouder worden?***

'Ja hoor, maar de meeste vrouwen liggen niet een week voor hun begrafenis nog in onze stoel. De meesten laten steeds minder cosmetisch geneeskundige behandelingen doen. Hoe je in het leven staat, verandert ook gedurende je leven. Onze artsen kijken naar jou, je leeftijd en hoe je nu in het leven staat. Door nooit "standaard" dezelfde behandeling te doen, kunnen we het verouderingsproces begeleiden. Over het algemeen wordt er steeds minder behandeld en wordt het interval tussen behandelingen steeds groter. De behandeling moet passen bij je leeftijd.'

***Wat is een filler?***

'Een filler is een middel om de conditie van de huid te verbeteren en verdwenen volume weer aan te vullen. De cosmetisch arts brengt de filler (bijvoorbeeld een doorzichtige gel van hyaluronzuur) met een zeer dun naaldje rechtstreeks onder de huid in het vetweefsel of zelfs onder de spieren op het bot. Op deze manier kun je wallen en harde lijnen zoals (te) holle slapen of hangwangen laten verdwijnen. Hierdoor wordt je gezichtsuitdrukking zachter. Oorspronkelijk werden fillers gebruikt voor gewrichten met te weinig kraakbeen. Een behandeling duurt meestal minder dan dertig minuten. Er zit een verdovend ingrediënt in de gel waardoor je de prikjes bijna niet voelt.'

***Wat is hyaluronzuur?***

'Hyaluronzuur komt van nature in de huid voor. Het geeft volume en zorgt voor de stimulatie van bindweefselcellen die collageen en elastine aanmaken. In de ouder wordende huid neemt de hoeveelheid hyaluronzuur af, waardoor rimpels ontstaan. Met fillers krijgt de huid zijn volume en natuurlijke elasticiteit terug en vervagen de rimpels.'

***Dat klinkt leuk, maar we zien veel vrouwen met fillers die er niet mooi uitzien.***

'Klopt. Alles heeft te maken met balans in je gezicht. Te veel filler op de verkeerde plek geeft hamsterwangen. Een foto van een jaar of tien geleden laat zien waar bij jou in je gezicht het volume zat. En alleen op die plek kan je dat herstellen. Zo hou je het mooi. Daarnaast zijn er verschillende soorten fillers. De ene filler oogt natuurlijker dan de ander. En natuurlijk willen sommige mensen ook te veel fillers. Bepaalde dingen in je gezicht moet je gewoon accepteren. Je arts moet je hierin helpen en niet zomaar alles behandelen. Je ziet jezelf namelijk door een vergrootglas.

Er zijn bovendien verschillende soorten fillers, ruwweg te verdelen in de afbreekbare (tijdelijke) en niet-afbreekbare (permanente) fillers. Hyaluronzuurfillers zijn afbreekbaar. Niet-afbreekbaar zijn polymethyl-methacrylaat (Artecoll) en hydrofiel polyacrylamide (Aquamid). Deze middelen zijn in Nederland bij wet verboden. Ze geven te veel complicaties. Daarnaast zou je permanente fillers naar mijn mening ook niet moeten willen omdat de veroudering met de jaren gewoon doorgaat. Wat nu een mooie lipgrootte is, is over tien jaar te groot in relatie tot je gezicht.'

***Is het gebruik van fillers wel veilig?***

'Wij gebruiken uitsluitend tijdelijke hyaluronzuurfillers omdat deze heel natuurlijk zijn. De hyaluronzuurfiller is gemaakt van lichaamseigen stoffen. We werken met een merk waarvan meer dan voldoende onderzoeksgegevens bekend zijn. Zo is er van dit merk een RIVM-rapport uit 2007 waarin alle beschikbare onderzoeken worden vergeleken. Van de bekende merken zijn voldoende gegevens beschikbaar om te kunnen voorspellen wat de bijwerkingen zijn. Let er wel op dat een middel al minstens tien jaar op de markt is.'

***Zijn er bijwerkingen?***

'Je kunt na een behandeling met hyaluronzuur enige roodheid, zwelling, pijn, gevoeligheid, jeuk en/of bloeduitstortingen verwachten. Dezelfde reacties die zich bij elke andere injectie kunnen voordoen. Als je makkelijk vocht vasthoudt, kan dit één à twee dagen aanhouden. Zorg ervoor dat je de dag na je behandeling geen belangrijke afspraken hebt. De dag daarna kun je prima alles weer doen. Een heel zeldzame bijwerking is een allergische reactie. In dat geval kan je cosmetisch arts de filler weer laten afbreken met hyaluronidase, het enzym dat het hyaluronzuur weer afbreekt. Hyaluronidase wordt ook als geneesmiddel gebruikt door artsen.'

***Hoe snel werken fillers?***

'Het effect is direct zichtbaar, het definitieve resultaat pas na vier tot zes weken. Gemiddeld houdt een hyaluronzuurbehandeling negen maanden tot een jaar aan. Alleen bij je lippen gemiddeld zes maanden, want die gebruik je de hele dag – waardoor de stofwisseling daar wat sneller gaat.'

## DE BOTOXDISCUSSIE

De meningen over botox zijn nogal verdeeld. Botox, plastische chirurgie, ooglifen, Hedy d'Ancona is er allemaal niet zo van onder de indruk. 'Het gekke is dat je als je jong bent, je je vooral stoort aan wat niet meer kan, of wat lelijker wordt; rimpels, hangtieten, weet ik wat. Als je ouder wordt, ga je meer waarderen wat je nog wél kunt en wat je nog wél hebt. Dat is een totaal andere beleving.' Daarbij vindt Hedy het juist spannend om te zien hoe zij ouder wordt. 'Wij zijn de eerste generatie vrouwen die met plastische chirurgie en botox te maken kregen. Ik zag het bij mijn vriendinnen gebeuren. Die gingen ineens "iets doen" aan hun uiterlijk. Ik ben niet tegen ingrepen, maar ik was nooit zo onder de indruk van het resultaat. Je verandert wel door zo'n ingreep, maar je wordt nooit meer zoals toen je jong was, dat is echt een misverstand. En ik dacht ook: waar hou je op? Alles is namelijk mogelijk, maar dan ben je daar dus continu mee bezig. Zo'n type ben ik niet. Ik vind ouder worden gewoon niet zo erg. Ik heb geen morele bezwaren tegen botox en plastische chirurgie, maar het mag geen dwang worden voor vrouwen.'

Een voorstander van botox en andere chirurgische ingrepen is Tamara Elbaz, onder andere de eigenaresse van Size Zero, een afslankketen. Zij is jarenlang model geweest. 'Oudere vrouwen die eruitzien als een krant, dat snap ik niet. Er is tegenwoordig zoveel mogelijk om er goed uit te blijven zien. Waarom zou je het dan niet doen?' Tamara heeft al veel aan haar uiterlijk veranderd: 'Ik heb mijn borsten laten vergroten, een neuscorrectie gedaan, mijn lippen opgevuld, mijn tanden gebleekt, en botox natuurlijk. Ik ben nu veel blijer met mijn uiterlijk. En ik heb het echt voor mezelf gedaan.'

Sociologe Christien Brinkgreve betwijfelt dit. 'Het gekke met plastische chirurgie en alles wat daarbij hoort, is dat je dénkt dat het een keuze is. Maar eigenlijk leidt het tot een soort uniformiteit die er weer toe leidt dat meer vrouwen aan het uniforme beeld willen voldoen. Vrouwen gaan allemaal een beetje op elkaar lijken. Die vrouwen hebben kinderen die een heel raar vrouwbeeld krijgen; allemaal perfecte kopjes. De dochters denken vervolgens dat ze op hun twintigste met botox moeten beginnen, want hun moeders doen het ook. Ik vind het juist heel fijn als ik een mooi, oud gezicht zie. En daarom vind ik het heel treurig als mensen zich wanhopig proberen aan te passen aan een schoonheidsideaal dat ze toch nooit bereiken. Voor mijzelf geldt dat ik pas iets aan mezelf ga doen als ik er echt last van krijg in mijn doen en laten. Ik kijk met grote verwondering naar het ouder worden, en wat dat doet met je geest en met je lichaam.'

Beautyblogger Maaike Dorsteen, die maandelijks 200.000 unieke bezoekers heeft op haar rimpelblog Furrow.nl, vindt het belangrijk dat ze lekker in haar vel zit. Zowel vanbinnen als vanbuiten. 'Ik vind het niet erg om ouder te worden, al vind ik dat je niet alles hoeft te accepteren. Mijn tip: kies één ding. Als je naar een foto kijkt, is er altijd één ding waar je je aan stoort. Doe daar iets aan en hou het daarbij. Dan kijk je de volgende keer naar die foto en ben je blij. En dan zie je natuurlijk weer iets anders waar je je aan ergert, maar dan is het een kwestie van je inhouden.'

Journaliste Nathalie Huigsloot, auteur van *Het botoxdilemma,* verwondert zich over de manier waarop er over botox en rimpels wordt gesproken. 'Zo meteen worden rimpels gedemoniseerd als waren het beenharen ("Gadver, een rimpel! Verzorg jezelf eens!") [...] Juist doordat al die cosmetische ingrepen bestaan, krijg ik het gevoel dat ik mezelf móét veranderen. Dat een gerimpeld gelaat tegenwoordig een keuze is.'

Een waardevol leven heeft niets te maken met uiterlijke perfectie.

Liesbeth Woertman, klinisch psycholoog aan de Universiteit Utrecht, waarschuwt voor botox en fillers. In de tv-serie *Sophie in de kreukels* zegt ze: 'Strak zijn en perfectie hebben niets te maken met mens-zijn en een waardevol leven leiden. Dit is een boodschap die wij als ouders aan onze kinderen kunnen geven: het heeft geen donder met perfectie te maken, maar met "ik hou van jou, onvoorwaardelijk". Als je dit gevoeld hebt als kind, heb je een heel mooie basis in het leven. Het maakt je steviger en veel minder ontvankelijk voor dingen als cosmetische chirurgie. Kinderen die onveilig gehecht zijn, zijn per definitie klanten voor de cosmetische industrie. Hebben jongeren nog wel de kans om op een niet-gefotoshopte manier naar zichzelf te kijken? Zelfbeeld en zelfvertrouwen bouw je op in contact met andere mensen. Je kunt iets aan je uiterlijk doen in de hoop dat je tevredener wordt, maar je kunt óók proberen je zelfbeeld te veranderen. Dit is veel fundamenteler, want dat pakt niemand je meer af. Het idee dat je het alleen voor jezelf doet, is niet waar. Je doet het per definitie om door anderen mooier gevonden te worden, aantrekkelijker. Pas als je straalt, ben je echt aantrekkelijk en mooi.'

## HOE VER GA JE?

Hoe ver ga je? Waar hou je op? Waar hou je op met fiksen, en waar hou je op als uniek persoon en beginnen we allemaal op elkaar te lijken? Want dat is wel ons schrikbeeld. Aan de andere kant: moet je dan per definitie nee zeggen tegen alle mogelijkheden? Het is toch fijn dat je tegenwoordig je haar kunt verven en dat dat niet meer zo schadelijk is als vroeger, of dat je zelf kunt kiezen voor een grotere cupmaat als je al jaren gebukt gaat onder je AA? Dat je je flaporen kunt laten rechtzetten? Het kan nu eenmaal allemaal. Of houden we onszelf voor de gek en laten we ons belazeren door de machtige industrie? Wat willen we ermee bereiken?

Volgens Lisette Thooft komt het door de snelheid van onze vluchtige cultuur dat jeugd en schoonheid steeds meer moeten opvallen. Alles wordt uitvergroot en versterkt, anders kijken mensen eroverheen in het bombardement van beelden. 'Het wordt steeds meer: meer wimpers, meer haar, grotere lippen, geen rimpels. Dit toont aan hoe krampachtig die pogingen zijn. Hoe meer oudere vrouwen er jong uitzien, hoe minder normaal het wordt om er oud uit te zien.'

Eigenlijk staan wijzelf in het voor- noch in het tegenkamp. Het enige wat je volgens ons moet doen, is je hoofd erbij houden. Zelf verantwoordelijkheid nemen en niet als een schaap meelopen met alle nieuwe trends, of met wat je vriendinnen doen. We zijn inmiddels oud en wijs genoeg. Dat is wel weer leuk aan ouder worden: we merken dat we beter kunnen relativeren. We kunnen én durven inmiddels kritischer te zijn.

Het is goed om je altijd af te vragen wie de *messenger* is. Het doel van de cosmetische industrie is geld te verdienen. Dus als een cosmetisch arts je aanraadt zo vroeg mogelijk met botox te beginnen, ga dan eerst op zoek naar betrouwbare informatie. Wees wijs en neem niets klakkeloos aan. Ook niet van jezelf. Vraag je af met welk doel je een ingreep zou laten doen en of dit wel de juiste oplossing is. Want wat is je onderliggende behoefte? Misschien kom je er dan wel achter dat je eigenlijk meer hebt aan yoga dan aan botox. En als je er dan wel voor kiest, is het een weloverwogen keuze.

Mocht je voor een cosmetische ingreep kiezen, denk dan ook goed na door wie je die laat doen. Vraag de kliniek bijvoorbeeld naar voor-en-na-foto's en bedenk of dit is wat je nodig hebt. Vraag altijd naar de staat van dienst van de arts die jou behandelt en naar de techniek die hij gebruikt.

M Ik heb mijn botoxdilemma van alle kanten bekeken. De voors en tegens tegen elkaar afgewogen, onderzocht wat mijn onderliggende behoefte was. Ik heb besloten het te gaan doen. Ik ben om. Voor mij bleek het eigenlijk heel simpel: ik wil gewoon van die fronsrimpel af en de oplossing is voorhanden. Het is een residu van zware tijden en ik wil verder. Ook ga ik binnenkort weer draaien voor een televisieserie. En hoe je het wendt of keert: als actrice word je behoorlijk geconfronteerd met je uiterlijk. Een ouwe kop op camera is echt een heel ouwe kop, want alles wordt uitvergroot.

I Ik hou zo van oudere actrices, die karakteristieke koppen. Al weet je tegenwoordig niet meer of ze nu wel of niet iets hebben laten doen. Maar wij zitten in een soort tussenfase: niet meer helemaal jong en ook nog niet oud.

M Merk jij er iets van in ons vak nu je ouder wordt?

I Ik word niet meer voor rollen van 25+ gevraagd, maar dat zou ook raar zijn. Mijn rollen komen overeen met mijn leeftijd. Al heb ik wel het voordeel dat ik er relatief jong uitzie.

M Ja, fijn voor je, maar ik wil dus van die rimpel af.

I Prima toch? Je hebt deze keuze zelf gemaakt, dus als ik je nu zou tegenhouden, zou dat net zo hypocriet zijn als je ertoe aanzetten.

M De behandeling viel reuze mee. Het was pijnloos. Ik ben blij met die verdwenen frons: de spanning is daar letterlijk weg en het oogt frisser. Het voelt zelfs een beetje als een nieuw begin.

## SCHAAMHAAR

M Er is nog iets waar ik al jarenlang erg mee zit, maar wat ik altijd voor me heb gehouden. Ik vind het te gênant om over te praten en heb me er al die jaren rot voor geschaamd. Ik ben er ook altijd mee bezig: zien ze het? Ik ben er vroeger zelfs behoorlijk mee gepest. Ik merk ook dat het erger wordt nu ik ouder word. Ik twijfelde zelfs of ik het moest delen in dit boek, maar ik doe het toch. Want ik zie het ook bij andere vrouwen. En dan is er even een korte blik van herkenning, maar we praten er niet over. Te veel schaamte. Dus nu we toch zo open zijn, Ies... Ik heb last van haar op mijn kin en bovenlip. Niemand ziet het, want ik epileer. Dit is pijnlijk, zeer tijdrovend en waar je ook naartoe gaat, je moet altijd je pincet meenemen.

I Kom op, daar moet toch iets op te vinden zijn?

Hana Moestoredjo, eigenares van Change Laserclinic, weet ons te vertellen dat maar liefst negentig procent van alle Nederlandse vrouwen te maken heeft met ongewenste haargroei. Als oplossing daarvoor denk je voornamelijk aan scheren, epileren, waxen en harsen. Dit zijn tijdrovende, vervelende en steeds terugkerende bezigheden die je liever vermijdt. Bovendien is een geïrriteerde huid vaak het gevolg en kunnen hars- en waxbehandelingen zeer pijnlijk zijn. Change Laserclinic is gespecialiseerd in definitief en honderd procent pijnloos ontharen.

***Waarom ben jij hiermee begonnen, Hana?***
'Ik had zelf last van haargroei en ik zag ook dat mijn vriendinnen, moeder, en tantes meer haar kregen naarmate ze ouder werden. Iedereen is ermee bezig, iedereen heeft er last van. Als je op het strand ligt of als je een date hebt, wil je er goed en glad uitzien. Daar moet je veel moeite voor doen. Als je ouder wordt, kan het erger worden en je nog meer in de weg gaan zitten.'

***Waarom rust er zo'n taboe op overbeharing?***
'Vroeger dachten mensen er niet aan om iets te veranderen aan hun uiterlijk;

zo waren ze toch geboren? De mogelijkheden waren er ook niet. Nu zijn die er wel. Er vrouwelijk en verzorgd uitzien hangt tegenwoordig nauw samen met glad zijn; ongewenste haargroei wordt gezien als onhygiënisch. Sommige jonge meisjes worden gepest vanwege overbeharing in hun gezicht, maar er komen ook oudere vrouwen naar de kliniek die er door hun partner op aangesproken worden. Het lijkt bizar, maar het gebeurt echt.'

***Maar iedereen heeft toch gezichtshaar?***

'Natuurlijk! Iedereen heeft donshaar, maar bij de een is het donkerder of stugger dan bij de ander. Vrouwen in de overgang kunnen door hormonale veranderingen bovendien ineens extra haar krijgen: op de kin, in de hals en op intieme plekken, waar ze eerder nooit last van hadden. Overbeharing kan al op jonge leeftijd, rond de dertig, beginnen: de navelstreep, de kin en de bovenlip. Als je niet op tijd begint met het weghalen van je gezichtshaar, kunnen de haren verkleuren naar grijs – en die zijn moeilijker te behandelen.'

***Hoelang bestaat laseren al?***

'Laseren bestaat al zo'n dertig jaar. Het begon met elektrische ontharing: deze behandeling was zeker niet pijnloos, je kon er brandwonden of blaren van krijgen en je mocht niet meer in de zon. Dit is gelukkig echt verleden tijd. De techniek is verbeterd. Wij werken met de nieuwste en meeste geavanceerde lasertechnologie. Hierbij wordt de warmte geleidelijk opgebouwd, waardoor de behandeling pijnloos is. De laser heeft ook een ingebouwd koelsysteem dat de behandeling nog aangenamer maakt. Bovendien is het met deze lasertechnologie mogelijk om elke huids- en haarkleur en elk gebied te behandelen.'

***Hoe gaat het in zijn werk?***

'Vierentwintig uur voor de behandeling moet de huid helemaal gladgeschoren zijn. Tijdens de behandeling word je eerst ingesmeerd met een dikke gel. Dan gaan we met de laser in continu snel bewegende cirkels over de huid. Dit zorgt ervoor dat de warmte geleidelijk wordt opgebouwd en het niet te heet wordt voor de huid. Je komt om de zes tot acht weken; dit heeft met de haargroeicyclus te maken. Vanaf de eerste behandeling is er al haarreductie, het valt dan gewoon uit. Tijdens de behandelperiode mag je je gewoon scheren. Na anderhalf, twee jaar ben je klaar. Dat lijkt lang, maar daarna ben je er ook voor altijd van af.'

***Is het echt pijnloos?***

'Ja. Veel mensen weten niet dat ontharen tegenwoordig honderd procent pijnloos kan. Nederland loopt achter op het gebied van definitieve ontharing. In landen als Brazilië is op elke straathoek een laserkliniek te vinden die zich bezighoudt met definitieve ontharing. Daarin zijn zij veel verder dan wij. Pijnloos ontharen is daar de normaalste zaak van de wereld. Naast de nieuwste lasertechnologie is de behandeltechniek, de behandelmethode en het behandelprotocol essentieel om honderd procent pijnloze ontharing te bewerkstelligen.'

***Wat voor soort vrouwen komen hier?***

'Allerlei vrouwen (en ook mannen!). Maar voor bijvoorbeeld Arabische, Zuid-Europese en Zuid-Amerikaanse vrouwen is ontharen echt een noodzaak: het moet weg. Die komen hier als ze van traditionelere ontharingstechnieken uitslag krijgen of als de haartjes terugkomen. Ook blanke vrouwen met blond hoofdhaar maar donker lichaamshaar komen hier. En vrouwen die last hebben van ingegroeide haren – daar hebben blanke vrouwen weer meer last van vanwege hun huidstructuur. Zij hebben weer minder gezichtshaar, tenminste, totdat ze in de overgang komen of als hun hormonen niet stabiel zijn, bijvoorbeeld als ze antidepressiva slikken.'

***Gaan vrouwen weleens te ver met ontharen?***

'Je moet natuurlijk niet doorslaan. We hebben klanten gehad die eerst komen voor de oksels, daarna voor de benen en dan voor de bikinilijn. Sommigen slaan dan door, willen haar verwijderen op plekken waar het niet eens zit. Dan weiger ik te behandelen. Je hebt daar alleen maar donshaartjes, zeg ik dan. Die horen daar, die beschermen je huid.'

***Wordt de behandeling vergoed?***
'De behandeling van het gezicht wel, ja. Ik krijg vaak doorverwijzingen van dermatologen en huisartsen die patiënten hebben met overbeharing op het gezicht.'

***Laser combineren met botox of fillers, kan dat?***
'Laseren moet je niet te kort op de behandeling met botox of fillers doen. Globaal wordt gezegd: bij botox moeten er twee maanden tussen zitten, bij fillers één maand.'

We zijn nu alle twee onder behandeling voor het laseren van onze bovenlip en kin. We laten ook onze oksels en bikinilijn laseren. Want dat stomme scheren, dat hoeft dan niet meer. De behandeling is inderdaad pijnloos en snel. Ik (Medina) had hier veel eerder aan moeten beginnen, maar ik wist niet van het bestaan af. Het had me veel schaamte en verdriet bespaard. Die oksels en bikinilijn zijn natuurlijk meer een luxe, maar dat gun ik mezelf nu wel.

Pas nadat Medina mij (Isa) er eindelijk over durfde te vertellen ging ik er ook op letten en zag ik dat ik inderdaad de laatste tijd meer haar op mijn bovenlip had gekregen, dus ben ik ook gaan laseren. Ik zie het, nu ik erop let, inderdaad ook bij andere vrouwen van onze leeftijd, maar voel ook de schaamte om het erover te hebben.

## WHAT (NOT) TO WEAR

M Isa, nu we toch zo open en eerlijk tegen elkaar zijn…

I Ja?

M Ik zie je nu elke dag, en wat me opvalt is dat je er best vaak nogal… slonzig uitziet.

I Ai. Touché. Ja, ik ben een beetje van de makkelijke. Maar eigenlijk baal ik er al een tijdje van. Vroeger besteedde ik er veel meer aandacht aan, maar door mijn bekendheid ben ik me toch wat onopvallender gaan kleden. Het is misschien weer eens tijd om dit te veranderen?

M Ja, graag!

## KAN IK DIT NOG WEL AAN?

Deze vraag stellen wij elkaar de laatste tijd steeds vaker: *Kunnen we dit nog wel aan?* Kan dit leuke flodderige zomerjurkje nog nu we voorbij de vijfenveertig zijn? Of die strakke rode jurk die vroeger zo goed stond? Elke keer als je een feestje hebt haal je hem uit de kast, je trekt hem aan en… heel snel weer uit. Toch maar niet, ik doe wel die net iets meer verhullende, iets wijdere zwarte jurk aan. Blote armen, ook zo'n ding. Toch maar een mouwtje dan? En die knieën, tonen of niet? Er hangt kleding in onze kast die we de laatste jaren nooit meer hebben aangetrokken. Waarom bewaren we ze dan? Of nog beter: waarom trekken we ze eigenlijk niet meer aan?

Vroeger waren er duidelijke kledingvoorschriften voor de keurig ouder wordende vrouw: parelkettinkje, mantelpakje, rok over de knie, bovenarmen bedekt. Tegenwoordig is dat niet meer zo, of wel? Het lijkt alsof alles kan en mag op het gebied van kleding, maar geldt dat ook voor de ouder wordende vrouw? Of ligt er weer een nieuw keurslijf op de loer nu we ouder worden: *what (not) to wear?* En moeten we ons daar dan aan houden, of er juist maling aan hebben en gewoon dragen wat we leuk vinden? De vraag is eigenlijk: hoe zien wij er op ons best uit? Want daar gaat het ons om.

We spreken af met Patty Zomer, ex-Dolly Dot en nu stylist en stylecoach. Ze kleedt BN'ers en niet-BN'ers. Als stylecoach kijkt ze vooral of je kleding een goed beeld geeft van je persoonlijkheid en of deze past bij je uiterlijk. Ze vindt het belangrijk dat je jezelf bent en dat ook in je kleding uitstraalt. Door te dragen wat bij je past, kom je volgens Patty zelfbewust en krachtig over.

***Wat is de meest gemaakte garderobefout onder ouder wordende vrouwen?***
'Veel vrouwen zeggen: "Ik heb 's morgens maar wat aangetrokken." Ja, dat zie

ik dan ook. Of er wordt gezegd: "Als het maar makkelijk zit." Sommige vrouwen boven de vijfenveertig hebben de neiging te verslonzen; ze verzanden in gemakkelijke kleding als een joggingpak, of nog erger, een onesie, zo'n huispak! Daar voelen ze zich lekker in en ze laten zien dat ze schijt hebben aan wat de buitenwereld ervan denkt. Dat is prima als je nergens heen hoeft, maar het kan makkelijk omslaan: op een gegeven moment wordt het je dagelijkse kleding, en dan heb je vooral jezelf ermee. Of je vindt het contrast tussen je huiskloffie en een "gewone" spijkerbroek met een shirtje al zo groot dat je het al gauw best vindt als het er maar enigszins toonbaar uitziet. Dat is zonde, want met wat meer moeite kun je er prachtig uitzien.'

***Wat kun je doen om er prachtig uit te zien?***
'Het lichaam van ouder wordende vrouwen verandert, net als hun uitstraling. Er zijn vrouwen die blijven hangen in de kledingstijl van toen ze twintig waren – een spijkerbroek met een shirtje. Maar wat toen leuk stond, hoort niet meer bij wie je nu bent. Bovendien houden veel vrouwen vast aan hun oude maat. Maar wat maakt die maat nou uit? Het gaat erom dat het goed zit. Het ziet er niet uit als je kleding knelt. Liever een maatje groter, dus.

Vrouwen van onze leeftijd moeten ook niet meer willen meedoen aan elke modetrend. Je weet best, wanneer je in een winkel staat, of iets je echt leuk staat, of dat je het koopt omdat het in de mode is. Het gaat in deze fase om bewustwording. Je wordt ouder, en daar is niets mis mee, maar je moet er wél mee aan de slag. Als je dat niet doet, is het wat mij betreft een gemiste kans. Ik denk dat kleding een toegevoegde waarde aan je leven kan geven. Dat is de essentie van kleding: het kan je echt een boost geven. Dus je zou het moeten inzetten op het moment dat je die boost nodig hebt.

Ik heb weleens een vrouw in mijn atelier gehad die na dertig jaar huwelijk werd ingeruild voor een jonger exemplaar. Na een verdrietige periode waarin ze zichzelf opsloot en echt niets aan zichzelf deed, was het op een dag klaar. Ze besloot dat het weer tijd werd om eropuit te gaan en begon online te daten. Spannend natuurlijk. Ze was onzeker. Wat kon wel en wat kon niet met haar oudere lijf? Samen hebben we haar stijl opnieuw uitgevonden. Dezelfde mooie vrouw in kleding van nu en passend bij haar leeftijd, met een dosis *sexiness*. Iets waarvan ze niet wist dat ze het nog had. Jezelf in een 2.0-versie, noem ik dat. *Life ain't over* na je vijfenveertigste.'

***Hoe weet je of kleding toegevoegde waarde heeft voor jou?***
'Wat mij betreft zijn er geen keiharde kledingregels. Het is een unieke zoektocht. Deze levensfase zou je moeten aangrijpen om eens goed naar jezelf te kijken. Dus letterlijk in de spiegel kijken en je afvragen: wat zie ik, en ben ik daar blij mee of niet? Wat heb ik nodig om me goed te voelen over mijn voorkomen, hoe kan ik mezelf opnieuw uitvinden? Ik denk dat het belangrijk is dat je naar binnen kijkt, naar wie je werkelijk bent en wat je wilt uitstralen. Als je dit helder hebt, weet je ook beter welke garderobe daarbij hoort. Kijk gerust ook naar andere vrouwen op straat of in de bladen voor inspiratie. Je kunt ook altijd een stylingcoach inschakelen om samen op zoek te gaan naar de stijl die bij je past.'

**Tips van Patty**

- Alles staat of valt met het juiste ondergoed. Het moet niet te strak zitten en regelmatig vervangen worden. Corrigerend ondergoed is een must bij strakke kledingstukken van bepaalde stoffen.
- Wurm jezelf niet in te strakke kleding. Neem gewoon een maatje groter. Dat oogt slanker en voelt fijner.
- Als je je niet meer op je gemak voelt met blote armen en knieën, kun je deze eenvoudig aan het zicht onttrekken met een mouwtje en een iets langere roklengte.
- Zorg voor een aantal basisstukken waarin je je altijd goed voelt. Dan heb je op een slechte dag een basis om op terug te vallen.

***Als een vrouw bij jou komt voor advies, hoe ga je dan te werk?***
'De essentie van mijn werk is dat ik op zoek ga naar waar iemand gelukkig van wordt. Dat kan ook bij vrouwen die zichzelf niet perfect vinden. Iedereen

heeft namelijk iets moois – daar richt ik me op. Je kunt camoufleren en accentueren, maar uiteindelijk gaat het altijd om authenticiteit. We beginnen met een kennismakingsgesprek: ik wil een vrouw en haar uitstraling zien. Ik vraag wat ze mooi vindt aan zichzelf. Vaak vinden vrouwen dit moeilijk te zeggen. Wat ze lelijk vinden, kunnen ze wél zo opnoemen. Tot slot vraag ik van welke kleding ze wel en niet houdt. Voordat ik ga shoppen wil ik eerst een kijkje in haar kledingkast nemen. Daar hangt haar hele verhaal. Meestal heb ik meteen een duidelijk beeld. We maken een selectie van wat blijft en wat echt weg moet. Met deze informatie ga ik dan, het liefst alleen, shoppen. Dan plannen we een pas-sessie in en maak ik combi's en sets. Maar niet dicterend. Ik probeer een vrouw te laten zien wat haar goed staat, zodat ze het na deze pas-sessie gewoon zelf kan doen.'

***Ik denk dat meer vrouwen aanvoelen, zoals wij, dat het tijd is voor een nieuwe stijl. Waar ligt dat aan?***

'Dat klopt, veel vrouwen voelen een verschuiving in deze fase. Ze willen er bijvoorbeeld niet meer zo bloot bijlopen, ze willen zich wat vrouwelijker gaan kleden, in plaats van meisjesachtig. Je moet de volgende stap durven zetten en daar hoef je niet bang voor te zijn. Ouder worden betekent beslist niet dat je kleding mutsig moet worden. Als je ouder bent weet je heel goed wat je *assets* zijn en wat je mindere kanten zijn. Wees blij met jezelf. Dan kan het alleen maar leuker worden.'

**Ruim samen met je vriendin(nen) je kledingkast op**

Grote kans dat jij niet de enige bent die al jaren een bepaald jurkje in de kast hebt hangen dat je niet meer draagt, maar waar je geen afstand van kunt of wilt doen. Terwijl het hoog tijd is. Nodig een of meerdere vriendinnen uit, liefst vriendinnen uit de tijd dat je het nog wél kon dragen, en maak er een leuke avond van waarop je officieel afscheid neemt van een tijdperk. Laat alle kledingstukken de revue passeren (sla niets over!) en vraag om het eerlijke oordeel van je vriendinnen. Als iets niet meer kan, stop het dan in een zak en kijk niet meer om. Je zult terloops een hoop nuttige tips krijgen, dankzij het deskundige oog van je eveneens ouder wordende vriendin(nen). Volgende keer mag de volgende voor de wijn zorgen en haar garderobe opengooien. En de ruimte die overblijft? Je vriendinnen zullen vast niet te beroerd zijn om je te helpen die weer op te vullen met kleding die past bij wie je nu bent!

## DE MOOISTE VERSIE VAN ONSZELF

Christien Brinkgreve zegt over haar eigen ouder worden: 'Die slapper wordende buik vind ik heel vervelend. Maar wat doe ik eraan? Gymnastiek en buikspieroefeningen, meer niet. En me verstandig kleden. Ik heb een diepe kast en ik vind soms kleren van twintig jaar geleden die ik niet meer aan kan. Dat doet dan echt wel even pijn. Daar kan ik dan in gaan zwelgen, óf ik kan denken: nieuwe fase, nieuwe kleren. Voor mij is dat de kunst van het leven: met wie vergelijk je je? Ik kan mezelf vergelijken met mijn jongere zelf, en dan is het vooral afscheid en rouw. Of ik kan mezelf vergelijken met generatiegenoten, en dan kom ik er eerlijk gezegd vaak wel goed uit.'

Linda de Mol staart zich ook niet blind op het verleden: 'Er komt een moment dat je gewoon nooit meer in de categorie "lekker wijf" valt. Kijk, ik wil voor mijn vent wel aantrekkelijk zijn, en ik weet precies wanneer ik dat ben. Als je uit eten gaat en je hebt een leuke jurk aan, of je komt net van het strand en je bent bruin en je haar zit in de war... Maar om nog een lekker wijf gevonden te willen worden op je eenenvijftigste vind ik iets treurigs hebben. Wat ervoor in de plaats komt? Een *leuk* wijf willen zijn. Zo een met wie je de kroeg in kunt, aan wie je hele verhalen kwijt kunt, met wie je kunt lachen. Die niet als je op reis gaat anderhalf uur haar haar staat te föhnen, maar zegt: "Wat gaan we doen?" Die niet zoveel *hangups* heeft, en over de paar die ze heeft gewoon eerlijk is.'

Iedereen wil oud worden, maar als we het dan zijn, moeten we er ineens zo jong mogelijk uitzien. Wij zijn blij dat wij al wat ouder zijn in deze op uiterlijk gerichte maatschappij met zijn obsessie voor jong en mooi. We zijn niet meer zo onzeker als toen we dertig waren – misschien hadden we dan wel veel sneller iets laten doen?

We hebben nu alles wel zo'n beetje de revue laten passeren. Er zijn veel mogelijkheden om knetterknap oud te worden. En dat willen we nog steeds. We hebben door onze zoektocht een realistischer beeld gekregen van botox en andere ingrepen. Vrouwen die veel te ver gaan met cosmetische ingrepen zijn nog steeds ons schrikbeeld. Wij willen geen masker en we willen al helemaal niet op elkaar gaan lijken. Maar we willen wel gewoon de mooiste versie van onszelf zijn. We bedoelen hiermee niet alleen ons uiterlijk, al helpt dit soms wél om je goed te voelen. We moeten ook veel 'mentaal werk verzetten', zoals Christien Brinkgreve dat noemt; accepteren dat we ouder worden en leren hoe we met al die veranderingen kunnen omgaan.

We laten ons graag inspireren door sterke vrouwen die laten zien hoe je mooi ouder wordt. Onlangs zagen we een documentaire over Iris Apfel, een New Yorks *fashion icon*. Een bijzonder inspirerende vrouw van rond de negentig. Ze heeft zich altijd ontwikkeld en alles gedaan wat ze wilde doen. Ze ziet er excentriek-chic uit en is zeker niet mooi volgens de geldende normen. Maar ze is prachtig, vinden wij, door haar bijzondere ziel, haar uitstraling. Over schoonheid zegt ze: 'Ik hou niet van "mooi". Mooie jonge meisjes die zich daarop laten voorstaan, worden uiteindelijk ook oud, lelijk en gerimpeld. Dan hebben ze niets meer en worden ze vaak zuur en ontevreden. Ik was nooit mooi, dus moest ik iets anders ontwikkelen: persoonlijkheid, intelligentie. Daar vaar ik op. Laat je niet gek maken door het schoonheidsideaal. Relativeer.'

Ja, relativeer! Als we schoonheid zo nauw blijven zien, maken we elkaar gek en is de industrie de enige winnaar. Bovendien, en dit gaat ons ook zeer aan het hart: we willen als inspirerende, mooie (ieder op onze eigen manier!) en intelligente vrouwen het goede voorbeeld geven aan onze kinderen. Daarom doen we ons best, in dit boek en daarbuiten, om niet alleen bezig te zijn met ons uiterlijk, maar vooral ook met ons innerlijk. Zie ook wat je wint in deze periode. Al je levenservaring, je ontwikkeling, je hele persoonlijkheid maken dat je een stuk sterker in je schoenen staat en beter weet wat je wilt. Dat straal je uit en daar word je nog aantrekkelijker van ook! *I've never seen a smiling face that wasn't beautiful.*

### Meer lezen/zien?

*Het botoxdilemma* – Nathalie Huigsloot
*Sophie in de kreukels* (te zien via website NPO)
www.pattyzomer.nl
www.stylecounsel.nl

HOOFDSTUK 4

# MODERNE MENOPAUZE MOEDERS

Niet zeuren, dames!

*Noot voor de lezer: Dit hoofdstuk gaat voor een groot deel over het moederschap. Er zijn natuurlijk ook vrouwen die geen kinderen hebben, gewenst of ongewenst. Daar gaan wij in dit hoofdstuk niet op in.*

De Nederlandse moeder is oud in vergelijking met die in andere Europese landen. Het aantal vrouwen dat rond haar veertigste levensjaar haar eerste kind krijgt, is de laatste jaren sterk gestegen. Hogeropgeleide vrouwen stellen een zwangerschap gemiddeld vier jaar uit ten opzichte van andere vrouwen.

I Zo Medien, pas je eindelijk eens in een trend!

M Jij bent anders ook een oude moeder, hoor, ook al heb je een zoon van achttien. Vlinder is pas elf!

## MET OPVLIEGERS IN DE SPEELTUIN

Als je op latere leeftijd moeder wilt worden, gaat het er vaak om of je eitjes nog wel goed zijn; vlokkentestje hier, punctietje daar en hopelijk word je dan ergens tussen je achtendertigste en eenenveertigste moeder. Je hebt je carrière al goed op de rit, alles gedaan wat God verboden heeft en nu echt de rust om je te wijden aan het nieuwe geluk.

En dan komt het, waar niemand je voor had gewaarschuwd: je schiet in de overgang – het kán, al vanaf je vijfendertigste. Daar zit je dan in de speeltuin, met je kleuter én je opvliegers, moodswings en zweetdruppels. En jij maar ontkennen.

M Mijn kind is mijn grootste geluk, maar de combinatie met de overgang is eigenlijk niet te doen. Nu heb ik een vijfjarige, superenergieke zoon, terwijl ik me vaak uitgeput wil terugtrekken in mijn hol.

I Ik had ook een oudere moeder. Vroeger, als ik uit school kwam, zat ze altijd te wachten met thee. Dan was ik eindelijk thuis en dommelde ze vaak binnen een halfuur in slaap! Ik vond haar ook best vaak chagrijnig. Ze was moeder van vier kinderen en ze werkte. Nu denk ik: zat ze niet ook nog eens in de overgang? Maar daar werd niet over gesproken in die tijd.

En eerlijk gezegd, ik ben tegenwoordig ook meestal rond vieren kapot. Als Vlinder ergens aan het spelen is, ga ik weleens stiekem naar bed. Dat vind ik gênant, maar soms moet het gewoon, anders kom ik de avond niet door.

M Ik heb precies hetzelfde. Na een dag hard werken ben ik rond vier uur gesloopt, maar dan moet ik nog van alles: boodschappen doen, koken, spelen. Ik neem dan uit pure noodzaak rond vijf uur een wijntje; even snel ontspannen om weer door te kunnen.

## PITTIGE PUBER EN MENOPAUZEMOEDER

Veel moeders komen in de overgang terwijl hun kinderen in de puberteit belanden. 'Hoe ouder een vrouw moeder wordt, hoe groter de kans op een hormonenclash in het gezin. Door die gierende hormonen reageren zowel moeder als puber heftiger dan nodig, waardoor vaker escalaties ontstaan thuis. Die hormonale grillen zetten de gezinsdynamiek vaak op scherp. Weten waar al die emoties vandaan komen, helpt iedereen in het gezin,' zegt psychotherapeut Yvonne Stikkelbroek in *Opzij*. Haar boodschap voor overgangsmoeders met pubers: zorg goed voor jezelf. 'Rust overdag als je slaap tekortkomt en hou het leven leuk voor jezelf. Uitgerust kun je emotioneel ook meer aan. En *choose your battles*.'

M Klinkt als jouw situatie. *Choose* jij je *battles* een beetje, Isa?

I Nou ja, Merlijn is er wel zo'n beetje doorheen, maar Vlinder begint net te puberen. Dat vind ik best spannend nu ik in de overgang zit én alleenstaand ben. Ik kan niet vragen of mijn partner het even over wil nemen als ik me niet zo lekker voel. Ik heb ook al een paar keer net iets te heftig gereageerd, zomaar uit het niets. En daar voel ik me daarna weer zo slecht over.

M Interessant, mijn zoon zit in de kleuterpuberteit, clasht ook best wel...

## OVERGANG = LEEG NEST?

Terwijl wij ons door onze overgang heen zwoegen met puberende kleuters in huis of pubers die zich als kleuters gedragen, zijn er ook nog steeds vrouwen voor wie de overgangsjaren samenvallen met het uitvliegen van de kinderen. Eén generatie terug was dat zo'n beetje vaste prik. Als je begin twintig je eerste kind kreeg, waren ze allemaal vertrokken tegen de tijd dat je in de overgang kwam. Het sombere gevoel dat veel moeders overviel werd het legenestsyndroom genoemd.

Dit begrip is door de feministen in de jaren zestig gelanceerd, vertelt Hedy d'Ancona ons. De feministen in die tijd lieten zich nogal laatdunkend uit over de overgang en de vrouwen die daaronder gebukt gingen. Ze schreven de sombere overgangsgevoelens toe aan het lege nest; het zwarte gat waar vrouwen in vielen als hun kinderen het huis uit waren. Daar moest preventief wat aan gedaan worden door vrouwen ook buitenshuis een doel te geven, bij voorkeur in de vorm van een baan. Zo konden ze ook na het vertrek van de kinderen een zinvol bestaan behouden.

Dat hele legenestsyndroom gaat ons niet eens lukken. En we hadden ons er zo op verheugd. Maar wij (en velen met ons) hebben meer last van het vollenestsyndroom. We zijn rond de zestig als ze meteen na de middelbare school het huis uit gaan. Maar zelfs dat is wensdenken, want kinderen blijven tegenwoordig veel langer thuis wonen. Daarbij werken wij ook nog eens, zoals de oude feministen ons aanraadden. Knap hoor! Gezellig ook, al die gierende hormonen in huis. Om de beurt ontploffen, lekker schreeuwen, met deuren slaan. *Never a dull moment.*

## VOL NEST & ALLEENSTAAND

Het zou best fijn zijn als iemand af en toe even de boel kon overnemen, zodat je stoom kunt afblazen, maar wij zijn allebei ook nog eens de enige ouder in ons volle nest. En ook hierin staan we niet alleen. Volgens het Centraal Bureau voor de Statistiek blijft het aantal alleenstaande ouders toenemen. Eén op de drie huwelijken sneuvelt. Na een scheiding blijven de kinderen doorgaans voor het merendeel van de tijd bij hun moeder wonen.

M Ik ga nooit scheiden. Dat was mijn plechtige voornemen toen ik in verwachting was. Ik heb het als kind meegemaakt en het heeft me flink getekend. Maar het is me niet gelukt; op mijn vijfenveertigste werd ik alleenstaande moeder. Jonathan is gedurende de week grotendeels bij mij. Dus dat is van en naar school, judo, dansles, zwemles en vriendjes. Tussendoor boodschappen doen, huis schoonmaken, en niet te vergeten mijn werk: het acteren, het schrijven, mijn toneellessen voorbereiden en ook nog ergens een gaatje vinden om mijn vrienden te zien of te appen. Voor een relatie heb ik sowieso geen tijd. En dan is er nu ook nog eens de overgang, die mij aardig onderuithaalt. Gelukkig krijg ik veel hulp van mijn ouders, en zeker van mijn moeder. Mijn leven is vol. Ik ben vaak gestrest. Maar ja, voor wie geldt dat tegenwoordig niet? Want Isa, jij doet het echt helemaal alleen, dus ik mag zeker niet klagen!

I Jij mag altijd klagen. Ik heb natuurlijk nooit een keus gehad. Van de ene op de andere dag was ik alleen en moest ik wel. Natuurlijk vervloekte ik dit weleens; elke dag van en naar school, elk lesje en clubje op en neer, elke avond bedenken wat we gaan eten en koken, belangrijke beslissingen alleen moeten nemen... Maar als je aan het overleven bent, doe je dat gewoon. Inmiddels ben ik eraan gewend geraakt. Het is wel enorm veel plannen en ik heb hulp ingeschakeld.

Het voordeel van alleen zijn is dat je alles op jouw manier kunt doen, ook qua opvoeding. Je kunt je eigen tijd indelen. Het nadeel is dat ik nooit spontaan iets kan doen. Ik kan met jaloezie naar jou en andere gescheiden vriendinnen kijken die dan bijvoorbeeld een weekend geen kinderen hebben – heerlijk lijkt me dat. Nu ik ouder word, merk ik dat ik steeds meer behoefte heb aan rust en ruimte. Vlinder gaat binnenkort naar de middelbare school, misschien dat ik dan wat meer vrije tijd krijg? Of ga ik me dan misschien helemaal over de kop werken?

## NIET ZEUREN, DAMES!

De combinatie werk, kinderen, ouder worden en daarbovenop ook nog die overgang vinden wij behóórlijk uitdagend. Maar wij willen toch zo graag veel werken, en voor onze kinderen hebben we ook gekozen – dus niet zeuren! We hebben er maar mee te dealen. Toch merken we, nu we ouder worden, dat we echt minder energie hebben dan vroeger. We zijn helaas niet meer de *powerhouses* die we ooit waren. We doen altijd drie dingen tegelijk, in een superalerte toestand met daaronder steeds dat knagende schuldgevoel: doen we het wel goed? We zijn te gestrest, een soort opgevoerd raceautootje dat alsmaar rondjes blijft rijden. Zelfs de dingen die we leuk vinden doen we in zo'n moordend tempo dat ze hun glans verliezen. Onze to-dolijst afwerken, daar gaat het om: deze taak af hebben, om dan snel aan de volgende te beginnen. We staan altijd aan. De uitknop! O, die bestaat? Waar zit die dan? We willen dit zo graag anders voor de tweede helft.

Maar hoe dan? We moeten er toch niet aan denken om terug te gaan naar de jaren vijftig; terug achter het aanrecht? Het feminisme heeft voor onze generatie een hoop voor elkaar gekregen. Met de eerste feministische golf, aan het eind van de negentiende en begin van de twintigste eeuw, werd er met name gestreden voor het vrouwenkiesrecht. En vanaf het eind van de jaren zestig van de twintigste eeuw, de tweede golf, ging de strijd vooral om de seksuele en economische mogelijkheden voor de vrouw. Daarom kunnen wij vrouwen nu stemmen, studeren en werken, is er kinderopvang, is abortus een vrije keuze en is er opvang en bescherming voor vrouwen die mishandeld worden. Er is een seksuele bevrijding geweest voor de vrouw, met als hoogtepunt de introductie van de pil in de jaren zestig. Dank, dames, diepe dank!

## HET MOEDERSCHAP ALS VALKUIL

In het heetst van de strijd kantelde ook de definitie van het moederschap. 'Van bestemming naar gevangenis,' noemt sociologe Christien Brinkgreve het. 'Tot begin jaren zestig waren het huwelijk en de zorg voor de kinderen de enige bestemming voor de vrouw. Aan het eind van de jaren zestig, het begin van de tweede feministische golf, veranderde dit. Liefde werd gezien als valkuil (de vrouw werd onderdrukt door de man) en het zorgen werd gezien als gevaarlijke vrouwelijke neiging. De heersende tendens werd dat een vrouw moest studeren en werken; ze moest economisch onafhankelijk zijn. Over alle andere vrouwenzaken mocht je niet te veel praten. Je moest je niet te veel richten op je "vrouw-zijn". En de overgang, daar moest je al helemaal niet over zeuren. Kinderen werden ineens gezien als belemmering voor zelfontplooiing. Moederschap werd een val, een kooi. Vrouwen moesten zélf iets zijn. Dit werd nu gedefinieerd als iets wat losstond van relaties met anderen. Vrijheid werd "vrij zijn van binding". Want al die bij het huwelijk en moederschap behorende taken en verplichtingen maakten dat vrouwen zichzelf wegcijferden, was de overtuiging. Sommigen gingen erg ver in hun idee van vrouwenbevrijding, zoals het voorstel voor een baarstaking, en de aansporing "je gaat toch niet met je onderdrukker naar bed?" En dat abortus het symbool van bevrijding werd. Ik vind natuurlijk dat je als vrouw hier zelf over moet kunnen beslissen en dat je gewoon abortus moet kunnen plegen. Maar om hier een tijdlang het overheersende issue van te maken vond ik iets macabers hebben.'

Deze ommekeer in het denken bleef niet zonder gevolgen: het ontwrichtte én gaf nieuwe richting. Het leidde tot een strijd om gelijkheid tussen man en vrouw, met veranderingen in taakverdeling, machtsverhouding en identiteit. Christien kon zich hier maar ten dele mee identificeren. Zij was altijd voorstander van de combinatie werken en kinderen. Bij haar oratie stond zij op de foto in toga én met kind – dat was haar statement. Dit werd haar behoorlijk kwalijk genomen door de vrouwenbeweging.

Voor de combinatie werk en kinderen moest ze wel een prijs betalen. 'Ik was al zo blij dat ik én kinderen had én een carrière, het beste van twee werelden. Ik heb echt offers moeten brengen op het gebied van vriendschap en uitgaan. Ik zag eruit als een lijk in die tijd. Maar ik wist dat als ik daarover zou klagen, ze zouden zeggen dat mijn baan te veel was en dat ik moest stoppen. Want dat lag natuurlijk wel op de loer in die tijd: "Zie je wel, dat kunnen die vrouwen helemaal niet."'

En wij maar denken dat het feminisme vooral om gelijkheid ging. Dat die feministen een tijdlang nogal anti-kind waren, en dat je je vrouw-zijn een beetje moest inleveren, dat wisten we niet. Gelukkig heeft deze tendens niet doorgezet.

Onze kinderen zijn het mooiste dat we hebben. We vinden het heel fijn dat ons leven niet alleen om ons draait. Het moederschap heeft ons zoveel rijker en empathischer gemaakt. Maar werken maakt ons ook heel gelukkig! Wij willen én werken én een goede moeder zijn.

### Loslaten is lastig

Ik realiseer me heel goed dat de periode dat je ze 'hebt' best kort is. Die vliegt voorbij. Mijn zoon is al uitgevlogen en mijn dochter vertrekt over een jaar. Nu heb ik nog dat volle huis, volle leven, en straks sta ik in de grote keuken te denken: wat nu? Je houdt natuurlijk altijd je zorgen en je liefde, maar er verandert wel veel. Je krijgt langzaam je eigen leven weer terug. Het is en was soms heel stressvol, de combinatie werken en kinderen. Maar ik heb daar wel altijd van genoten. Ik ben heel blij dat ik die combinatie gemaakt heb. Dat realiseer ik me nu, nu ze ouder zijn, maar toen ik er middenin zat heb ik me natuurlijk ook vaak afgevraagd: wat ben ik aan het doen? Ik loop alleen maar te rennen. Ik was iedere keer weer blij dat ik de week gehaald had, dat het zondag was, en dat alles goed was gegaan.

Ik heb veel moeite met dat loslaten, ik ben zo'n oermoeder. De kloek die het liefst alles voor ze wil doen en regelen. Toen mijn zoon het huis uit ging was ik melancholisch. Ik heb zo hard gehuild, ik kon niet meer ophouden. Ik zag die sporttas daar staan. En toen ging zijn fiets achter in de auto. Ik dacht: dit is de afsluiting van mijn rol als zorgende moeder. En ik vond zoveel leuk. 's Avonds, als hij sliep, ging ik vaak nog even naar hem kijken – wat maakt het uit dat hij achttien is? Die grote kluwen in dat bed. Dat hij mij 's ochtends een kus op mijn voorhoofd geeft. Dit alles komt nooit meer terug. Wij als gezin, met twee kleine kinderen. Ik vond het zo heftig.

Nou valt het in de realiteit allemaal enorm mee: hij eet gewoon vier keer per week thuis. Het loslaten is lastig, helemaal als straks ook mijn dochter uitvliegt. En tegelijkertijd denk ik: zo is het bedoeld. En het lijkt me ook heerlijk om bijvoorbeeld op zaterdag spontaan op een terras te kunnen blijven zitten als ik daar zin in heb. Om in die fase van mijn leven te komen, met nog steeds heel veel leuke uitdagingen en nieuwe dingen.

– Linda de Mol

## MOEDER DE CARRIÈREVROUW

Stel dat die tweede feministische golf er niet zou zijn geweest, dan zouden wij ons schrikbeeld leven: niet werken, de hele dag de kinderen om ons heen, boodschappen doen, koken, wassen, kinderen brengen en halen. En er dan ook nog appetijtelijk uitzien voor meneer als hij om zes uur 's avonds aanschuift en hem een uitgebalanceerd driegangendiner voorzetten. De kinderen hebben dan al gegeten, liggen schoongepoetst in bed. Wij zouden dit echt niet trekken.

Maar wacht – dit is precies wat we nu doen! Maar dan zónder die man en mét hard werken. We zouden wíllen dat we tijd hadden om ons op te tutten voor het eten en echt tijd door te brengen met onze kinderen...

*What's wrong with this picture?* Blijkbaar doen we toch iets niet goed: altijd moe, futloos en gefrustreerd omdat de combinatie van werken en zorgen gewoonweg niet te doen is. De 45+-vrouw van tegenwoordig heeft meestal een (veeleisende) baan, (jonge) kinderen thuis, is misschien net als wij alleenstaand, of anders moet zij ook nog aandacht geven aan haar partner, en voelt de druk vanuit de maatschappij: vriendinnen, hypes, ideaalbeelden. En soms moet zij ook al voor haar eigen ouders zorgen. Ga d'r maar aan staan. En als kers op de taart: midden in de overgang!

*Damn!* Heeft het feminisme van de jaren zestig ons dan gebracht dat wij nu een soort overwerkte stresskippen zijn geworden? Het feminisme heeft ons veel moois opgeleverd. Maar juist doordat het moederschap en de overgang werden weggedrukt, en niet op de politieke agenda gezet, bevinden wij ons nu in een spagaat. De vrouwenbeweging heeft hier nooit aandacht aan besteed. Een gemiste kans, vinden wij. Is het dan aan onze generatie om hier een nieuwe vorm voor te vinden? Ja, wij denken van wel. En we willen graag weten wat wij kunnen doen om die verandering een slinger te geven. Laten we beginnen met het schuldgevoel.

## HET EEUWIGE SCHULDGEVOEL

Noem ons een vrouw die geen last heeft van schuldgevoel. Schuldgevoel is *our middle name*. Vooral werkende moeders lijken er patent op te hebben. Als je werkt, kun je je schuldig voelen omdat je vindt dat je meer tijd met je kinderen zou moeten doorbrengen. Omgekeerd voel je je schuldig naar je werkgever als je thuiszit met een ziek kind. Wij voelen ons vaak het meest schuldig naar onze kinderen. Dagelijks. Telkens als we geen tijd of zin hebben om te spelen, voor te lezen of te helpen met huiswerk, wanneer we wat te streng zijn geweest of juist te meegaand, of wanneer we ons geduld weer eens hebben verloren. Maar ook dat wij niet van die moeders zijn die er 24/7 voor hun kinderen kunnen zijn, dat we een leven ernaast willen. Voortdurend hebben we het gevoel tekort te schieten – een heel gemeen gevoel.

I Bij mij is het ontstaan toen ik na de geboorte van Merlijn weer wilde gaan werken. Vanaf dat moment sloop het mijn lichaam in, om nooit meer weg te gaan. In de loop van de jaren is het alleen maar gegroeid. Ik voel me schuldig omdat de kinderen geen vader meer hebben, dat ik dat niet heb kunnen voorkomen, dat ik te veel werk, dat ik (te vaak) moe ben, dat ik de kinderen niet goed (lees: gezond) heb leren eten, dat ik mijn vrienden te weinig zie, dat ik verjaardagen vergeet en dat ik te veel klaag terwijl ik in andermans ogen een perfect leven heb (op een klein detail na, namelijk dat ik geen man meer heb). Ik kom er ook achter dat ik, naarmate ik ouder word, steeds meer tijd voor mezelf nodig heb. Maar dat voelt zo egoïstisch, alsof het niet mag. En daar voel ik me dan ook weer schuldig over.

M Mijn grootste schuldgevoel zit 'm in de scheiding. Dit wilde ik mijn kind nooit aandoen, maar ik deed het toch. Boem, schuldgevoel. Dubbele dosis. En wat nog meer? Dat ik degene was die wegging en het gezin opbrak, dat ik een oudere moeder ben, dat ik veel werk, dat ik lang niet altijd puf heb om leuke dingen met mijn zoon te doen, dat ik te vaak toelaat dat hij te veel snoept, dat ik te vaak geïrriteerd ben, dat ik mijn vrienden te weinig zie. Ik merk ook dat ik meer tijd nodig heb voor mezelf, of dat ik even niets wil doen, maar dan schreeuwt alles in mij: niets doen? Mag niet, kan niet! Ik ben nooit goed genoeg, zeker nu ik een kind heb. En door die overgangsperikelen voel ik me nog schuldiger naar hem; dat chagrijnige, zure gedoe.

## ALLES ALTIJD PERFECT WILLEN DOEN

Volgens een enquête van *Psychologie Magazine* heeft één op de vijf vrouwen dagelijks last van schuldgevoelens. Dit vreet energie – logisch dat we ervanaf willen! Als we dit willen aanpakken, moeten we wel eerst nagaan wat de oorzaak is van deze gevoelens. Wat zit er achter dat schuldgevoel? Denken we dat we alleen liefde en erkenning krijgen als we alles perfect doen? Leggen we de lat te hoog voor onszelf?

Perfectionisme zorgt ervoor dat je veel voor elkaar krijgt, maar kan je leven ook behoorlijk moeilijk maken. Als alles altijd perfect moet zijn en wij ons daar persoonlijk verantwoordelijk voor voelen, zijn we dus vrijwel constant gefrustreerd, want de werkelijkheid is nooit perfect, daar zijn wij nu wel achter. Wat een verspilde energie!

En waarom zouden onze kinderen ons eigenlijk niet mogen missen als we aan het werk zijn? Natuurlijk speelt bij ons de afwezigheid van een vader een grote rol; onze compensatiedrang is groot. Iedereen begrijpt dat wij onze kinderen geen verdriet meer willen doen en ze het warmste nest ooit willen geven. Maar het leven is hard, dus we zouden ook kunnen denken: ontdek maar, val maar, voel maar en leer.

Journaliste Kaat Schaubroeck geeft in haar boek *Een verpletterend gevoel van verantwoordelijkheid. Waarom ouders zich altijd schuldig voelen* een interessante kijk op hedendaags ouderschap en de denkbeelden waar je als ouders mee te maken krijgt. Volgens Kaat wordt de kiem voor schuldgevoel al in je jeugd gezaaid. Je ouders en de samenleving hebben je als kind waarden en leefregels bijgebracht. Wanneer je hier als volwassene niet aan voldoet, ontstaat er schuldgevoel. Kaat meent dat wij als ouders tegenwoordig de lat hoog leggen. 'Je wilt het beter doen dan vorige generaties. Je hebt een ideaal voor ogen. Tegelijkertijd heeft deze generatie ouders de neiging om zichzelf meer invloed toe te schrijven dan realistisch is. Gaat het goed met je kind? Dan is dit jouw verdienste. Gaat het niet goed met je kind? Dan is dit jouw schuld. Waar we ons het meest schuldig over voelen als ouders, is dat wij te weinig tijd doorbrengen met onze kinderen. Hoe meer uren je werkt, hoe groter je schuldgevoel. Vooral moeders voelen zich schuldig als ze werken. Onderzoek toont echter aan dat ouders tegenwoordig veel meer tijd met hun kinderen doorbrengen dan vroeger.'

Verschillende historische ontwikkelingen en inzichten in opvoeding hebben ervoor gezorgd dat de eisen die aan ouders worden gesteld enorm zijn toegenomen, meent Kaat. Vanuit de middenklasse in de achttiende en negentiende eeuw groeide het idee dat moeders altijd bij hun kinderen moeten zijn. Zij goten de opvoeding in een streng keurslijf en het opvoeden van kinderen werd een dagtaak voor de vrouw. Daarbij werd de rol van de man binnen het gezin steeds kleiner. In onze huidige maatschappij passen deze normen niet meer, maar ze zitten wel nog steeds in ieders achterhoofd, en dat zorgt voor wrijving. Nu de man steeds meer bij het gezinsleven wordt betrokken, worstelen niet alleen moeders, maar ook vaders met het gevoel dat het nooit goed genoeg is.

Volgens Kaat zijn er bepaalde oerbeelden, zoals 'de vrouw is thuis bij de kinderen', die ondanks de veranderende tijden zo hardnekkig zijn dat je acuut een schuldgevoel krijgt als je ervan afwijkt. Maar je conformeren aan die ongeschreven regels om je maar niet schuldig te hoeven voelen, is voor ons geen optie meer. Dus we moeten het anders gaan bezien. Maar hoe doe je dat? Hoe deden de feministen van het eerste uur dat eigenlijk? Die werkten, maar die hadden toch ook kinderen? Voelden zij zich ook schuldig?

## EEN ACHTERLIJK GEVOEL

Hedy d'Ancona had ontzettend veel last van schuldgevoel, maar heeft zich er nooit door laten beperken, vertelt ze ons. 'Mijn leven was ermee doordesemd. Over mijn vele werken, dat ik zoveel weg was van mijn kinderen. Over mijn scheidingen, naar de kinderen toe, maar ook naar mijn exen, omdat ik ze had bedrogen. Schuldgevoel is het stomste gevoel dat je kunt hebben. Je helpt er niemand mee en jezelf al helemaal niet. Het is zo'n onprettig en oninspirerend gevoel. Nu ik oma ben, heb ik er stom genoeg weer last van. Ik vind bijvoorbeeld dat alle grootouders leuker zijn dan ik; ze doen veel meer met hun kleinkinderen, passen hele dagen op en doen van die gezellige logeerpartijen. Ik heb daar niet zo'n zin in, en daar voel ik me dan ook wel weer schuldig over. Ik herinner me nog een heel mooi verhaal dat Joke Smit vaak aanhaalde. Een gezin zit gezellig met z'n allen op een veldje uitgebreid te picknicken. Ineens begint het te regenen en roept de moeder: "O, sorry jongens!" Vrouwen eigenen zich het schuldgevoel gewoon toe.'

Volgens Hedy hebben vrouwen van nu meer last van schuldgevoelens dan vrouwen vroeger hadden. 'Omdat alles nu zo perfect moet zijn. Ik vind het echt een kwaal van deze tijd. En het ligt niet aan de hoeveelheid werk die wordt verzet; wij hadden het ook superdruk. Wij waren natuurlijk de eerste generatie vrouwen die al die dingen ging combineren. Maar wij vonden dat fantastisch, daar waren we trots op! Daarover voelden we ons niet schuldig. Wij hadden het juist perfect voor elkaar, vonden we. We konden én werken én we hadden thuis een oppas. Het verschil met nu is dat wij alles wat flodderiger aanpakten. We streefden niet naar perfectie. Dat werd ook niet van je verwacht, je stak elkaar er niet mee aan. Nu lijkt het credo van vrouwen "het moet nóg beter kunnen" – ja, en daar raak je dus overspannen van.'

Laten we wat trotser op onszelf zijn dat we het elke dag weer flikken.

## ROMMELTOLERANTIE

Christien Brinkgreve herkent zich hierin. Ook zij combineerde werk met moederschap. 'Net als Hedy vond ik mijn werk (als hoogleraar) te leuk om te laten. Ik was er trots op. En, vond ik, dan moet je niet zeuren. Ik had thuis gelukkig een soort rommeltolerantie, anders zou ik gek zijn geworden. En ik had een goede oppas voor vier dagen in de week. Daar voelde ik me totaal niet schuldig over.'

Christien vindt dat kinderen bij het leven horen – bij dat van vrouwen én bij dat van mannen. 'Ik vond dat de combinatie werk en kinderen mij in evenwicht hield, dat ik door geen van beide opgeslokt werd. Ik herken jullie worsteling enorm. Maar mijn motto was: goed genoeg! Je kunt doorgaan tot iets perfect is, maar iets kan ook goed genoeg zijn. Dit heeft mij vaak gered, bijvoorbeeld als ik een deadline moest halen. Dan dacht ik: dit is wat ik nu kan en daar moeten ze het maar mee doen. En meestal was het dan ook goed genoeg.'

Volgens Christien moeten wij thuis en in ons werk een omslag maken naar 'goed genoeg' en niet steeds denken 'het had beter gemoeten'. Leve de kunst van het improviseren. En van sommige dingen heb je gewoonweg spijt. Als je een avondje met je kind hebt laten schieten voor een werkborrel die totaal niet de moeite waard bleek te zijn bijvoorbeeld. Dat is dan klote, maar het is niet anders. Op dat moment heb je die keuze gemaakt en het heeft geen zin om je er schuldig over te voelen, want het is al gebeurd.

Christien vindt ook dat moeders tegenwoordig te vaak rivalen van elkaar zijn, elkaar ophitsen. 'Luister naar wat je kinderen echt nodig hebben in plaats van mee te doen met de *ratrace* van steeds weer nieuwe kleren en dergelijke. Word hier autonomer in, neem wat afstand van dat gedoe, of kies bewust vriendinnen die de regels aan hun laars lappen. Wees eigenwijs en kwel jezelf niet zo. Laat je zeker niet opslokken door nieuwe dwangsystemen. Wees je bewust van de winst die geboekt is door vorige generaties en bewaak die verworven vrijheden. Stap niet in een nieuwe valkuil van het perfectionisme. Als je kunt loslaten, is er veel meer ontspanning.'

Jildou van der Bijl, hoofdredacteur van LINDA., herkent dit: 'Het had me vroeger meer in de greep. Ik hoorde laatst iemand zeggen: "Ik ben zo blij dat ik nu een parttime perfectionist ben." Dat heb ik ook een beetje. In sommige dingen ben ik nog steeds heel perfectionistisch, vooral in mijn werk, maar in een aantal andere dingen... Je wordt er ook zo'n *uptight bitch* van. Ik vind mezelf niet de leukste als ik zo ben. Je wordt een prettiger mens als je een beetje loslaat.'

Linda vult aan: 'Ik was een aantal jaar geleden veel perfectionistischer dan ik nu ben. Alles moest perfect: hoe mijn kinderen eruitzagen, hoe mijn huis was ingericht – alles eigenlijk. Zo vermoeiend. Als ik vrienden uitnodigde om te komen eten was ik de hele dag als een stresskip bezig: dan moest mijn haar gewassen, het mooiste tafelkleed op tafel, nieuwe glazen, en alles gepoetst. En niets verleggen... Nee! Dat had ik daar speciaal zo neergelegd. We werden ook nooit teruggevraagd. Iedereen dacht: dat huis, die *huge* keuken, en al die kaarsen, daar kom ik nooit overheen! Ik imponeerde ze gewoon plat. Ik bedoelde het goed, maar wilde het allemaal te perfect. Ik heb nu nog steeds graag eters over de vloer, maar nu denk ik tijdens de voorbereiding en op de avond zelf steeds vaker: ik vind het gezellig.'

Jildou knikt: '*Juist* gezellig als het ook imperfect mag zijn.'

## VAN PERFECT NAAR GOED GENOEG

Wat betekent dit voor ons? Dat wij maar eens moeten ophouden alles perfect te willen doen? Dat we niet steeds alle verantwoordelijkheid naar ons toe moeten trekken? Dat klinkt bevrijdend! Daarvoor moeten we dus onze drang naar perfectionisme loslaten. Maar hoe? Hier zijn wij best een tijd mee bezig geweest. Aan perfectionisme besteed je ongemerkt veel energie, en als het niet lukt – en het lukt eerlijk gezegd nooit – zit je weer met een schuldgevoel. Vaak zijn de overtuigingen van waaruit we handelen trouwens helemaal niet realistisch. Gedachten als 'als ik het niet doe, doet niemand het', 'als ik loslaat, loopt alles hier in het honderd' en 'als ik mijn kind filmpjes laat kijken op de iPad terwijl ik nog even werk, ben ik een slechte moeder'.

Het eerste wat belangrijk is om van dat schuldgevoel af te komen, is te erkennen dat het er is. *Ah, ik voel me nu schuldig omdat ik mijn kind de iPad geef.* Probeer vervolgens te ontdekken wat er onder dat schuldgevoel zit. Is het omdat je jezelf een waardeloze huisvrouw vindt? Een slechte moeder? Omdat je vindt dat bij je kinderen zijn belangrijker zou moeten zijn dan je werk? Vraag je ook af of dit misschien wel denkbeelden zijn die de buitenwereld je oplegt. Je kunt het immers ook omdraaien: dat je nu je kind die iPad geeft en zelf nog wat werk doet, zorgt ervoor dat je stressvrij de avond in kunt gaan (want: deadline gehaald) en er daarna echt voor je kind kunt zijn. Als bonus heb je ook nog je werkgever tevredengesteld en dat betekent weer dat er aan het eind van de maand geld op je bankrekening staat waarmee je de huur of hypotheek kunt betalen, boodschappen kunt doen én leuke dingen kunt doen, voor jezelf of met je kind. Een ander perspectief kan dus helpen. Mocht je nou toch tot de conclusie komen dat de gedachte een kern van waarheid heeft, doe er dan wat aan. Geef je je kind de iPad en ga je zelf aan het werk omdat je gewoon even geen zin hebt? Spreek jezelf dan toe: werken kan altijd, tijd met mijn kind doorbrengen maar heel beperkt – over een uur ligt hij of zij op bed. Kortom:

- Stel jezelf de vraag waar je schuldgedachte vandaan komt.
- Probeer het om te draaien en de positieve (of noodzakelijke) kant van wat je doet te belichten.
- Lukt dat niet/bestaat die positieve kant niet, doe het dan anders.

Zodra wij weer eens vastlopen in onze drang naar perfectionisme en vol schuldgevoel zitten, passen we dit toe. Het helpt!

## LIEVER ECHT DAN PERFECT

We hebben alle twee flink geworsteld met de wens een perfecte moeder te zijn, en nog steeds. Een pittig geval van vallen en opstaan. Je doet zo je best om die leuke lieve moeder te zijn, terwijl je vanbinnen soms gewoonweg woedend, verdrietig of gefrustreerd bent. Wij dachten onbewust dat een perfecte moeder zijn betekent dat je je kind probeert te beschermen door je emoties niet te tonen.

M Mijn zoon was nog geen vier toen ik ging scheiden. Hij kreeg ineens enorm boze buien en huilde werkelijk om alles. Ik werd er radeloos en ook boos van, maar vond dat ik dat niet mocht laten merken – ik was tenslotte de volwassene. Ik moest tegen elke prijs rustig blijven. Het alleenstaand moederschap was in die periode erg zwaar en ik kampte met een enorm schuldgevoel omdat de relatie niet was gelukt. Hierdoor werd ik te toegeeflijk, ik gaf hem te vaak zijn zin, ook omdat ik gewoonweg te uitgeput was.

Zo zette ik mezelf langzaam klem. Ik zette mijn emoties opzij en forceerde mezelf om rustig te blijven. Gek, hè, dat Jonathan juist steeds heftiger werd? Achteraf pas begreep ik dat hij zich zo heftig uitte omdat hij voelde dat ik niet echt emotioneel aanwezig was. Een soort robotmama met een glimlach op haar gezicht, terwijl ze vanbinnen kookte. Jonathan eiste op zijn eigen onbeholpen manier dat ik er echt bij zou zijn, met heel mijn hart.

Ik kwam erachter dat het er niet om gaat een 'perfecte' moeder te zijn, maar een moeder van vlees en bloed die met al haar echte emoties kan omgaan. Of dat in ieder geval probeert. Ik moet mijn zoon niet alleen leren om gezond te eten en te fietsen, het is ook mijn taak om hem te leren met zijn emoties om te gaan.

Kinderen voelen vaak haarfijn aan wat er speelt. Als jij dit als moeder probeert te verbergen, geef je tegenstrijdige informatie en zadel je je kind op met een onveilig gevoel. En dan heb je pas echt reden om je schuldig te voelen! Kinderen hebben veel meer aan een echte, imperfecte moeder van vlees en bloed, dan aan een moeder die zogenaamd perfect is.

## OUDERE MOEDER = WIJZERE MOEDER?

Ik ben opgevoed met angst. Mijn moeder was Joods en haar ouders ook, dus daar heb ik iets van meegekregen. Van het Joods-zijn, maar zeker ook van de angst die daaruit voortkwam; na de oorlog kwam er bij veel Joodse mensen een angst naar boven. Ook bij mijn moeder. Zij heeft deze angst – waarschijnlijk onbewust – direct weer weggestopt. Maar wat je wegstopt komt altijd weer boven, daar ben ik heilig van overtuigd.

Ik voel haar in mijn DNA. Ze heeft me op veel vlakken tegengehouden. Ik durfde me vaak niet helemaal te laten zien, bang voor... Ja, waarvoor eigenlijk? Dat was lange tijd onduidelijk. Tot ik inzag waar het vandaan kwam; een doorgegeven angst, van generatie op generatie. Op dat moment besloot ik: dit gevoel wil ik niet aan mijn kinderen doorgeven. Hoe voorkom ik dat? Door me er elke keer weer van bewust te zijn en er niet naar te luisteren, erdoorheen te breken, en juist dat te doen waar ik bang voor ben. Ik neem de angst nu bij de hand als een klein kind, troost haar en zeg dat het wel goed komt. We zijn al zo ver gekomen samen, de tweede helft kunnen we ook wel aan.

Wij denken in deze fase van ons leven meer dan ooit na over wat we zelf hebben meegekregen van onze ouders en wat we willen doorgeven aan onze kinderen. Het ouder worden maakt dat wij als moeder bewuster omgaan met het feit dat we een schakel zijn tussen generaties. En dat het aan ons is om onze kinderen weer een stap verder te brengen dan onze ouders deden.

Wat wij belangrijk vinden, is om onze kinderen nu al te leren omgaan met hun emoties; iets wat wij niet hebben meegekregen van onze ouders. Daar konden onze ouders niets aan doen, want zij hebben het weer niet van hun ouders geleerd. Daardoor moesten wij het allemaal zelf ontdekken, met veel vallen en opstaan. Wij willen daar verandering in brengen. Wij kunnen proberen onze kinderen het goede voorbeeld te geven. De keten doorbreken door hun dit al in hun jeugd mee te geven, zodat ze zich later op andere dingen kunnen richten.

Wees vriendelijk tegen je kinderen, zij kiezen later je tehuis.

## MOEDER VAN JE OUDER(S) WORDEN

I Mijn ouders leven niet meer, maar de jouwe wel. Nu zorgen ze vaak voor Jonathan als jij werkt, maar ook zij worden ouder. Heb je daar weleens over nagedacht?

M Jazeker. Mijn ouders zijn nu nog fit en krachtig. Ze zijn ook net na vijfenveertig jaar weer verliefd, maar wonen niet samen. Juist omdat we nu eindelijk een goede familieband hebben, word ik droevig bij het idee dat ze ouder worden. Ik ben aan het bekijken of mijn moeder in de woning onder die van mij kan komen wonen. Dan ben ik dichtbij voor als ze me later nodig heeft. Voorlopig geniet ik vooral van het samenzijn.

Hoe later je kinderen krijgt, hoe groter de kans dat je in de situatie belandt dat je pubers nog thuis wonen terwijl je ouders behoeftig worden. Nu de zorg alsmaar verder wordt uitgekleed en er steeds meer neerkomt op mantelzorgers, krijgen vaak de dochters het zwaar te verduren. Zij blijken in de praktijk degenen te zijn die opdraaien voor de directe zorg.

Een goede vriendin van ons heeft er nu mee te maken. Ze werkt fulltime en heeft een gezin. Haar vader is onlangs overleden en haar moeder heeft nu extra zorg nodig. We hebben haar gevraagd om ons te vertellen hoe ze dit ervaart. Ze schreef ons meteen al dat het niet echt een lollig verhaal zou worden. En dat is het ook niet, maar het is wel belangrijk. Daarom laten we haar hieronder haar verhaal vertellen, inclusief enkele tips van deze ervaringsdeskundige.

## MANTELZORG IS GEEN KEUZE

Mantelzorg is iets waar je je niet op kunt voorbereiden. Het overkomt je. Omdat ik een nakomertje ben, heb ik relatief oude ouders. Mijn vader was veertig en mijn moeder zevenendertig toen ik werd geboren – tegenwoordig een heel normale leeftijd om kinderen te krijgen.

Mijn ouders hebben nog wel op onze kinderen gepast, maar dat werd al snel best zwaar. Ze wilden niet meer in het donker naar huis rijden en kregen steeds meer kwaaltjes. Lange tijd konden ze elkaar wel helpen, maar het werd een steeds wankeler evenwicht. In plaats van eens in de drie weken ging ik iedere week even langs. Een klein uurtje rijden.

Na het overlijden van mijn vader hield mijn moeder zich dapper staande, maar na drie maanden werd ze op een nacht benauwd en belandde ze in het ziekenhuis. Tussen alle bedrijven door reed ik zo vaak mogelijk op en neer naar het ziekenhuis.

Inmiddels is mijn moeder in een woonzorgcentrum terechtgekomen. Niet te vergelijken met het bejaardentehuis waar ik vroeger als kind mijn oma bezocht! Er wordt een stevig beroep gedaan op de familie: er moeten hulpmiddelen worden aangeschaft zoals een rollator en een rolstoel, er moeten boodschappen gedaan worden en de was is ook onze taak. Daarnaast zijn er de zeer regelmatige bezoekjes aan de tandheelkundige, de podotherapeut, de neuroloog, de fysiotherapeut, logopedist, de kapper en de pedicure. Maar help, hoe pas ik dat in mijn leven met een druk gezin en een fulltimebaan?

Mijn moeder was haar hele leven buitengewoon leergierig en sociaal. Haar geest is nog steeds helder, maar ze spreekt inmiddels onduidelijk, eet bijzonder moeilijk en zit vaak onder de vlekken. Mensen nemen haar niet meer serieus en luisteren niet naar wat ze probeert te zeggen. Ze is sociaal in een isolement geraakt. Haar eigen kinderen worden dus steeds belangrijker voor haar. Afgelopen week zag ik dat ze belde terwijl ik in een belangrijke vergadering zat. Ik nam niet direct op. Een paar uur later kreeg ik een bericht van mijn zus: *Mama is gevallen, heeft haar pols gebroken, zit nu met haar in het ziekenhuis.* Wat voelde ik me schuldig!

Mijn beste vriendin zit in precies hetzelfde schuitje, zij appte me laatst vertwijfeld: *Over mijn kinderen maak ik me op dit moment niet zo'n zorgen, maar wat moeten we in hemelsnaam met mijn moeder?!*

Mantelzorg is geen keuze, het dient zich gewoon aan. Wat je wel kunt doen, is je er toch iets beter op voorbereiden. Hieronder enkele tips uit de praktijk:

- Help je ouders met het onderhouden van hun sociale contacten in de buurt: een buurvrouw die boodschappen kan doen, een buurman die de kliko iedere week aan de straat zet, iemand die even het gras komt maaien en een praatje maakt – deze mensen zijn goud waard. Leg een lijst aan met alle hulp in de buurt en de bijbehorende telefoonnummers.
- Bespreek met vriendinnen of zij af en toe langs willen gaan. Soms woont een vriendin dichter bij je ouders dan jijzelf, en niet alle vriendinnen hebben zelf met mantelzorg te maken. In een andere fase kun jij wellicht weer iets voor je vriendinnen betekenen.
- Probeer op tijd met je ouders het gesprek aan te gaan over wat zij willen als ze oud zijn, en probeer ze ervan te overtuigen dat het niet verstandig is bepaalde maatregelen uit te stellen. Op tijd verhuizen naar een kleiner, gelijkvloers huis en spullen opruimen is bijvoorbeeld heel praktisch.
- Zorg dat je goed blijft communiceren met je eventuele broers en zussen en wees open over je gevoelens. Mantelzorg kan een zware last zijn, hoeveel je ook van je ouders houdt, en ondanks alle goede bedoelingen kan er snel wrijving ontstaan.
- Wees je ten slotte bewust van de bijzondere fase die je nog met elkaar mag meemaken, ook al valt het soms niet mee: je hebt je ouder(s) nog wel! Probeer tijd te maken voor je ouders zolang dat nog kan.

## EEN BEETJE MEER *JE M'EN FOUS!*

We hebben wel genoeg van al die eisen die we onszelf hebben opgelegd in de loop der jaren. De uitspraken van Hedy en Christien hebben echt iets bij ons in gang gezet. We nemen de dag nu vaker zoals die is, in plaats van meteen te stressen over alles wat anders loopt dan gepland. We zeggen vaker: het is zoals het is en dat is goed genoeg. We 'flodderen' wat meer door de dag heen. En we zijn ook bewuster trots op onszelf: alleenstaande werkende moeders in de overgang, we flikken het maar mooi!

Het is bevrijdend om je gewoontes en je strakke planning eens los te laten en te durven ontspannen. Het leven loopt toch altijd anders dan je wilt. Daar zijn we in de loop der jaren wel achter gekomen. Je kunt boos worden op jezelf en je kinderen, maar je kunt ook denken, terwijl je met je handen in het haar zit: goed, hoe gaan we dit oplossen? Durf hulp of raad te vragen aan andere moeders, je hoeft het wiel echt niet zelf uit te vinden. Daarvoor moet je wel over je schaamte heen durven stappen. Door je onzekerheden te delen wordt het leven sowieso al een stukje lichter. We zitten namelijk allemaal in hetzelfde schuitje, met dezelfde ups en downs. Daarbij: realiseer je eens hoe saai het zou zijn als alles altijd precies loopt zoals jij het had uitgestippeld. Juist die onverwachte momenten, die spontane gebeurtenissen, geven het leven sjeu.

## DE KUNST VAN HET LOSLATEN

Er is een mooie documentaire over Yogananda, een Indiase goeroe die in de jaren twintig van de twintigste eeuw yoga naar het westen bracht. Hij was ook de stichter van de zogenoemde *School of Life* in India. Hij ging ervan uit dat een kind op school, naast lezen, schrijven en ambachten, ook moet leren hoe het met zichzelf en de wereld omgaat. Kijk, dat spreekt ons aan! Het leven is nu eenmaal een leerschool. Je hoeft niet perfect te zijn. Je mag fouten maken, daar leer je van. Ook als moeder. Juist als moeder – dan leer je er niet alleen zelf van, maar leert je kind er ook van. Zeg sorry tegen je kind, leg uit waarom je zo reageerde en probeer het de volgende keer anders te doen.

We moeten veel loslaten in deze overgangsjaren. Opvoeden is het ultieme loslaten; vertrouwen hebben in je kind en durven varen op je eigen intuïtie. Door het zelf in de praktijk te brengen, leren we het onze kinderen. We proberen ze een gevoel van zekerheid te geven, dat we er altijd voor ze zijn, maar geven ze ook de ruimte om te ontdekken wie zij zijn. We hopen dat onze kinderen leren luisteren naar hun intuïtie en niet alleen naar wat er van hen verwacht wordt. Dit is iets wat wij zelf pas op latere leeftijd hebben geleerd. Hoe fijn is het als onze kinderen dit al op jonge leeftijd leren, voor ze de wijde wereld in gaan!

### Boekentips

*Mijn zoon heeft een seksleven en ik lees mijn moeder Roodkapje voor* – Renate Dorrestein

*Het einde van de opvoeding* – Jan Geurtz

*Exit supermama. Hoe word ik een goedgenoegmoeder?* – Denise Hulst en Sjoukje van de Kolk

*Een verpletterend gevoel van verantwoordelijkheid. Waarom ouders zich altijd schuldig voelen* – Kaat Schaubroeck

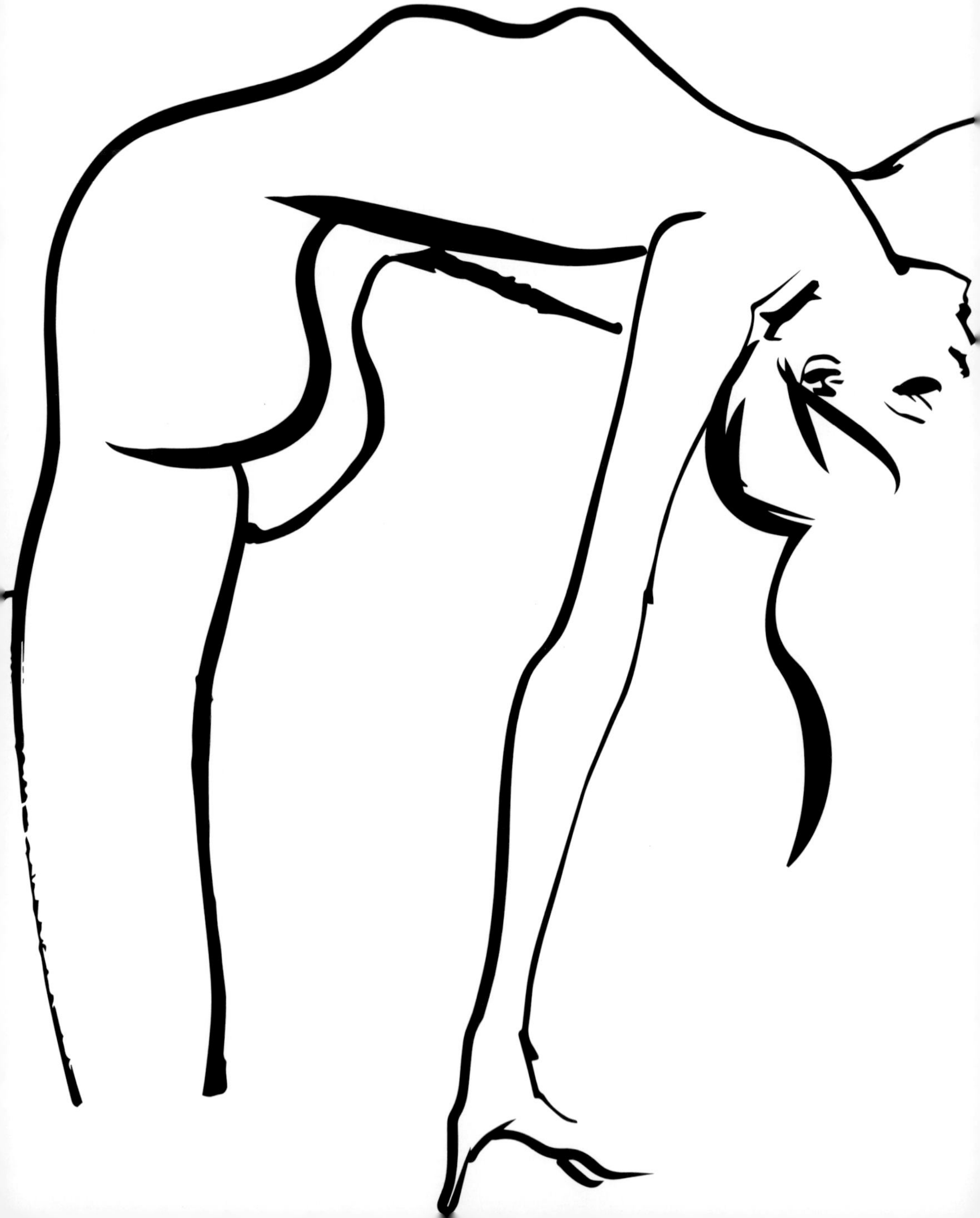

HOOFDSTUK 5

# MET HART & ZIEL

## Anders leren denken en durven voelen

Dit mens-zijn is een soort herberg
elke ochtend weer een nieuw bezoek.
Een vreugde, een depressie, een benauwdheid,
een flits van inzicht komt
als een onverwachte gast.
Verwelkom ze; ontvang ze allemaal gastvrij!
Zelfs als er een menigte verdriet binnenstormt
die met geweld je hele huisraad kort en klein slaat.
Behandel dan toch elke gast met eerbied.
Misschien komt hij de boel ontruimen
om plaats te maken voor extase…
De donkere gedachte, de schaamte, het venijn,
ontmoet ze bij de voordeur met een brede grijns
en vraag ze om erbij te komen zitten.
Wees blij met iedereen die langskomt.
De hemel heeft ze stuk voor stuk gestuurd
om jou als raadgever te dienen.

– Rumi (1207-1273)

## VROUWELIJKE PENOPAUZE?

De menopauze betekent in de volksmond dat een vrouw niet meer vruchtbaar is. Het wordt vaak nogal eenzijdig uitgelegd; het gaat vooral over het *fysieke* aspect. Maar wij ervaren, net als mannen in hun penopauze, ook een soort midlifecrisis; er gebeurt van alles in ons hoofd, het maakt ons onrustig en wiebelig. We zijn ook niet meer zo blij met onze huidige situatie, willen het roer omgooien, dingen anders aanpakken om er een goede tweede helft van te maken.

'Met het intreden van de overgang ondergaan onze hersenen een ingrijpende verandering,' vertelt verpleegkundig overgangsconsulent Jos Teunis. 'Dit zorgt vaak voor een periode van desoriëntatie. Het is een natuurlijk proces en het wordt veroorzaakt door de verandering in je hormoonhuishouding. Je kunt de overgang simpelweg vergelijken met de puberteit. Denk eens aan een pubermeisje dat bloedchagrijnig is, snel geïrriteerd, altijd moe en niet kan leren omdat ze geen informatie kan onthouden. Of vergelijk het met de klachten die je in de week voor je menstruatie kunt hebben, maar dan iedere dag: je bent niet te genieten, depressief, onzeker, angstig, snel geïrriteerd, boos, hebt meer last van prikkels, bent gevoeliger voor geluid. Zo krijgen sommige vrouwen last van paniekaanvallen, woede-uitbarstingen, oncontroleerbare huilbuien en zelfs hallucinaties. Daarnaast kun je slechter gaan slapen omdat er minder serotonine beschikbaar is. Dit alles komt door de afname van oestrogeen. Als dit hormoon minder wordt geproduceerd kun je veranderingen gaan ervaren in gedrag, emoties en cognitie. Wat ook afneemt, is het hormoon oxytocine. Dit is het zorghormoon, het knuffelhormoon. Dit maakt weer dat je introvert en minder zorgzaam wordt – onaardiger wordt naar bijvoorbeeld je kinderen. Daar kun je echt van schrikken: wat is er met mij aan de hand? Nou, je zit in de overgang! Zie je hoe dit in elkaar valt? En dit gebeurt allemaal in je brein.'

Dit herkennen wij helemaal. Er zijn periodes waarin we zomaar ineens last hebben van depressieve, sombere buien. We hebben dan geen zin om anderen te zien of dingen te doen die we vroeger wel leuk vonden. Dan opeens is zo'n bui voorbij en voelen we ons weer normaal en goed. Tot het weer terugkomt: dan voelen we ons weer hopeloos beroerd en reageren we geïrriteerd op zaken die we vroeger van ons af lieten glijden.

## WORDEN WIE JE BENT!

Volgens Jos is de overgang een belangrijke periode in je ontwikkeling. 'Je bent je zowel lichamelijk als geestelijk aan het voorbereiden op een nieuwe levensfase. Een periode waarin het niet meer vanzelfsprekend is dat je zorgt en jezelf wegcijfert. Deze geestelijke veranderingen zijn, net als in de puberteit, noodzakelijk om een nieuwe fase in te gaan. Je gaat keuzes maken, bekijken hoe jij je verdere leven wilt invullen, wat nu belangrijk voor je is. Oude gewoonten, normen en waarden hoef je niet meer vanzelfsprekend te volgen. Dat klinkt prettig, maar het is ook een verwarrende periode, het overgaan naar die nieuwe fase.'

Ook reader en systemisch therapeute Joke Metselaar beziet de overgang als een van de belangrijkste fasen in een vrouwenleven. 'Tot aan de overgang zijn vrouwen voornamelijk gericht op hun carrière, hun gezinsleven en hun maatschappelijke status. Tijdens de overgang gaan ze meer aan zichzelf denken en zich minder aantrekken van alles en iedereen. Dat merkte ik zelf ook in die jaren. Dat je meer behoefte hebt aan ruimte voor jezelf en steeds vaker denkt: nu even niet. Wat ik daarvóór voor de lieve vrede deed, doe ik nu niet meer. Ik ben er klaar mee. Alles wat mij te veel kost, daar ben ik mee gestopt. Dat maakt je tweede helft een stuk prettiger. Dat hoor ik van veel vrouwen: het leven wordt echt mooier na de overgang. Deze periode gaat over dichter bij jezelf komen. Worden wie je bent. Maar dan niet naar buiten gericht, maar naar binnen: jezelf durven laten zien, je schaamte overwinnen.'

'Het best bewaarde geheim van de overgang is dat je écht alleen maar gelukkiger wordt. Dat is punt één. Punt twee is dat je wel iets moet doen om dit te bereiken.' – Lisette Thooft

## OVERGANG ALS WAKE-UPCALL

Schrijfster Lisette Thooft stelt ons gerust: 'Hou voor ogen dat de overgang een fase is. Het gaat voorbij. Maar het kan wel stormachtig zijn; je bent echt overgevoelig.' Dit herkennen we. Wij kunnen tegenwoordig niet meer zo goed tegen stress, op werkgebied of privé. Zelfs uitgaan is ons vaak te veel. Het is echt een gevecht.

'Dat is logisch,' zegt Lisette, 'maar weet: zolang je ergens tegen vecht, is het zwaarder dan het werkelijk is. Het best bewaarde geheim is dat je écht alleen maar gelukkiger wordt. Dat is punt één. Punt twee is dat je wel iets moet doen om dit te bereiken. Er zijn ontwikkelingstaken die horen bij het ouder worden. Zoals je als jong mens de wereld in moet en je leven moet opbouwen, moet je als ouder mens je verleden onder ogen zien en verwerken. Als je dat niet doet, word je niet fijn oud. Dan kun je een zuur oud mens worden, dan ga je mopperen, zo van "vroeger was alles beter" – wat niet waar is natuurlijk.'

Lisette deelt de visie van de Amerikaanse arts Christiane Northrup, die gespecialiseerd is in de overgang. Volgens Northrup kun je de klachten en de emoties die bij de overgang horen zien als een wake-upcall; er zit kennelijk iets niet goed. De overgang is de perfecte tijd om iets te doen aan de oorzaken van deze onvrede, aan alles wat je boos en ongelukkig maakt. Lisette: 'Dit is de periode waarin veel vrouwen ophouden met het opzijzetten van hun eigen behoeften om te voldoen aan de behoeften van anderen. De middelbare leeftijd biedt vrouwen de kans om te veranderen, om een leven te creëren dat past bij wie ze zijn. Of beter, bij wie ze wíllen zijn. Al die onrust, irritatie of woede die je kunt voelen tijdens de overgang zijn uitingen van onvrede met hoe het is. Het betekent dat je nog iets te regelen hebt.'

## WIJ HEBBEN DUS KENNELIJK NOG IETS TE REGELEN...

Hoe kunnen we ervoor zorgen dat onze casusvrouw beter in haar vel komt te zitten en sterker uit de overgang komt, om zo een mooie tweede fase te beleven? We staan als ouder wordende vrouw behoorlijk onder druk: we zitten onszelf al lekker in de weg met ons perfectionisme als moeder, dochter, vriendin, partner en werknemer of ondernemer, en dan doet de overgang er nog een schep bovenop. Er gebeurt van alles in ons lijf en hoofd, en dat heeft een enorme impact. Wij worden soms knettergek van onze gedachten, ons hoofd ratelt maar door. Al dat zinloze gestress en gepieker – dat willen we graag anders. Het zou al veel schelen als er wat meer rust in de mentale tent kwam. Kortom: de druk moet van de ketel.

## PAK JE DENKEN AAN

We hebben last van ons overvolle denkhoofd en we zoeken iets om van het piekeren af te komen. Iets wat ons meer rust en tevredenheid kan geven. In onze zoektocht naar verlichting in ons denken zijn we in aanraking gekomen met het non-dualisme: een leer die ontstond in India rond 800 voor Christus en de bakermat was voor veel stromingen over het denken die daarna zijn ontstaan. In het Westen zijn we geneigd dualistisch te denken, dat wil zeggen: te denken in tegenstellingen. Om non-dualistisch te zijn moeten we het denken juist helemaal loslaten. Non-dualiteit zet de wijze waarop we naar de wereld en onszelf kijken volledig op z'n kop. Misschien kan dit ons helpen in onze verwarring. Maar hoe moeten we in hemelsnaam ons denken loslaten?

Filosoof en cabaretier Paul Smit is een van de grondleggers van het non-dualisme in Nederland. Hij heeft een aantal boeken over het onderwerp geschreven en geeft lezingen door het hele land. Marnix Pauwels heeft voor zijn boek *Vrij* veel inspiratie gehaald uit het non-dualisme. Hij heeft zijn jarenlange, meervoudige verslaving kunnen overwinnen door zijn denken aan te pakken. Hij noemt zich een ervaringsdeskundige op het gebied van depressie, angststoornis, borderline en andere psychische aandoeningen. We gaan met hen in gesprek.

## DE GEEST EN HOE DIE (TEGEN JE) WERKT

Marnix is vrij direct: 'Jullie zijn dus in de overgang. Nou en?'

Wij vallen even stil; neemt hij ons niet serieus? Neemt hij de overgangsproblematiek niet serieus? Is dit zo'n typisch mannelijke opmerking? Maar hij meent het. 'Ik snap dat jullie dit niet leuk vinden. Je bent aardig door elkaar gerammeld, je bent de controle kwijt over hoe je je voelt. Het oplappen met een botoxje blijkt ook niet afdoende. Dan kun je nog meer botox laten spuiten, maar dat ontevreden gevoel komt toch steeds weer terug. En waarom is dat? Dat is de vraag.'

Ja, daar zijn wij inmiddels ook al achter, dus inderdaad: waarom is dat? Volgens Marnix hebben we het tot nu toe verkeerd aangepakt. 'Jullie onderzoeken nu van alles: als ik dit doe, helpt dat? Als ik dat laat, wordt het dan leuker? Maar stel nu dat je gewoon denkt: ik doe mijn best en ik voel me af en toe klote door de overgang – denk je niet dat je dan een veel leuker en relaxter leven hebt?'

Nou, waarschijnlijk wel, áls we dat zouden kunnen. Het doet ons denken aan het goedgenoegprincipe van Christien Brinkgreve. Maar volgens Marnix is het voor ons juist níét goed genoeg. Wij accepteren de overgang namelijk niet voor wat die is. Hmm. Ja en nee. Sinds we weten dat het merendeel van onze klachten met de overgang te maken heeft, is er bij ons een lichte poging tot acceptatie. En toch willen wij het zo prettig mogelijk hebben, want dat was immers ons doel.

Marnix noemt dit een kansloze situatie; het kost veel energie als je niet accepteert wat er is. 'Mensen leggen graag de schuld van hun ongeluksgevoel buiten zichzelf. Daarmee maak je je afhankelijk van andere mensen en omstandigheden. "Nou en?" zeggen maakt het niet meteen fijner, maar het gevoel van *het had anders moeten zijn* haal je dan weg. Dus die wens om een léúke tweede helft te hebben… Tja, het leven is wat het is, dames, *face it*.'

Dit komt hard aan. Inderdaad, wij hebben het de hele tijd maar over die *leuke* tweede helft. Leuk, wat betekent dat eigenlijk? Het is niet zo dat we hopen dat we alleen maar leuke dingen meemaken, het leven is wat het is: soms leuk, soms beroerd, soms ronduit dramatisch. Het gaat er dus om hoe je ermee omgaat. Daar kunnen we zeker nog in groeien. En die slachtofferhouding, dat we de schuld bij iets of iemand anders leggen, daar worstelen we soms best mee. Zeker in deze fase ligt dit vaak op de loer. Al die gedachten waar wij al een tijdje mee rondlopen: *Ik ben ongelukkig door… de overgang/dat ik zo hard moet werken/dat ik altijd alles alleen moet doen. Ik ben ook nog eens een slechte moeder en ik heb een verlopen kop. Kortom, mijn leven is niet meer te redden.* Hier zit geen greintje acceptatie in, vooral een heleboel zelfmedelijden. Deze gedachten maken ons vaak knettergek. Wat moeten we doen om dit te veranderen?

Paul Smit zegt dat we helemaal *niets* hoeven te doen: 'Je hoeft geen techniek te leren, niet te mediteren, je hoeft niet naar India te gaan of vegetariër te worden en je hoeft ook niet op je ademhaling te letten. Je hoeft zelfs niets te omarmen. Als je de werking van het denken maar begrijpt.'

Daar zitten we dan met onze hele casus. Opvliegers, concentratieproblemen, zweet op ons voorhoofd. Hoezo niets doen? En hoe werkt het denken dan volgens de non-dualisten?

## JE BENT NIET WAT JE DENKT

Marnix legt uit dat het échte probleem erin zit dat we die gedachten van ons *geloven*; dat we ons er automatisch mee identificeren. 'We geloven alles maar wat we denken, vooral de negatieve gedachten. Maar je bént niet je gedachten. Leer ze te negeren, laat ze maar pruttelen. Neem je gedachten niet zo serieus'.

'Bevrijding ontstaat door inzicht, niet door inzet,' vult Paul aan. 'Je bepaalt niet zelf wat je denkt. Je denkt vaak genoeg dingen waar je niet achter staat of die je pijn doen. Dat komt omdat denken vanzelf gaat. Ga maar na: als jij de keuze had, zou je dan ongelukkige gedachten hebben? Nee toch? Maar het is een misverstand om te denken dat je een knop kunt omzetten naar positief denken. Je kunt de inhoud niet wijzigen en je kunt je gedachten ook niet het zwijgen opleggen. Wat je wél kunt doen is ze niet geloven, of er niets mee doen. Stop met het automatisch geloven van alles wat je hoofd oppert.'

Ze klinken nogal stellig: geloof niet in je gedachten, laat ze pruttelen. Maar Marnix en Paul benoemen ook dingen die we al eerder zagen en waar we al mee bezig zijn: perfectionisme loslaten, niet vechten tegen zaken die we niet kunnen veranderen. Zijn wij dan gewoonweg slachtoffer van onze negatieve gedachten? Betekent dit dat wij alles maar over ons heen moeten laten komen?

Nee, zegt Paul, daar zit een nuance in die we goed moeten begrijpen: 'Wat er meestal gebeurt als er iets is wat je niet accepteert, bijvoorbeeld in jullie geval de overgang, is dat je er allemaal piekergedachten bij gaat fabriceren. Dit gebeurt automatisch. Hierdoor kun je enorm veel stress krijgen. Je ligt er wakker van, je raakt uitgeput, je snauwt tegen je partner en krijgt relatieproblemen. En voor je het weet zit je in een depressie, in therapie en ben je gescheiden én zit je ook nog steeds in die overgang die je niet wilt. Terwijl je het ook zo kunt doen: je accepteert je situatie en gaat er niet van alles van vinden. Acceptatie wil overigens niet zeggen dat je alle klachten voor lief moet nemen. Je zult zelfs merken dat je met een helderder hoofd sneller tot oplossingen komt. Dan ben je niet alleen van de piekergedachten af, maar ook van de ergste klachten. Je zit nog steeds in de overgang, maar komt er met veel minder stress en ongemak doorheen. Jullie hoeven dit niet klakkeloos van me aan te nemen, dit is iets wat je moet ervaren, waardoor je meer vertrouwen krijgt in de loop van het leven. Er is iets aan de hand, je ontspant erin; je accepteert het en er volgt vanzelf een actie.'

Geloof niet in je gedachten, laat ze pruttelen.

## PIEKERGEDACHTEN EN FUNCTIONELE GEDACHTEN

Paul vergelijkt piekergedachten met Waldorf en Statler, die oude zure mannetjes op het balkon uit *The Muppet Show*. Het zijn de stemmetjes in je hoofd, deze twee Muppets. Ze bemoeien zich overal mee: 'je moet dit' en 'je moet dat' en 'wat als'. Ze leveren constant commentaar en denken overal verstand van te hebben. Piekergedachten leiden tot een hoofd vol zorgen, frustraties, schuldgevoelens en doemscenario's.

Paul maakt wel een onderscheid in gedachten. 'Niet al je gedachten zijn onzinnig. Naast die piekergedachten zijn er ook functionele gedachten. Als je bijvoorbeeld om drie uur een afspraak hebt, is het handig dat je bedenkt: ik vertrek om halfdrie van huis. Wat níét functioneel is, is denken: het zal wel weer druk zijn in de stad, wat als ik geen parkeerplek vind, straks is mijn afspraak mij vergeten, ben ik niet overdressed?'

We hebben tussen de dertigduizend en zestigduizend van dit soort piekergedachten per dag. Dat is 95 procent van wat we denken. Hier kun je behoorlijk gek van worden. Volgens Paul leven de meeste mensen 'ingezoomd'. Ze staren zich blind op de vierkante centimeter. Dit maakt dat ze verkrampt en gestrest rondlopen. Ze denken dat ze van alles moeten doen om het leven onder controle te houden. De kunst is om uit te zoomen: je bewust worden van die verkramping en van een afstand naar jezelf en de situatie kijken. Zo stap je uit de piekergedachten en doemscenario's. Veel frustraties over het verleden en veel angst voor de toekomst komen dan te vervallen. Zo ontstaat er een gevoel van ontspanning.

Volgens Paul zijn westerse mensen tegenwoordig totaal overprikkeld door de conditionering van de samenleving. Je moet alles doen om er maar bij te horen, om succesvol te zijn. Voor de ouder wordende vrouw geldt ook nog eens dat ze eeuwig jong moet blijven. Er worden zulke hoge eisen gesteld. Maar door wie eigenlijk, door onze omgeving of door onszelf? Als je er niet over piekert, is er geen probleem. Problemen bestaan alleen maar in je hoofd.

## NIET MEER GELOVEN IN JE PIEKERGEDACHTEN

Marnix geeft ons een oefening. 'Elke keer als er een negatieve gedachte ontstaat, zoals "ik kan niks", "ik schaam me voor mezelf", "waarom heb ik altijd pech!", sta je daar bewust bij stil en zeg je metéén in jezelf: "Stop hiermee, wat een onzin." Zie het als een spelletje. Na een tijdje word je er steeds behendiger in en zul je zien dat je gedachten je steeds minder gaan raken. Je snapt nu dat dit soort gedachten je altijd ontevreden en ongelukkig hebben gemaakt. Als je stopt ze te geloven, word je steeds vrijer.' Ook meditatie helpt volgens Marnix om los te komen van je piekergedachten. Door dagelijks te mediteren, leer je naar je denken te kijken en er meer afstand van te nemen. 'Ga één of twee keer per dag tien minuten lang ergens zitten waar je niet gestoord wordt. Je concentreert je op je ademhaling. Als er dan een gedachte opkomt, registreer je die, maar je doet er niets mee. Je focust gewoon weer op je ademhaling.'

Je piekergedachten niet meer geloven; dit klinkt bijna te makkelijk. Maar meteen iets afwijzen, daar zijn wij niet van, zeker niet omdat onze piekergedachten ons nogal vaak in de weg zitten en wij hier echt een stap in willen zetten. We zijn de uitdaging aangegaan. Je moet steeds alert zijn, want voor je het weet, denk je alweer een nieuwe negatieve gedachte. Ze zijn nogal hardnekkig, zeker in het begin. We hebben elkaar ook vaak geattendeerd op een piekergedachte: 'Muppet!' zeiden we dan tegen elkaar. Maar door er een tijd heel bewust niet in te geloven, worden ze minder frequent en hebben ze minder invloed op je. Dat is onze ervaring.

MEDINA Ik had laatst een week waarin ik me depressief voelde. Ik raakte er best van in paniek. Ik dacht: dit kan niet, als de overgang zo zwaar gaat worden voor mij terwijl ik een zoontje heb van pas vijf jaar. We zullen elkaar al wat minder lang meemaken omdat ik een oudere moeder ben. En dan wil ik al helemaal niet dat hij een ongelukkige moeder heeft. Ik werd zo verdrietig van deze gedachten. Ik besloot de techniek van Paul en Marnix toe te passen. Het 'nou en' van Marnix voelde te hard, dus ik verving het door een zachtere term. Elke keer dat ik zo'n negatieve gedachte had, zei ik tegen mezelf: o, het is de overgang. En het hielp. Het gaf me rust om er niet meer in te geloven en de nare gedachten ebden weg. Er ontstond ruimte en de depressieve gevoelens werden minder.

ISA Had ik dit maar eerder geweten. Ik neem mijn gedachten zo vaak zo serieus. Ik heb er zo'n handje van om te piekeren. Zeker in deze fase van mijn leven. En ik geloof mijn piekergedachten allemaal. Sinds ik oefen met deze techniek wordt het rustiger in mijn hoofd en merk ik dat ik verder kom in plaats van steeds maar weer in dezelfde gedachtegroef te belanden.

## HEFTIGE GEVOELENS

Goed, tot zover de gedachten. Maar wat te doen met de emoties? Moeten we die ook negeren, er niet in geloven? Die irritatie bijvoorbeeld. Het ongeduld en de onredelijkheid. Moeten we dat allemaal maar onderdrukken?

Paul maakt geen onderscheid tussen gedachten en gevoelens, ze verschijnen en verdwijnen allebei geheel vanzelf. Ons brein is een beetje raar, zegt hij, want het denkt bij een negatieve emotie: O help, dit moet zo snel mogelijk stoppen. Dus onderdrukken we het gevoel. 'Maar het non-dualisme gaat ervan uit dat alles gebeurt zoals het gebeurt. Op het moment dat je een emotie voelt, laat je die toe en voel je die. Want als je er mentaal de strijd mee aangaat, ontstaan er weer piekergedachten: dit mag ik niet voelen, dit komt nu niet goed uit. Dat maakt het alleen maar erger. Zo zet je jezelf in een klem. Terwijl, als je een emotie hebt, die er gewoon laat zijn en er geen piekergedachten bij creëert, het scherpe randje er binnen vijf minuten weer af is. Als je verdrietig bent ga je even lekker huilen en dan is het klaar. Maar verdriet plus tienduizend Muppetgedachten; dan creëer je een drama. Je hoeft het gevoel niet uit te vergroten, niet te onderdrukken; er mag gewoon gevoeld worden wat er gevoeld wordt. Maar neem het niet té serieus. Dat hoeft niet, een gevoel is ook maar een gevoel en gaat altijd weer voorbij! Zowel je gedachten als je gevoelens mogen zijn zoals ze op dat moment zijn. Als je dit oefent, komt er uiteindelijk een verstilling in zowel je hoofd als je hart. Je wordt intuïtiever en creatiever. Het leven wordt echt meer ontspannen.'

Is stress dan ook een keuze, vragen we ons af. 'Ja,' zegt Paul. 'Want het komt voort uit allerlei piekergedachten waar je dus in gelooft. Als je dit inziet, kun je bij het eerstvolgende stressmoment denken: ik geloof die gedachten niet, ik kijk ernaar, maar doe er niets mee.'

## KOM UIT JE HOOFD: LEREN VOELEN

We weten nu beter wat we kunnen doen om meer rust in ons denken te krijgen. Maar er is nog iets: door de combinatie van te hard werken en de zorg voor het gezin, merken wij dat we te vaak in ons hoofd gaan zitten. Hierdoor komt ons gevoelsleven vaak een beetje in de knel en soms voelen we zelfs helemaal niets. Dan zijn we een soort hoofd op pootjes. Maar hoe kom je uit dat hoofd en weer in je lijf, in je hart? Lisette Thooft weet daar alles van. Zij schreef *Kom uit je hoofd*, een boek over leren voelen.

Lisette vertelt ons dat veel volwassenen te veel in hun hoofd zitten.

'Maar om echt te leven, moet je juist weer durven voelen. Het is een zoektocht naar het hart. Het betekent letterlijk: uit je hoofd komen. Alle pijnlijke gevoelens uit je verleden die je steeds hebt onderdrukt, moet je op een gegeven moment toch onder ogen gaan zien en doorvoelen. Zo word je vrij. Juist in een crisissituatie – zoals de overgang – zul je hier meer voor openstaan. Tijdens de overgang komen ook vaak oude trauma's weer boven. We gaan in ons hoofd zitten omdat we daar veilig denken te zijn. Geen gevoel = geen pijn. Maar het kost veel energie om (oude) gevoelens onderdrukt te houden.' Daarom lopen er volgens Lisette zoveel mensen rond met een stijve nek en schouders, gespannen kaken, een frons op het voorhoofd, strakke kuiten, verkrampte voeten... Het berooft je ook nog eens van je levensvreugde en energie. Hier herkennen wij ons volledig in. Volgens Lisette begint het groeiproces met bewustwording. 'Genezing kan alleen plaatsvinden vanuit een houding van acceptatie. Het lichaam heeft zijn eigen wijsheid en laat pas los wat er in de diepte zit, als het echt veilig is, als er een innerlijke houding van aanvaarding is. Dit is voor het hoofd enorm moeilijk: dat wil helemaal niets accepteren. Of misschien probeer je het rationeel wel te accepteren, maar kom je erachter dat je dat alleen maar probeert om de pijn te laten verdwijnen.'

Ook Lisette betoogt dus een soort non-dualisme, zo lijkt het: emoties wegdrukken door ze niet te accepteren werkt averechts, terwijl je door ze toe te laten verder komt. 'Je hoeft alleen maar bereid te zijn een pijnlijk gevoel te ondergaan, zo lang als het moet duren. Je vecht dan niet tegen wat is en je creëert er niet ook nog eens een heel verhaal bij. Je kijkt er meer naar. Dan zul je merken dat het meevalt, want pijn die je eindelijk durft te voelen, blijkt helemaal niet dat ravijn te zijn waarin je dacht te zullen vallen. Je kunt veel meer aan dan je geneigd bent te denken.'

En er is nog meer goed nieuws, aldus Lisette. 'Zuivere pijn kan zelfs heel mooi zijn. Pijn die je durft te voelen, transformeert. Dat is het geheim van de pijn: als je hem toelaat, blijft hij niet hetzelfde, maar verandert hij. Al die pijn en emoties brengen iets moois: bedroefdheid wordt zachtheid, boosheid wordt kracht, angst wordt gevoeligheid, verdriet wordt zorgzaamheid. Dus ga op onderzoek uit: kom erachter wat goed is voor jou, zoek een vorm van therapie die je aanspreekt. Volgens mij is lichaamsgerichte therapie essentieel. Om echt te beginnen met oude pijn te voelen die je je leven lang hebt verdrongen, heb je volgens mij een ander mens nodig, iemand die jou kan begeleiden, die jij helemaal vertrouwt en die een soort "verbeterde ouder"-rol kan innemen. Ik heb het meeste baat gehad bij rebalancing, zoals ik beschreef in mijn boek *Kom uit je hoofd.*

Wat ik verder doe om het vol te houden in het hectische leven? Ik besteed elke ochtend een paar uur aan mezelf met yoga-oefeningen, meditatie, een klein eindje joggen, nog meer yoga, kortom: supersonisch navelstaren. Als ik om zes uur opsta, en dat is meestal zo, dan zit ik pas om tien uur aan het ontbijt. Ik heb ook het gevoel dat ik elke ochtend vakantie heb, in elk geval tijd voor mezelf.'

## GO EAST

Ook filosofe, programmamaakster en schrijfster Stine Jensen wilde van haar hoofd naar haar hart. Over haar zoektocht naar meer geluk, rust en balans tussen lichaam en geest schreef zij *Go East*. In dit boek duikt ze in de wereld van mindfulness, yoga en meditatie. Ze volgt een yogaopleiding bij een Amerikaanse goeroe, verandert haar eetgewoonten drastisch en mediteert dagelijks. Maakt het haar gelukkiger?

***Wat was de aanleiding om minder met je hoofd en meer vanuit je hart te willen leven?***

'Het was niet een beslissing, zo van "ik wil meer vanuit mijn hart leven". Eerder was het zo dat het hoofdelijke steeds belastender werd. Mijn hoofd voelde soms zwaar, en ik had last van nek- en hoofdpijn, een beetje alsof ik als Atlas een zware bol aan het torsen was. Ik merkte ook dat ik sommige dingen niet cognitief kon oplossen, en dat het verstandelijke me ook niet kon troosten – bijvoorbeeld na mijn scheiding ("Ach, dat hoort bij het leven", "Er komt altijd zon na regen"). Het meer vanuit het hart leven was een onverwacht en prettig effect van de yoga – de energie gaat stromen en er zijn veel hart openende oefeningen. Je buigt daar ook vaak letterlijk het hoofd, legt het te rusten. Het hoofd leg je dan lager dan het hart, en je neemt je voor: "Ik handel vanuit mijn hart, niet vanuit het hoofd".'

***Speelde je leeftijd, het ouder worden, daarbij een rol?***
'Tussen mijn twintigste en dertigste was ik drukker met wat anderen ergens van zouden vinden. Ook wilde ik graag erkenning. Een echte goede wetenschapper worden bijvoorbeeld – en dat betekende keihard werken en presteren. De tijd voor me leek eindeloos. Het lichaam sputterde wel eens tegen, maar nu luister ik daar beter naar. Ook het krijgen van een kind heeft daarbij een rol gespeeld. Een kind is veel makkelijker op te voeden als je er de aandacht en tijd voor neemt. En dan is het ook leuker.

Nu ik de veertig voorbij ben, denk ik meer na over sterfelijkheid: mijn moeder is 73, en mij wacht ook de overgang.'

***Waar heb jij zelf het meeste baat bij: yoga, mindfulness of meditatie?***
'De vorm van yoga die ik doe, kundaliniyoga, combineert alles: yoga, mediteren, chanten, mindfulnessachtige, activerende en ontspannende oefeningen en ook een complete filosofie. Het is de boeiendste en meest effectieve vorm van yoga die ik ken en deze werkt voor mij omdat het niet gaat om de perfecte houding maar om de energie die in beweging wordt gebracht. Kundaliniyoga is ook een vorm van yoga die hormonen zeer serieus neemt en daarop is gebaseerd – er zijn heel veel *kriya's* (sets) speciaal voor vrouwen.'

***Weet je het ook vol te houden in het hectische westerse leven?***
'Ik moet mijzelf altijd een beetje blijven aansporen, maar dat heb ik altijd met lichaamsbeweging gehad. Ik heb het als een gewoonte ingebouwd. Dat was ook hard werken, maar inmiddels kan ik ernaar verlangen als ik het een tijdje niet heb gedaan, wat dan merk ik ook dat ik weer wat sneller geprikkeld en humeurig ben.'

**Waarom yoga?**

Er zijn verschillende vormen van yoga, waarvan hathayoga een van de bekendste is. Hathayoga concentreert zich op het lichamelijke (de fysieke oefeningen, de zogenaamde asana's) en het spirituele (de meditatie en ademhalingsoefeningen: *pranayama*). Van oorsprong was yoga een manier om via fysieke oefening dichter bij de spirituele wereld te komen. Het idee was dat als je je lichaam goed kent en kunt beheersen je uiteindelijk ook je geest beter kunt doorzien. Tegenwoordig kunnen we dat zo uitleggen: door het doen van yogaoefeningen wordt je hoofd leger en word je minder beheerst door negatieve gedachten, zodat er meer ruimte vrijkomt voor creativiteit en rust. De *Van Dale* vat het goed samen: 'yoga is het uitvoeren van ademhalings- en lichaamsoefeningen om tot bewuste ontspanning te komen en daardoor de (geestelijke) gezondheid te bevorderen.'

Hoe langer je yoga beoefent, des te beter het je zal lukken om de verschillende houdingen op de goede manier uit te voeren. En juist door het herhalingseffect van de asana's komt er een verandering tot stand: je geest komt tot rust, fysiek voel je je sterker en je leert beter ademhalen waardoor je minder stress ervaart. Door yoga activeer je ook het zelfherstellende vermogen van het lichaam, waardoor fysieke klachten zoals rug- en nekpijn, maar ook overgangsklachten, kunnen afnemen.

## THERAPIE: EEN GREEP UIT DE MOGELIJKHEDEN

Als je het gevoel hebt dat ontspanningsoefeningen, yoga en meditatie jou niet genoeg helpen, kun je op zoek gaan naar een therapie die past bij jou en de vragen waar je mee rondloopt.

We bespreken hier drie onalledaagse therapieën die verschillende kanten van het therapiespectrum belichten: de reading, rebalancing en neurofeedback. Een reading is meer intuïtief gericht, rebalancing is een lichaamsgerichte therapie en neurofeedback richt zich op het brein. Wij hebben ze ondergaan en ze hebben ons enorm geholpen om dieper liggende emoties te verwerken.

Er is natuurlijk veel meer te doen op het gebied van zelfontplooiing, en wat voor de een werkt, hoeft niet voor de ander te werken. Er is namelijk niet één waarheid; het is een zoektocht die je steeds verder brengt. Of eigenlijk: dichter bij jezelf.

### 1. Reading: van onbewust naar bewust

Een therapievorm die ons goed bevalt, is de reading. In de loop der jaren hebben wij een aantal readings gedaan bij Joke Metselaar. Vaak kwamen we bij haar op momenten dat we vastliepen in ons leven. Joke Metselaar is al zeventien jaar reader en heeft een praktijk in Amsterdam en in Deventer.

#### *Wat is een reading?*

'Als je bij mij komt voor een reading, maak ik contact met je onderbewustzijn en vertel ik je wat ik zie: wat nu voor jou het belangrijkst is. Stel, je komt met een concrete vraag of je staat voor een belangrijke beslissing, dan stem ik me daarop af. Een reading biedt je inzichten waarmee je verder kunt. Daarnaast worden er tijdens een sessie blokkades weggewerkt en er wordt onverwerkte pijn opgeruimd.'

#### *Hoe verloopt een reading?*

'Ik hou een sessie zo concreet mogelijk. Je komt bij mij met een probleem, iets waar je tegenaan loopt. We zitten tegenover elkaar in een comfortabele stoel en ik ga in een diepe concentratie. Jij hoeft niets te doen. Je luistert en kunt vragen stellen als je iets niet begrijpt. Ik vraag dan aan je onderbewuste, het deel waar mensen in het dagelijks leven vaak geen contact mee hebben, wat er speelt, waar het vandaan komt en of het losgelaten mag worden. Ik wil erachter komen wat jij nodig hebt om je weer "heel" te voelen. Ik kijk altijd eerst even naar je huidige situatie. Een cliënt van mij beschreef het heel treffend: "Het is net alsof we samen naar de film van mijn leven kijken."'

***Stel, er komt een vrouw bij jou van onze leeftijd die én werkt én kinderen heeft én een perfecte relatie met haar man wil. Ze is oververmoeid. Kun jij haar helpen?***
'Daar zit mijn praktijk vol mee. Ik werk met een aantal vrouwen die in de zakenwereld aan de top staan. Wat ik vaak bij hen zie, is dat zij hun gevoelens blokkeren. Daar ga ik dan tijdens een sessie naar kijken: hoe ze meer vanuit hun hart kunnen gaan leven en werken. Ik geef ook vaak praktische tips mee. Bijvoorbeeld in jullie geval met de overgang; het is goed om te beseffen dat de overgang het diepste proces is van loslaten. Alleen dan kan er iets nieuws groeien. Zo sta je je eigen ontwikkeling niet in de weg. Een eenvoudige tip is om iets meer achterover te leunen in het dagelijks leven; jullie zijn zo geneigd om alles naar je toe te trekken en te willen controleren. Deze fase gaat niet meer over controleren, maar over (durven) loslaten. Ik voel vaak een enorme opluchting bij vrouwelijke cliënten na de sessie. Daarvoor waren ze aan het zoeken: moet ik naar links of naar rechts? Ik ga het ze niet voorzeggen, maar tijdens of na een sessie vallen de dingen vaak op hun plek. Dat geeft rust.'

***Wat wil je vrouwen meegeven?***
'Volg je hart. Maar dan moet je wel eerst in je hart kunnen komen, en daar helpt een sessie enorm bij. Een heel simpele maar doeltreffende vraag die je jezelf altijd kunt stellen bij een beslissing: is dit iets waar ik blij van word, of voel ik weerstand?'

***Als je weerstand voelt, kan het toch ook angst zijn?***
'Precies. En dan is het belangrijk dat je die niet wegdrukt. Als je een sterke emotie voelt, zoals angst, verdriet of woede, erken die dan, maar identificeer je niet met die emotie. Je bént het niet, je voelt het slechts. Laat het door je heen stromen. Woede is ook zo'n emotie waar we vaak bang voor zijn en die we dan onderdrukken. Waar het om gaat, is wat je ermee doet. Zie het als energie die ook veel moois brengt: het kan je bijvoorbeeld de kracht geven om een groot besluit te nemen.'

### *Onze ervaring*

Joke heeft ons in veel moeilijke periodes van ons leven bijgestaan: overlijden van geliefden, scheiden, jeugdtrauma's, alleenstaand moederschap. Ook heeft ze ons erg geholpen om met schuldgevoelens af te rekenen, waardoor we nu meer durven te kiezen voor wie we echt willen zijn. In deze periode kan een reading helderheid bieden in je zoektocht. Het zorgt ervoor dat je met meer afstand naar je leven kunt kijken, waardoor je het grotere geheel weer gaat zien.

## 2. Rebalancing: van denken naar voelen naar zijn

Lisette Thooft wees ons op rebalancing. Het heeft haar, en vele andere vrouwen, enorm geholpen om door de overgangsjaren te komen – en er zelfs sterker uit te komen. Wij hadden er nog nooit van gehoord, maar raakten geïnteresseerd. We hebben een rebalancingsessie gedaan bij Emilia Gransberg in Amsterdam.

### *Wat is rebalancing?*

'Rebalancing is een diepgaande vorm van lichaamswerk die erop gericht is onderdrukte emoties los te weken. Gevoelens die je in de loop van je leven (vaak onbewust) onderdrukt hebt, zetten zich in je lichaam vast als spanning. Dat kan leiden tot allerlei klachten: futloosheid, stress, slapeloosheid, hoofdpijn, schouder-, rug- en nekklachten. Rebalancing is bedoeld om de balans tussen lichaam en geest te herstellen.'

### *Hoe verloopt een sessie?*

'Tijdens de eerste rebalancingsessie vindt er een persoonlijk gesprek plaats. Ik leg je uit wat rebalancing betekent en vraag je waarom je bent gekomen, wat je bezighoudt. De aanpak is daarna steeds verschillend, omdat het werk zeer individueel gericht is. Je gaat liggen op een massagetafel, gewoon met je kleding aan. Gedurende de sessie hoef je helemaal niets te doen. Ik begeleid je door de behandeling met zachte aanrakingen en coach je op je ademhaling. Hierdoor komen er emoties los die lange tijd onderdrukt zijn geweest. Ze mogen nu gevoeld worden, en als er iets gevoeld mag worden, wordt het ook verwerkt. Tijdens een rebalancingsessie maak je contact met deze emoties, kunnen ze doorvoeld worden, waardoor een stroom van energie en zelfheling op gang komt. Je leert aanwezig te blijven bij wat je voelt, ook als het lastige emoties zijn zoals verdriet of woede.'

***Zou je een vermoeide 45+-vrouw zo'n sessie aanraden?***
'Zeker. Deze vrouwen hebben meestal een druk bestaan en cijferen zich te vaak weg. Ze vergeten tijd te nemen voor zichzelf en zitten soms zelfs tegen een burn-out aan. Ze hebben vaak lichamelijke klachten en zijn moe. En door de overgang kunnen er veel onderdrukte emoties naar boven komen. Dan is het juist heel belangrijk om goed voor jezelf te zorgen. Rebalancing kan je dan helpen om deze emoties te verwerken. Zie het als een apk of grote schoonmaak.'

### *Onze ervaring*
Wij hadden nog geen ervaring met rebalancing. Wat ons beiden verbaasde, is dat je in relatief korte tijd op een heel diep niveau bij diep weggestopte pijn komt en dat dit eigenlijk helemaal niet eng is, maar juist fijn, een opluchting. Dit kwam door zowel Emilia als de zachte techniek van aanraking, ademhaling en coaching; je voelt een emotie opkomen, ademt erdoorheen, het wordt intenser en dan ineens ontspant alles, ebt de emotie weg en voel je je schoon. Na de sessie merkten we dat we ons lichter voelden. Je kunt aardig gebukt gaan onder de overgang. Je raakt je zelfvertrouwen en kracht kwijt. Maar door deze sessie kwamen we wonderwel terug bij onze kracht; we voelden dat ons hoofd meer verbonden was met ons lichaam en we veel meer energie hadden. En dat kunnen we best gebruiken in deze pittige tijd.

## 3. Neurofeedback: van gestreste hersenen naar de flow
Neurofeedbacktraining is het andere uiterste. Het richt zich enkel en alleen op de hersenen. Neurofeedback is een relatief nieuwe en effectieve methode om de hersenen beter te laten functioneren. Simpel gezegd is neurofeedbacktraining een soort fitness voor de hersenen. Onze hersenen zijn ons centrale besturingsorgaan en volgens de leer van de neurofeedback bepalen onze hersengolven hoe we denken, hoe we ons voelen en hoe we functioneren.

Die hersengolven hebben verschillende frequenties. Een tekort of teveel aan bepaalde frequenties kan leiden tot depressie, angst, leerproblemen of andere psychosomatische klachten. Door gebruik te maken van het zelflerend vermogen van de hersenen kunnen de klachten verholpen worden. Het genezingsproces dat in de hersenen plaatsvindt, zorgt ervoor dat de verandering ook blijvend is. Neurofeedbacktraining verbetert dus het functioneren van de hersenen en zorgt ervoor dat je minder intens en minder vaak een speelbal bent van je gedachten en emoties. Onderzoek en ervaring wijzen uit dat de training onder andere helpt bij stress, burn-out, angst, depressie, gedrags- en leerstoornissen, slaapstoornissen, migraine, dwangstoornissen en verslaving, vertelt Anita Warmerdam ons. Zij is medeoprichter van Brain-Fit.

***Hoe verloopt een sessie?***

'Tijdens een Brain-Fit-training, die ongeveer veertig minuten duurt, zit je in een comfortabele stoel en luister je naar muziek of kijk je naar een film. Om je hersenactiviteit te registreren worden er vijf sensoren op je hoofd geplaatst. Tijdens de training registreert de apparatuur voortdurend de actuele hersenactiviteit. Wanneer er in het brein instabiliteit optreedt genereert de computer een feedbackmoment; de muziek of het beeld stopt een kort moment. De hersenen reageren automatisch op deze informatie en gaan op zoek naar een stabieler hersengolfpatroon. De training is niet inspannend of pijnlijk. De hersenen doen zelf het benodigde 'leerwerk'. Na de training wordt de registratie van je hersenactiviteit besproken en uitgelegd. Door de training ga je anders naar situaties kijken. We kunnen er niet omheen dat er dingen in ons leven gebeuren die we niet leuk vinden. Door de training leer je een stap terug te doen, te observeren, en het anders aan te pakken dan je eerder deed. Waar je bijvoorbeeld voorheen meteen in de stress schoot (iets wat in de overgang vaak voorkomt) zie je dat er na de sessie meer ontspanning en rust ontstaat. Bovendien testen wij ook je neurotransmitterprofiel. Neurotransmitters zijn de overdrachtsstofjes waarmee onze hersencellen met elkaar communiceren. De hormoonproductie, het immuunsysteem en het geheugen hebben deze stofjes nodig om goed te functioneren. Je zou het kunnen zien als de "brandstof" voor onze hersencellen. Wanneer we lichamelijke of mentale klachten krijgen kan het zijn dat onze neurotransmitters uit balans zijn en dat hierdoor bepaalde systemen niet de juiste brandstof krijgen. De test geeft inzicht in tekorten van bepaalde neurotransmitters. Brain-Fit geeft naar aanleiding van de uitslag advies op het gebied van voeding en suppletie van vitaminen en mineralen om de tekorten te herstellen.'

***Is een Brain-Fit-sessie goed voor onze casusvrouw?***
'Júíst! Ik zie in mijn praktijk veel vrouwen van boven de veertig die ineens over veel dingen in de war raken. Ze hebben alles goed geregeld, gaan steeds harder hun best doen om dat zo te houden, maar ze vergeten daarbij goed voor zichzelf te zorgen. Negentig procent van deze vrouwen worstelt met haar eigen plek innemen. De Brain-Fit-training begeleidt vrouwen om zich hier bewust van te worden en echt hun ruimte in te durven nemen.'

**Tip van Anita**

Ben je onrustig, druk in je hoofd of erg moe? Adem dan eens een paar keer diep in en uit en neem tien minuten de tijd om rustig naar buiten te staren. Kijk eens echt naar de wolken, de horizon of die boom die je al jaren kent. Lijkt tien minuten wel een eeuwigheid te duren? Blijf ademen, want het valt best mee! Helemaal als je weet dat je er daarna weer volop tegenaan kunt.

### *Onze ervaring*

Door de Brain-Fit-sessies kwamen wij erachter dat de overgang letterlijk een overgang is. Anita heeft ons ervan bewust gemaakt dat de verwarring die ontstaat tijdens de overgang veroorzaakt wordt door het herschikken van de hersenen. Wat volgens haar belangrijk is, is dat we nu durven te gaan luisteren naar onszelf. Juist in deze periode is het van belang te bepalen wat we nodig hebben om onze eigen plek in te nemen. Ook zien wij een verandering in ons gedrag. Op stressvolle situaties reageren we rustiger dan voorheen. Er is sowieso een algeheel gevoel van rust en ontspanning na een sessie. Het voelt als een weldadige massage van je hersenen; je hoofd voelt sereen en kalm.

* * *

Onze zoektocht naar verlichting in ons denken en voelen heeft ons veel opgeleverd. Net als veel andere vrouwen in de overgang raken ook wij onszelf regelmatig even kwijt. Zeker als er oude pijn opkomt waarvan we dachten dat die allang verwerkt was. Alle experts met wie we spraken zeiden ieder op hun eigen manier hetzelfde: het begint met acceptatie van de situatie. En dan de gedachten en gevoelens laten komen en gaan, en er van een afstand naar kijken. Als je een sterke emotie voelt, zoals angst, verdriet of woede, erken die dan, maar identificeer je er niet mee. Je bént het niet, je voelt het slechts – laat het door je heen stromen.

Als we ons nu weer eens slecht voelen, passen we dit toe. We gaan het niet meer automatisch uitentreuren analyseren of in ons verleden graven. We gaan er ook niet meer paniekerig tegen vechten of er hele verhalen omheen bouwen. We proberen nu vooral te denken: dit is de overgang. En dan laten we die gedachten en gevoelens gewoon maar even zijn voor wat ze zijn. We hebben ervaren dat ze dan ook weer wegtrekken.

Het is een *work in progress*, dat ontkennen we niet. We staan aan het begin. Maar we voelen al hoe bevrijdend het is om ons niet meer te laten beperken door onze negatieve gedachten. Een proces waarbij je niet moet vergeten om mild voor jezelf te zijn.

'Laat het loslaten los. Probeer niet langer je levensfilm vooruit te spoelen. Het is zo vermoeiend, vind je niet? Altijd maar bezig om daar te komen, in een toekomst die nooit lijkt aan te breken. Maak in plaats daarvan een buiging voor jezelf zoals je bent. Wees hier en nu, in de huidige scène van je film. Je pijn, je zorgen, je twijfels, je diepste verlangens en je angstgedachten: ze zijn niet verkeerd, en ze hoeven niet te worden veranderd. Ze willen alleen maar worden omarmd. Hier en nu, met de tedere, liefhebbende armen van jouw aanwezigheid.'

– Jeff Foster, spiritueel leraar

### Boekentips

*Midlife Yoga. In balans tijdens de overgang* – Mieke de Bock
*Vrij van gedachten* – Jan Geurtz
*Go East* – Stine Jensen
*Vrij* – Marnix Pauwels
*Hormoonyoga. Een natuurlijke balans voor vrouwen in de overgang* – Dinah Rodrigues
*Verlichting voor luie mensen* – Paul Smit
*De beste tijd van je leven. Spiritueel door de overgang* – Lisette Thooft
*Kom uit je hoofd* – Lisette Thooft

### Websites

www.jokemetselaar.nl
www.word-wie-je-bent.nl
www.brain-fit.nl
paul-smit.nl
www.lisettethooft.nl
www.jangeurtz.nl
www.lifewithoutacentre.com

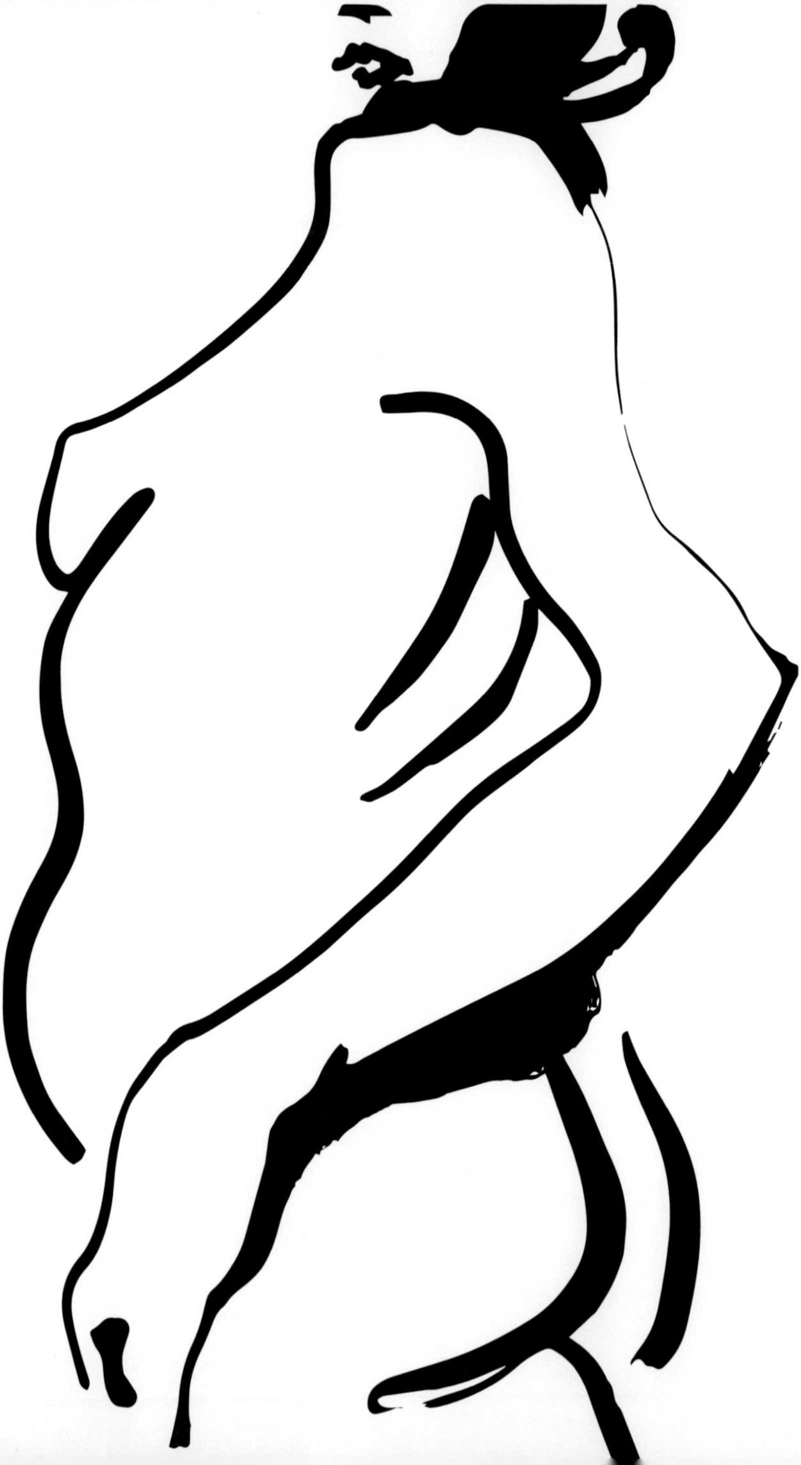

HOOFDSTUK 6

# 10 KILO CADEAU?

## Voeding en training

MEDINA Laatst was ik op een begrafenis. Ik raakte na de dienst in gesprek met een kennis. Ik had haar een paar maanden niet gezien en het was me meteen opgevallen dat ze veel forser was geworden. Waarschijnlijk ving ze mijn blik op, want ze zei een beetje beschroomd: 'Ja, sinds ik in de overgang ben, is er zomaar tien kilo bij gekomen.' Nou, ik wilde bijna mee die kist in, zo schrok ik van die opmerking. Wat erg!

Onze eerste gedachte: dit gaat ons niet gebeuren! Wij zijn al ons hele leven bezig met ons gewicht. Diëten, sporten, bloed, zweet en tranen – we deden en doen er alles voor om op gewicht te blijven. En dan dit, zomaar tien kilo erbij? Is de overgang net als een zwangerschap voor sommigen een excuus om wat meer te kunnen snoepen of geldt dit echt voor iedere vrouw in de overgang, of je nu op je gewicht let of niet? En hoe komt dat dan precies?

## DIE EXTRA KILO'S: FEIT OF FABEL?

Arts en hormoondeskundige Monique Brood-van Zanten bevestigt dat vrouwen in de overgang iets zwaarder kunnen worden. 'Als je eitjes op zijn, wordt er geen oestrogeen meer aangemaakt in de eierstokken. Je lijf gaat dan op zoek naar andere manieren om oestrogeen te produceren. Dat kan bijvoorbeeld door testosteron – het "mannelijk" hormoon dat vrouwen ook een beetje aanmaken – om te zetten in een vorm van oestrogeen. Dit gebeurt in het buikvetweefsel, dus je lichaam gaat voor extra buikvet zorgen. Zo kom je gemiddeld zo'n twee kilo aan, maar dit hoeft niet altijd te gebeuren. Soms lijkt het alleen maar of je dikker wordt, doordat de vetverdeling verandert. Bij de meeste vrouwen zit het vet in de jongere jaren op de heupen en benen en na de overgang verplaatst het zich naar de taille. Dan ontstaat het welbekende buikje.'

Hormoondeskundige en levensmiddelentechnoloog Ralph Moorman en vrouwenarts Barbara Havenith, schrijvers van het boek *Hormoonbalans voor vrouwen*, voegen hieraan toe dat je eetgedrag tijdens de overgang kan veranderen door die oestrogeenschommelingen. 'Vrouwen gaan gemiddeld meer eten en krijgen een voorkeur voor het eten van zoet-zoutcombinaties omdat dit het serotoninetekort, dat door een gebrek aan oestrogeen ontstaat, compenseert. Maar ook als je hetzelfde blijft eten, merken sommige vrouwen dat ze aankomen. Dit komt doordat je stofwisseling vertraagt als je ouder wordt en je minder calorieën nodig hebt. Als je hetzelfde blijft eten als vroeger, kom je dus aan.' Volgens Ralph en Barbara kun je in de overgang ook door andere factoren zwaarder worden. Je genen spelen een belangrijke rol. Als er in je familie aanleg is om dikker te worden, kan het zijn dat je meer op je gewicht moet passen. En overgangsklachten veroorzaken bij veel vrouwen stress. Afhankelijk van hoe je stofwisseling hierop reageert, kun je ook hierdoor dikker worden. Bovendien verhoogt het stresshormoon de eetlust. En dan is er nog het 'troosteten' waar sommige vrouwen bij stress vaak naar grijpen: dit zijn meestal snelle suikers die de stofwisseling verstoren, waardoor je gewicht kan toenemen.

Je kunt dus aankomen door hormonen, genen, stofwisseling en stress. Maar er zijn nóg meer oorzaken, zegt Barbara. Door slaaptekort stijgt het hongerhormoon, waardoor je meer trek krijgt. En wat tegenwoordig steeds vaker voorkomt na het vijftigste levensjaar is een te traag werkende schildklier. Tekorten aan micronutriënten als jodium, zink en selenium lijken hiervan de oorzaak. Als je te weinig schildklierhormoon aanmaakt, vertraagt je stofwisseling en word je dikker.

## MIJN LIJF & IK

**MEDINA** Mijn lichaam is mijn grootste issue, al vanaf mijn elfde. Ik vond mezelf als kind dik en lelijk. Ik vond mijn lichaam te grof en mijn gezicht ook. Ik wilde het liefst zo'n petieterig dun meisje zijn, *size zero* met schoenmaat 36. Maar ik ben uitgegroeid tot een grote vrouw met schoenmaat 41,5. Hoe slank ik ook ben, ik toon groot en fors – vind ik.

Het klinkt heel oppervlakkig, alsof ik altijd met mijn lichaam bezig ben. Maar dat was ik ook. Ik voerde elke dag weer een bittere strijd. Een eenzame strijd ook. Tot ik zwanger werd. Ik was eenenveertig.

Ik dacht altijd dat ik dat niet aan zou kunnen: zwanger worden, dik worden. Toch ging me dat vrij goed af. Het besef dat er een kind in mijn lichaam groeide maakte dat ik mijn eigen frustratie even opzij kon zetten. Ik luisterde beter naar mijn lichaam en ging eten naar behoefte. Ik ging zelfs vlees eten, na jarenlang streng vegetariër te zijn geweest.

Mijn grootste angst was dat als ik een meisje zou krijgen, ik mijn verwrongen relatie met mijn lichaam aan haar zou doorgeven. Ik besloot kort na mijn bevalling in therapie te gaan. Er volgden twee zware jaren van introspectie; ik ging inzien dat het niet om mijn lichaam ging, maar om onverwerkte pijn uit mijn jeugd. Al op jonge leeftijd heb ik al mijn pijn en angst weggestopt en ben ik mijn lichaam gaan uithongeren; het was de enige vorm van controle die ik had. Ik heb enorm gestunt met diëten en niet-eten. Het was nooit goed. Het was vooral een periode van diepe eenzaamheid, depressie en schaamte.

Ik weet als geen ander hoe een eetstoornis je leven bepaalt – je hele zijn, je denken, je gevoel, de relatie met je omgeving. Het trieste is dat als je er eenmaal mee begint, je er heel moeilijk van af komt. Het is een gewoonte geworden waar ik nu soms nog mee worstel. Ik vind het heel erg dat de maatschappij zich steeds meer op uiterlijk is gaan richten, vooral het effect ervan op jonge en daardoor nog kwetsbare meisjes.

Ik heb werkelijk SPIJT dat ik zoveel jaren hieraan heb verdaan. Het heeft zoveel bepaald en geïnfecteerd. Mijn levensgeluk bijvoorbeeld, mijn seksualiteitsbeleving, de mate waarin ik mezelf durfde te laten zien. Zelfs in mijn werk heeft het een grote rol gespeeld. Pas nu ik ouder ben en wat milder word naar mezelf, zie ik dat in. De overgang haalt alles weer overhoop en dat is confronterend. En de angst om dikker te worden, daar ben ik nog niet overheen, helaas.

## IK & MIJN LIJF

ISA Ik kan me voorstellen dat ik op een dag denk: ach, ik heb een mooie leeftijd bereikt, mijn lichaam is mijn voertuig, ik wil gezond zijn en hoe het eruitziet, dat maakt me niet uit. Maar terwijl ik dit schrijf, kan ik me daar eigenlijk nog niets bij voorstellen. Natuurlijk is mijn lichaam al veranderd, ouder geworden. Kan ik me daarbij neerleggen? De ene dag wat makkelijker dan de andere. Maar wat is het dan dat me zo bezighoudt? Ja, ik ben actrice en dus word ik onder meer beoordeeld op mijn uiterlijk. Op beeld ben je sowieso vijf kilo zwaarder. Maar daarnaast voel ik me gewoon beter als ik slanker ben. Lichter, vrijer, lekkerder in mijn vel.

Aan de ene kant ben ik blij met mijn lichaam, het totaalplaatje. Maar de losse onderdelen kunnen me behoorlijk onzeker maken. Elke dag zie ik mijn blote lijf in de spiegel en voor ik het doorheb, geef ik alweer venijnig commentaar: bah die buik, pff die benen, die billen... Zo triest dat ik dit mijn lichaam aandoe. Dan kijk ik naar mijn buik en zeg ik tegen mezelf: je hebt twee kinderen gebaard. Dan voel ik me trots. Maar meteen daarna denk ik snoeihard: ik ken genoeg moeders die hartstikke strak zijn. Zo gaat het maar door.

Als ik nu naar jonge meisjes kijk die 'zeuren' over hun lichaam, denk ik altijd: o, meisje toch, je bent zo mooi! Ik zie het ook bij Vlinder, ze is elf jaar en al behoorlijk bezig met haar lichaam. 'Als ik zo zit, kijk dan hoe dik mijn benen zijn, mama.' Ik voel een kramp in mijn maag en bedenk hoe belangrijk het is dat ik hiervan af kom – ik weet namelijk zeker dat ik dit aan haar doorgeef;

Isa: 'Als ik op de weegschaal sta, hoor ik mezelf nog steeds denken: maar toen woog ik 58 kilo! "Toen" was ik verdomme achttien. Wanneer laat ik dat eens los?'

die slechte verhouding met mijn lichaam. Maar mijn god, wat ben ik bang voor die overgangskilo's... het laatste jaar verandert mijn lichaam zo snel.

We waren er eigenlijk wel een beetje klaar mee, met dat strenge regime. Met die veroordelende blik op ons lijf dat altijd dunner, mooier, strakker kan. We waren er net aan toe om wat milder naar onszelf te worden, wat liefdevoller om te gaan met ons lichaam. Dat lieve lijf heeft al zoveel voor ons gedaan; we vonden het tijd om nu wat terug te doen. Maar ja, ongewild dikker worden is wel even het andere uiterste.

Wat nu? Moeten we weer de strijd aangaan met ons lijf en op zoek naar het perfecte dieet en de ultieme training? Er zijn tegenwoordig zoveel hypes op het gebied van voeding en training. Wie heeft de wijsheid in pacht? En wordt er dan ook rekening gehouden met het ouder wordende lichaam? Voordat we ons weer ergens in storten, willen we eerst weten wat goed voor ons is. Met een verkeerd dieet of trainingsregime kun je misschien wel meer kwaad doen dan goed.

## VOEDINGSMYTHES EN FOODGOEROES

De hype van nu is gezond eten. Er is een toenemende vraag naar gezonde producten. Supermarktketens springen hier steeds meer op in en zelfs het Voedingscentrum heeft in 2016 de Schijf van Vijf aangepast. Bewerkt vlees, groenten waaraan zout is toegevoegd, gezoete zuivel en harde vetten zijn verdwenen. Noten, peulvruchten, thee en meer groenten zijn toegevoegd.

Gezond lijkt haast niet meer gezond genoeg. Je wordt om de oren geslagen met hypes en tegenstrijdige voedingsadviezen. Trends volgen elkaar sneller op dan wij kunnen bijbenen: *raw food*, de voedselzandloper, paleo, superfoods... er is zelfs een naam voor de obsessie met gezond eten: orthorexia.

Instagram staat vol *food porn* – uiteraard wel van de gezonde variant; slechts weinigen willen geassocieerd worden met een cheeseburger en frietjes. Elke krant heeft tegenwoordig een eigen foodgoeroe. Kookboeken en boeken over voeding behoren tot de bestverkopende genres van de afgelopen jaren. Tv-shows gaan meer over koken dan over kunst. Overal waar je kijkt, is eten.

## LAAT JE NIET MEESLEPEN

Er zijn ook tegengeluiden: deskundigen als Martijn Katan (emeritus hoogleraar voedingsleer) en Jaap Seidell (gezondheidswetenschapper) spreken veel van de huidige voedingsadviezen tegen. Ze onthypen, ontzenuwen en attenderen ons op het feit dat de huidige voedselindustrie vooral wordt aangestuurd door financiële belangen in plaats van de gezondheid van de mens.

In een interview met *NRC Handelsblad* adviseert Martijn Katan om je niet te laten meeslepen door nieuws over wat nu weer gezond dan wel ongezond is, omdat er vaak weinig van klopt. 'Meestal is het geen kwaadaardigheid van de onderzoekers. Het is meer dat ze hun resultaten een beetje aandikken. Journalisten dikken het nog een beetje extra aan, en tijd om uit te zoeken of het klopt, hebben ze meestal niet.'

Ook neurotherapeute Anita Warmerdam vindt dat je zeker niet met alle trends mee moet doen, vooral niet als vrouw boven de vijfenveertig. Ze waarschuwt voor tekorten bij een te eenzijdig dieet. Volgens haar wordt bijnieruitputting de ziekte van de eenentwintigste eeuw. 'De oorzaak daarvan is chronische stress en het zogenaamd "gezonde" eten. Vegetarisch eten is prima, maar vitamine B12 bijvoorbeeld, die de bijnier ondersteunt, zit veel in onder andere rood vlees. Dus af en toe een klein, goed stukje rood vlees eten is heel belangrijk. En door het weglaten van brood in je dieet mis je weer jodium, dat je schildklier ondersteunt. Dit kan veel lichamelijke klachten veroorzaken.'

## WIJ WETEN HET NIET MEER

En wij al die jaren maar denken dat we gezond bezig waren. De basis kennen we wel (veel groenten en weinig vlees, meer peulvruchten, goede vetten, variatie, weinig suiker) maar daarbinnen kun je nog alle kanten op. We weten nog steeds niet wat nu in hemelsnaam gezonde voeding is voor ons eigen ouder wordende lijf en voor dat van onze kinderen.

We weten alleen dat het héél belangrijk is. Zowel Monique Brood als Barbara Havenith vertelden ons namelijk dat je als vrouw na je veertigste meer risico loopt op aandoeningen als hart- en vaatziekten, suikerziekte, botontkalking en kanker, maar dat je met een gezond voedingspatroon veel van deze aandoeningen kunt voorkomen of de ernst ervan kunt verminderen. Als we daarmee ook nog die tien kilo van het lijf houden, slaan we twee vliegen in één klap.

## GEZONDE VOEDING: DE BASIS

We hebben een aantal (voedings)deskundigen gevraagd hun licht te laten schijnen op gezonde voeding voor de 45+-vrouw. Monique Brood adviseert een gezonde leefstijl. Volgens haar begint het daarmee, heel simpel: een combinatie van goed eten en geregeld bewegen. Ze verwijst vrouwen in de overgang voor informatie vaak door naar de Osteoporose Stichting en de Hartstichting. Die volgen qua voedingsadviezen de Schijf van Vijf van het Voedingscentrum. Heel globaal is dit dan het devies: 250 gram groenten en twee stuks fruit, volkorenproducten (brood, pasta, rijst, couscous), onverzadigde vetten (halvarine, olie, vette vis en noten, magere/halfvolle zuivelproducten), weinig zout, anderhalve liter water/thee/filterkoffie en maximaal één glas alcohol per dag, liever minder. En vooral: variatie, variatie, variatie.

'Aangezien de meeste vrouwen te weinig calcium en vitamine D binnenkrijgen via voeding en zonlicht, wordt vrouwen vaak geadviseerd om tijdens en na de overgang aanvullend calcium en vitamine D3 te nemen,' zegt Monique. 'Voor de overgang specifiek wordt ook geadviseerd: niet te veel cafeïne, niet gekruid eten, warme dingen laten afkoelen, oppassen met alcohol – daardoor slaap je vaak onrustiger en je bloedvaten verwijden zich. Dit laatste zorgt weer voor overmatig nachtelijk transpireren, wat ook niet bevorderlijk is voor de nachtrust. Ook kun je in deze fase zoetigheid beter vermijden, want van wisselende insuline- en glucosespiegels kun je warmteaanvallen krijgen. Suiker laten staan is sowieso voor iedereen verstandig. Er zijn veel te veel mensen die richting suikerziekte gaan naarmate ze ouder worden. Dat is ook nog eens een risicofactor voor kanker. De "vrouwelijke kankers" zoals borstkanker en baarmoederkanker, en mogelijk ook darmkanker, zijn gerelateerd aan te hoge insulinespiegels.'

**Gebruik tijdens en na de overgang zo min mogelijk:**

- Koffie
- Nicotine
- Alcohol
- Suiker
- Te zout of gekruid eten

Goed, dat zijn de basics. Laten we ons eigen voedingspatroon eens wat beter bekijken, misschien valt daar nog het een en ander aan te verbeteren. We hebben totaal geen zin in een nieuw dieet, maar we willen de overgangskilo's wel graag van het lijf houden én gezond ouder worden.

Je hoeft niet per se dikker te worden door de overgang.

## INZICHT IN JE EETPATROON

We spreken af met medisch bioloog Remco Verkaik. Hij was betrokken bij de opleiding van de eerste overgangsconsulenten, waar hij het vak voeding en suppletie doceerde. Remco is dus goed bekend met de overgangsproblematiek.

Hij stelt ons gerust: 'Je hoeft niet per se dikker te worden door de overgang en je hoeft ook niet op dieet. Er is van alles wat je kunt doen op het gebied van voeding, training en stressvermindering. Maar eerst moet je inzicht hebben in je huidige eetpatroon. Je moet weten of je tekorten hebt en of je veelzijdig genoeg eet.'

Wij hebben een week lang ons eetpatroon bijgehouden (zie volgende kader). De diagnose van Remco: we hebben beiden veel meer brand- en bouwstoffen nodig in de vorm van gezonde, langzame koolhydraten zoals havermout, volkorenpasta en -brood, bruine bonen, linzen en zilvervliesrijst, en eiwitten zoals eieren, kwark of yoghurt, vis, gevogelte en vleesvervangers als tofu en tempeh.

**Eten en drinken op een gemiddelde dag**

**ISA**

8.15 uur: glas water met 1/2 citroen
10.00 uur: sap van 1 banaan, grote hand spinazie, 2 sinaasappels, kaneel, 1/2 avocado
13.00 uur: 2 rijstwafels met kaas
15.00 uur: kop thee met gember
15.30 uur: kop thee met gember, 2 plakjes geitenkaas en handje pecannoten en plakje cake
19.00 uur: 6 tomaatjes
19.30 uur: 1 bakje misosoep, 1 stukje gebakken zalm, 2 stukjes sushi met gebakken garnaal, sashimi (stukje zalm, tonijn, witvis), bakje edamamebonen
21.30 uur: kop gemberthee
22.00 uur: kop gemberthee, bakje yoghurt met 5 mg glutaminepoeder en kaneel
22.15 uur: 2 glazen water

**MEDINA**

6.30 uur: 1 koffie met geschuimde halfvolle lactosevrije melk
10.00 uur: banaan en 1 koffie met geschuimde halfvolle lactosevrije melk
11.00 uur: kop thee met gember
Lunch om 13.00 uur: salade van tomaat, spinazie, broccoli, quinoa en ui
1 koffie met geschuimde halfvolle lactosevrije melk
16.00 uur: kop thee met gember
Diner: 2 rode wijn, dahl, sperziebonen, chilisaus, kipfilet
1 koffie met geschuimde halfvolle lactosevrije melk
- Tussendoor veel water -

Dat dachten we al: we eten inderdaad erg weinig koolhydraten, en helemaal geen brood. We hebben tekorten aan vitaminen en mineralen zoals magnesium, vitamine D en calcium. Wat we wél goed doen, is het gebruik van voedingsstoffen die je lichaam een gezonde impuls geven, zoals noten, specerijen, tomaten, paprika, bessen, bramen, druiven, frambozen, aardbeien en groene thee. Hierin zitten stoffen die het lichaam prikkelen om meer vet te verbranden en ze zorgen voor een betere stofwisseling. De Gezondheidsraad heeft bijvoorbeeld groene thee en noten toegevoegd aan de nieuwe richtlijnen vanwege de extra beschermende werking ervan tegen welvaartsziekten als hoge bloeddruk, een te hoog cholesterolgehalte, artritis en diabetes.

We eten vaak als lunch een salade – dit is perfect. Maar gezien ons drukke leven en de wat gebrekkige voeding, raadt Remco ons aan om supplementen te gebruiken. Onze klachten van vermoeidheid en futloosheid zijn volgens Remco echt mede te wijten aan onze voeding. Het kan helpen om een korte sapvastenkuur te doen of zoiets als sportvasten voor een lichamelijke en geestelijke reset. Hiermee ontgift je je lichaam en verhoog je je weerstand en energie.

Verder moeten we, om de overgangsklachten te verlichten, minderen met alcohol, tabak, snelle suikers en stress. Daarbij, zegt Remco, moeten we meer aan *low impact* lichaamsbeweging gaan doen – denk aan joggen, wandelen of zwemmen. Het liefst elke dag een uur. 'Hierdoor verhoog je de belastbaarheid van het lichaam, waardoor het sterker wordt en je beter met de lichamelijke ongemakken om kunt gaan.'

Ons lijf komt dus duidelijk tekort. Eerlijk gezegd weten we donders goed waarom dat is: we eten expres weinig (koolhydraten) omdat we nu eenmaal slank willen blijven. Maar we voelen ons niet goed: vaak moe, futloos, en dat blijkt dus voor een groot deel aan onze voeding te liggen. Dit is confronterend; het was juist ons doel om ons beter te voelen.

'Het gevaar van al die hypes en diëten is dat we vergeten wat de rol van voeding is,' zegt Remco. 'Voeding is energie voor lichaam en geest. Het heeft een enorm effect op je welzijn: eet twee weken alleen maar junkfood en je wordt futloos, eet twee weken gezond en uitgebalanceerd en je voelt je fitter. Dan kun je meer aan en zit je lekker in je vel, zodat je je minder zorgen hoeft te maken over je gewicht. Dus in eerste instantie moet je een goed voedingspatroon ontwikkelen zodat je lichaam optimaal kan functioneren. Daarnaast zijn er specifieke richtlijnen voor de overgangssituatie.'

## VAN SLANK NAAR FIT

Misschien vraagt deze fase van ons dat wij een omslag maken in ons denken. Vroeger deden we er alles voor om slank te blijven; nu zouden we moeten kijken hoe we zo lang mogelijk gezond en fit blijven. Hoeveel vrouwen onthouden zich dagelijks van goede voedingsmiddelen om maar slank te worden of te blijven? Maar de overgang vereist een sterk lichaam. 'Als je sterk bent, kun je meer aan,' zegt Remco. 'En omgekeerd: als je je lichaam al jarenlang tekortdoet, knalt de overgang er vaak nog veel harder in. Er zijn ook vrouwen die juist heel veel sporten. Een vrouw met een te afgetraind lijf en een te laag vetgehalte loopt meer risico op hart- en vaatziekten en osteoporose dan een vrouw met een gezond gewicht. Bij de 45+-vrouw gaat het er vooral om geen tekorten op te lopen. Dus: gezond, gevarieerd en genoeg eten, en zo nodig supplementen nemen.'

Bij de 45+-vrouw gaat het er vooral om geen tekorten op te lopen.

## DICHT BIJ DE NATUUR BLIJVEN

Hoe uiteenlopend de adviezen van voedingsexperts ook kunnen zijn, één ding onderschrijven ze allemaal: het belang van puur en onbewerkt voedsel. Dit geldt voor iedereen, dus ook de 45+-vrouw zou dit ter harte moeten nemen. Want hoe eerder je hiermee begint, hoe gezonder je blijft.

Integraal therapeut en osteopaat Hans van Zutphen, die nauw samenwerkt met Remco Verkaik, vooral op het gebied van voeding en sportvasten, geeft ons wat richtlijnen die aan de basis staan van een puur en gezond voedingspatroon. 'Kijk kritisch naar de kwaliteit van het voedsel dat je eet, in plaats van naar de kwantiteit (de hoeveelheid calorieën). Eet zo veel mogelijk biologisch en van het seizoen. Biologische producten bevatten geen schadelijke chemische conserveringsmiddelen, hormonen of pesticiden die hormoonverstorend werken en daardoor gewichtstoename kunnen veroorzaken. Door seizoensproducten te eten, eet je vanzelf het hele jaar door gevarieerd en zijn er ook geen conserveringsmiddelen nodig. Bereid je eten zelf. Dus eet geen kant-en-klaarmaaltijden, want die zitten vol met schadelijke vetten en kunstmatige suikers die weer voor gewichtstoename kunnen zorgen. Vermijd overdreven bewerkt voedsel: dit zit namelijk vol dikmakende toevoegingen. Gebruik gezonde vetten, die zijn van essentieel belang. Bijvoorbeeld uit avocado's, kokosnoten en kokosolie, onverhitte biologische notenoliën, rauwe noten en zaden. Als je je lichaam nog verder wilt beschermen tegen hormoonverstoorders, kies dan bijvoorbeeld voor glazen verpakkingen en voorraadpotten. Zo vermijd je het binnendringen van hormoonontregelende chemische stoffen die in plastic flessen en verpakkingen zitten.'

**Ter inspiratie**: documentaire *Cooked* van Michael Pollan

De documentairereeks *Cooked* van de Amerikaanse foodwriter Michael Pollan is een pleidooi voor *echt* eten: puur en onbewerkt. Wij werden daar heel blij van; we kregen weer eerbied voor de natuur en wat ze geeft. De aanstekelijke manier waarop Pollan je kennis laat maken met de oorsprong van voeding, maakt dat je zin krijgt om met aandacht te koken – heel inspirerend. Zijn simpele maar doeltreffende uitspraken blijven hangen: 'Als je in de supermarkt loopt, zet dan de bril op van je overgrootmoeder en stop in je mandje wat zij zou herkennen als voedsel.' En: 'Koop geen producten met meer dan vijf ingrediënten.'

## HET MEDITERRANE DIEET

Remco en Hans raden ons het mediterrane dieet aan. Dat is gezond voor de westerse mens in het algemeen, en zeker bij het ouder worden. Uit onderzoek blijkt dat ouderen die zich aan dit dieet houden, gemiddeld gezonder en vooral langer leven. Het dieet is rijk aan antioxidanten, die een belangrijke rol spelen in de strijd tegen hart- en vaatziekten, verouderingsprocessen en kanker. Daarbij verkleint het dieet de kans op obesitas, diabetes en borst- en darmkanker.

Het mediterrane dieet houdt in dat je flink veel groenten eet, het liefst een pond per dag. Deze groenten moeten veel antioxidanten bevatten. Denk aan tomaten, paprika's, wortels, uien, knoflook, artisjokken, courgettes of aubergines. Ook specerijen als peper, oregano en kerrie bevatten antioxidanten. Daarnaast neem je peulvruchten zoals bonen, linzen en (kikker)erwten, fruit en volkoren granen. Je eet weinig rood vlees en in plaats daarvan meer vis en gevogelte. Je gebruikt olijfolie of koolzaadolie in plaats van dierlijke vetten zoals boter. Je eet zo min mogelijk fastfood en kant-en-klaarmaaltijden en bent matig met zuivelproducten. Je voegt geen zout toe aan je eten, maar gebruikt kruiden zoals laurier, tijm, saffraan, basilicum en peterselie. Snacks als gebak, chips en koekjes vervang je door fruit, gedroogd fruit en ongezouten noten. Als je wijn drinkt, drink je rood, en alleen bij de maaltijd. Zoetigheden met suiker of honing beperk je tot enkele keren per week bij bijzondere gelegenheden.

## CALCIUM EN VITAMINE D

Ook de Osteoporose Stichting is een voorstander van het mediterrane dieet, hoewel zij een kanttekening plaatsen bij de matige zuivelinname. Om te voorkomen dat osteoporose ontstaat of erger wordt, moet je voldoende calcium binnenkrijgen. Bij een tekort wordt calcium namelijk onttrokken aan je botten. Als 50+-vrouw heb je elke dag 1100 mg calcium nodig. Als je elke dag drie of vier keer per dag iets van zuivel (of iets gelijkwaardigs) eet of drinkt, krijg je voldoende calcium binnen. Je kunt gerust magere zuivelproducten nemen; die bevatten evenveel calcium als de (half)volle.

Calcium zit uiteraard in zuivel, maar ook in groenten, zoals boerenkool, broccoli, Chinese kool, spinazie en radijs; vis, zoals sardientjes, zalm en oesters; bonen; mais; en noten en zaden, zoals sesamzaad, amandelen, hazelnoten en zonnebloempitten.

Vitamine D heb je nodig om calcium goed op te nemen. Je maakt het aan in de huid; er is zonlicht voor nodig. Naarmate je ouder wordt, maak je minder makkelijk vitamine D aan en moet je dus langer buiten zijn, meer uit voeding halen of supplementen gebruiken. De helft van de ouderen heeft een vitamine D-tekort, wat de kans op botbreuken vergroot. Onderzoek heeft uitgewezen dat meer vitamine D én calcium ouderen met osteoporose kunnen helpen bij het voorkomen van botbreuken. Volgens Remco hebben hoge vitamine D-spiegels ook een gunstige invloed op je stofwisseling, worden je overgangsklachten verlicht en de kans op overgewicht verkleind. Vitamine D haal je – naast uit zonlicht – uit boter, margarine en vooral uit vette zeevis. Het makkelijkst is echter om het uit een potje te halen. Het advies van de Gezondheidsraad voor 50+-vrouwen: slik elke dag 10 microgram vitamine D.

Andere botvriendelijke vitamines zijn B12 (in vlees, vis en eieren) en K (in sla, broccoli, kool en spinazie).

## COMBINATIE VOEDING EN SUPPLEMENTEN

Wat Remco betreft zou je standaard je gezonde voeding moeten aanvullen met voedingssupplementen. 'In alle fasen van je leven, en zeker tijdens de overgang. Het Voedingscentrum blijft maar roepen: "Voedingssupplementen zijn niet nodig, uit een gevarieerd dieet haal je alles." Maar volgens het RIVM, een voedselmonitor, haalt slechts een klein percentage van de Nederlandse bevolking de richtlijn van groente- en fruitconsumptie. De gemiddelde Nederlander heeft niet genoeg kennis over voeding. Die gaat niet, zoals ik, wekelijks schelvislever eten voor zijn vitamine A, D en visolie. Terwijl vroeger mijn ouders elke dag een lepeltje levertraan namen. Dit wordt geperst uit schelvislever.'

Zodoende komen veel Nederlanders dus voedingsstoffen tekort. Hier kun je makkelijk achter komen door een check-up te laten doen bij de huisarts of aanbieder van preventief onderzoek. 'Laat je bloeddruk meten en je bloed onderzoeken op schildklierfunctie, vitamine D, calcium, vitamine B12, magnesium, foliumzuur, suiker, leverenzymen en cholesterol. Zo kom je eventuele tekorten op het spoor. Dit wordt door sommige aanvullende verzekeringen vergoed.'

Zodra je weet met welke tekorten je te maken hebt, kun je supplementen nemen. De meeste mensen hebben behoefte aan vitamine D voor de botten en tegen stemmingswisselingen, B-vitamines voor energie, calcium en visolie voor de hersenen. 'Maar er is meer,' zegt Remco. 'Denk bijvoorbeeld ook aan rhodiola (rozewortel) tegen stemmingswisselingen en magnesium bij stress en stijve spieren. Overleg altijd met je huisarts, natuurarts of overgangsconsulent welke supplementen geschikt zijn voor jou.'

**Wat slik je als 45+-vrouw?**

Neem tijdens en na de overgang dagelijks multivitaminen en eventueel aanvullende supplementen, waarin in elk geval de volgende stoffen zitten:

- 10 mg vitamine D3 (of D2 als je vegetariër bent)
- 500 mg calcium
- minimaal 250 mg magnesium
- 150 mcg jodium

Volgens Remco hoef je niet bang te zijn voor een teveel aan vitamines en mineralen als je de aanbevolen dagelijkse hoeveelheden slikt. 'Voedingssupplementen zijn heel veilig omdat de overheid met alle fabrikanten strakke afspraken heeft. Je zou je eerder zorgen moeten maken om een tekort aan vitamines, zeker als je op je gewicht let. De wetenschap zegt: calorierestrictie is *anti-aging*, maar dan moet je wél alle vitamines en mineralen tot je nemen.'

## MAGNESIUM: HET ANTISTRESSMINERAAL

Neurotherapeute Anita Warmerdam is ook een voorstander van voedingssupplementen. 'Vrouwen in de overgang ervaren tegenwoordig veel stress. Door magnesium te nemen, help je jezelf en je lichaam hier beter mee om te gaan. Magnesium heeft een kalmerende werking op spieren, bloedvaten én de geest. Het bevordert de opname van vitamine D3 en mineralen als calcium, zink en kalium. De meeste mensen hebben een magnesiumtekort. Magnesium kun je uit je voeding halen – het zit in amandelen, komkommer en broccoli – maar daar moet je dan ontzettend veel van eten. Daarbij bouw je van magnesium geen voorraad op, dus moet je het dagelijks tot je nemen. Een supplement is dan veel makkelijker en effectiever.'

## BROOD IS GOED VOOR JE HERSENEN!

Veel mensen zijn gestopt met het eten van brood uit angst voor een glutenallergie of omdat ze hun koolhydraatinname willen beperken. Volgens Anita is het best goed om af en toe een poosje geen brood te eten. 'Ons lichaam is niet gebouwd op het verwerken van zoveel tarwe. Je kunt er een opgeblazen gevoel van krijgen. In gistbrood uit de fabriek zitten extra gluten om het luchtig te maken, wat dat effect nog eens versterkt. Maar nóóit brood eten is ook weer niet goed. Dan kan er een jodiumtekort ontstaan, en dat veroorzaakt ernstige schildklier- en hormoonklachten. Laat je niet gek maken door de antibroodhype. Eet bijvoorbeeld zuurdesembrood van de natuurwinkel. En blijf luisteren naar je lichaam. Wat nu goed is voor jou, kan over een halfjaar weer anders zijn.' Extra jodium kun je, behalve uit brood, ook halen uit zeewier of zeewiermix (te koop bij de natuurwinkel). Dat strooi je over je vlees of salade. Andere belangrijke bronnen van jodium zijn witvis, schaal- en schelpdieren en planten als zeekraal en lamsoor. Door deze voedingsmiddelen regelmatig op het menu te zetten voorkom je jodiumtekort.

## HORMOONBALANS VOOR VROUWEN

Je kunt ook op een andere manier met je voeding aan de slag. Veel vrouwen met overgangsklachten hebben baat bij de methode van De Hormoonfactor. Drijvende kracht hierachter is levensmiddelentechnoloog Ralph Moorman.

'Veel vrouwenklachten zijn het gevolg van een verstoorde hormoonbalans,' vertelt Ralph. 'Door je voedingspatroon aan te passen, kun je overgangsklachten verminderen en soms zelfs oplossen. Ons advies: eet zes weken vers en onbewerkt voedsel zonder gluten, suiker en melkeiwitten. "Onbewerkt" wil zeggen dat het zo in de natuur te vinden is: vlees, vis, ei, groenten, fruit, noten, zaden, knollen, bollen en wortels. Je geeft je lichaam hiermee als het ware een *reset*. Na die zes weken kun je een voor een weer producten toevoegen aan je dieet. Op die manier ervaar je waar je lichaam wel of niet goed op reageert. Daarnaast zijn er een paar algemene regels: geen koffie, geen wijn, niet roken. Ook vermijden we zo veel mogelijk chemische stoffen die hormoonverstorend kunnen werken. Van kunststof verpakkingen is bijvoorbeeld bekend dat ze oestrogeenachtige stoffen kunnen afgeven.'

**Hormoonverstorende stoffen:**

- Antibiotica in vleesproducten
- Hormoonontregelaars in huishoudelijke producten
- Landbouwgiffen in genetisch gemanipuleerde suiker, mais, soja en conventioneel geteelde gedroogde tarwe
- Weekmakers in producten van zachte kunststof
- Conserveringsmiddelen in make-up en verzorgingsproducten

Volgens Ralph zou iedereen de methode van De Hormoonfactor moeten proberen, man of vrouw, oud of jong. 'Of je nu eczeem hebt of luchtwegproblemen, het kan van alles oplossen.' Het Voedingscentrum ondersteunt de methode van De Hormoonfactor niet volledig, maar het is wel duidelijk dat veel mensen enorme verbeteringen hebben ondervonden door dit dieet – hoewel het eigenlijk geen dieet is, maar meer een persoonlijke ontdekkingstocht. 'Je moet zelf op zoek naar de oplossing. De Hormoonfactor kan je daarbij helpen. Maar het komt in de eerste plaats aan op je eigen motivatie. Je moet leren luisteren naar je lichaam, naar wat voor jou wel of niet werkt.' Vrouwenarts Barbara Havenith vult aan: 'Het is een kwestie van doorzetten om de resultaten echt te ervaren. Ik hoor vaak dat vrouwen de energie terug willen van toen ze vijfentwintig waren. Dit kun je echt bereiken door zo goed en onbewerkt mogelijk te eten. Dan zeggen ze: daar heb ik helemaal geen energie voor. Ja, maar daar gaat het juist om! Als je het veertien dagen volhoudt, zul je zien dat je al meer energie hebt en je fitter voelt.'

## WAT WERKT VOOR JOU?

Hoe je ook aan de slag gaat met je voeding: neem de tijd om rustig te ontdekken wat goed is voor jouw lijf. Wat voor een ander werkt, hoeft niet per se voor jou te werken. Over het algemeen werkt het mediterrane dieet voor de westerse mens heel goed, maar krijg jij buikpijn van tomaten, dan pas je het aan. Onze experts adviseren allemaal: ga op ontdekkingsreis en experimenteer met voeding, net zolang tot je doorhebt wat voor jou werkt.

Naast een gezond voedingspatroon en het nemen van supplementen bij tekorten, is het belangrijk om een voor jou geschikte levensstijl te ontwikkelen. Een manier van eten, bewegen en leven waar je niet alleen gezond van wordt en blijft, maar die je ook vol kunt houden. Volgens Remco Verkaik gaat het altijd om het samenspel tussen lichaam en geest. Dit blijkt al uit het feit dat stress je overgangsklachten verergert. Hij beweert zelfs dat als jij je overgangsklachten kunt omarmen en inziet dat het hoort bij deze levensfase, dit al een hoop scheelt in hoe je de klachten ervaart. Dus acceptatie is één, maar ook stressvermindering is van belang. Wat maakt jou blij? Waar geniet je van? Maak daar tijd voor in je drukke leven. Zet soms een groot kruis in je agenda: tijd voor jezelf!

## DE 80/20-REGEL

Om de kans van slagen te vergroten wanneer je begint aan een gezonde levensstijl, is het belangrijk dat je niet te streng bent voor jezelf. Ralph Moorman noemt dit de 80/20-regel: 80 procent van de tijd leef je gezond en 20 procent van de tijd spijbel je. Dan drink je wel die hele fles rode wijn leeg, neem je wel dat stuk taart op die verjaardag, of sla je een keer een training over. Remco raadt aan om rituelen te bedenken voor gezonde voeding, beweging en ontstressen. Zo'n ritueel kan zijn dat je een zak appels in de auto legt en tijdens het rijden altijd een appel eet. Of dat je voor het slapengaan een bakje blauwe bessen neemt, zo vanuit de vriezer. 'Maar het hoeven ook niet allemaal gezonde rituelen te zijn. Als jij ontspant van af en toe een (extra) glas wijn, dan is dat óók goed voor je. Het helpt je om in balans te komen en te blijven.'

## FIT OUDER WORDEN: MEER DAN VOEDING ALLEEN

Met gezond eten alleen ben je er dus nog niet. Goed eten, niet roken, zo min mogelijk stress én regelmatig bewegen: het gezondheidsvoordeel schijnt juist in de combinatie te zitten. Met een gezonde leefstijl blijf je langer energiek en help je jezelf ook te beschermen tegen (dodelijke) ziekten.

**Hart- en vaatziekten**

1 op de 4 vrouwen in Nederland overlijdt aan een hart- of vaatziekte, daarmee doodsoorzaak nummer 1 onder vrouwen. De kans op hart- en vaatziekten wordt verkleind door een gezonde leefstijl: niet roken, een gezond gewicht, voldoende beweging en gezond en gevarieerd eten - minder vlees en zuivel en méér volkorenproducten, peulvruchten, groenten, fruit en plantaardige vleesvervangers.

## EEN GEZOND BEWEGINGSPATROON VOOR DE 45+-VROUW

Ouder worden brengt een aantal natuurlijke lichamelijke veranderingen met zich mee. Naarmate je leeftijd vordert, nemen je spierkracht en conditie automatisch af. Volgens Remco en Hans is naast goede voeding regelmatig bewegen bijzonder belangrijk voor de 45+-vrouw. Het maakt je lichaam sterker en dan heb je minder last van overgangsklachten. Je cholesterol- en suikerspiegels dalen als je goed en gezond eet, regelmatig beweegt en stress vermindert.

Als je al gezond eet en regelmatig sport voordat je in de premenopauze belandt, ben je fysiek sterk en kom je makkelijker door de overgang heen. Dit betekent niet dat je te laat bent als je in de overgang komt terwijl je nooit hebt gesport; je kunt op elk moment beginnen. Door regelmatige trainingsprik-

kels word je fysiek sterker en nemen hormoonschommelingen minder een loopje met je. Je loopt ook minder risico op het ontwikkelen van overgewicht. Daarbij kan beweging houvast geven tijdens deze roerige periode. Even eruit om een halfuurtje te wandelen of een uurtje te fietsen geeft mentale rust en energie. Tot slot: als je regelmatig beweegt, slaap je bovendien dieper.

Als je ouder wordt moet je er wel iets meer voor doen dan in je jonge jaren om je even energiek te voelen. Linda de Mol vertelt ons dat ze steeds gezonder is gaan leven naarmate ze ouder werd. 'Ik vind dat belangrijk omdat ik nog wel een tijdje mee wil. Vroeger was mijn fitheid heel vanzelfsprekend. Ik was jong, dus voelde ik me fit. Ik was gezond en sterk. Nu ik wat ouder word, moet ik harder werken voor datzelfde gevoel. Nu train ik twee, drie keer per week met een personal trainer. Daar ben ik mee begonnen om slanker te worden, maar inmiddels doe ik het om fit, soepel en sterk te blijven.'

Beweging is de effectiefste antiverouderingsmethode die er is.

## WAAROM MOET JE TRAINEN ALS JE OUDER WORDT?

Monique Brood bevestigt dat je na je vijfenveertigste, en zeker na je vijftigste, moet zorgen voor een goede conditie. Niet alleen tegen de overgangsklachten maar ook voor je algeheel welbevinden en kwaliteit van leven na de overgang. 'We worden steeds ouder, vrouwen én mannen. In de loop van je leven verlies je de helft van je botmassa. Veel mensen weten dat je botten brozer worden. Wat minder bekend is, is dat je in de loop van je leven ook veel spiermassa verliest. Dit wordt sarcopenie genoemd.' Volgens Monique is het belangrijk dat we op hoge leeftijd ook nog goede spierkracht hebben. 'Daarom is het belangrijk om te (blijven) werken aan je conditie. Vanaf je dertigste verlies je elk jaar één procent van je spiermassa. Je lichaamsgewicht daalt niet omdat de spiermassa wordt vervangen door vetmassa.'

De voordelen van beweging zijn zo talrijk dat het gezonde voeding weleens van de troon zou kunnen stoten als remedie tegen overgangsklachten. Beweging is in elk geval de effectiefste antiverouderingsmethode die er is. Regelmatig trainen helpt sterke botten te behouden. Het zorgt voor spieropbouw. Het helpt tegen bijna alle ongemakken en pijntjes. Rekoefeningen en een lichte training kunnen je helpen om lenig te blijven.

Regelmatig bewegen helpt ook om chronische aandoeningen, zoals een hoge bloeddruk en diabetes, onder controle te houden. Lichaamsbeweging beschermt tot slot tegen alle ziekten en ook tegen klachten als stemmingswisselingen en depressie. Wij zeggen: win-win-win-win-win-win!

## WAT IS DE GOEDE TRAINING ALS JE OUDER WORDT?

Wij hebben altijd gehouden van bewegen: hardlopen, fitness, poweryoga. We werden er blijer en fitter van. De laatste tijd merken we echter dat we sneller blessures oplopen. Na de training hebben we veel meer spierpijn. Het lijkt ook of we langzamer herstellen. Moeten we nu harder gaan trainen om onze conditie te verbeteren, of moeten we juist een stapje terug doen?

Remco Verkaik raadt aan om elke dag een uur matig intensief te bewegen en twee of drie keer per week matig intensief te sporten. 'Daarbij is het belangrijk dat je geen uitputtende trainingen doet, maar dat je hartslag wel omhooggaat. Zo train je je conditie. En je moet wat krachttraining doen om je spier- en botmassa te behouden. Het keiharde hoog intensieve trainen dat nu zo in is, is niet goed voor een ouder wordend lichaam. Het is te belastend en te uitputtend, waardoor blessures kunnen ontstaan.' Matig intensief bewegen houdt in dat je je lichaam niet zodanig belast dat je buiten adem raakt. Je hartslag mag niet boven de 120 komen. Dit kun je meten met een hartslagmeter, maar als stelregel kun je ook aanhouden: als je nog een gesprek kunt voeren, zit je goed. Voorbeelden van low impact-sporten zijn wandelen, zwemmen en sommige vormen van yoga, onder andere hatha- en yinyoga.

'Als je, zoals jullie, overgangsklachten hebt, kan het zijn dat je ook vermoeidheidsklachten hebt. Dan moet je zeker niet anderhalf uur in de sportschool op hoog niveau trainen. Als je je toch al uitgewrongen voelt, kun je veel beter gewoon een halfuur gaan joggen of wandelen. Je kunt ook voor yoga kiezen. Dit heeft niet zoveel met actief sporten te maken, maar het zorgt er wel voor dat je fysiek weer in balans komt. Het gaat altijd om de balans.'

Hans van Zutphen vult aan: 'Als je het over beweging hebt, denken mensen al snel aan de sportschool. Maar als je veel fietst en wandelt en in plaats van de lift de trap neemt, is dat ook goed. Of neem de trap eens drie keer op en neer. Of als je met de trein of bus naar je werk gaat, stap je één station of halte eerder uit en ga je wandelen. Of je zet je auto op een parkeerterrein een stukje van je werk vandaan en gaat de rest lopen. Zorg er gewoon voor dat je dagelijks genoeg beweging krijgt. Het beste zou zijn drie keer per week minimaal een halfuur achter elkaar.'

Wat je ook doet, vinden Remco en Hans, doe vooral waar je blij van wordt.

**Trainingstips voor de 45+-vrouw**

- Ga voor minder intensieve vormen van beweging
- Doe een langere warming-up
- Bouw de training langzaam op
- Let extra op je ademhaling
- Train het liefst op conditie, kracht, coördinatie en lenigheid door verschillende sporten af te wisselen

Wat je ook doet, doe vooral waar je blij van wordt.

## SPORTVASTEN

Wij hebben Remco en Hans gevraagd om met een concreet plan te komen voor een nieuwe, bij ons passende leefstijl waar alle vrouwen met overgangsklachten wat aan hebben. Zij adviseren ons om te gaan sportvasten: een tiendaagse trainingsmethode die Remco heeft ontwikkeld, waarbij de spieren en de lever worden getraind in het verbruiken van vet in plaats van suiker. 'Als je een aantal dagen niet eet en een halfuurtje traint,' zegt Remco, 'gaan je spieren switchen naar vetverbranding, vergelijkbaar met wat er bij duursporters gebeurt die een urenlange duursportprestatie hebben geleverd. Je wordt als het ware beter in hardlopen zonder dat je heel fanatiek en lang getraind hebt – we noemen dit "de marathonstand". Alleen vasten is niet genoeg, je moet dit combineren met cardiotraining. Sportvasten, zou je kunnen zeggen, is gericht op het in heel korte tijd een prikkel geven aan het lichaam om zich gezonder te gaan gedragen. Dit heet de "*metabolic switch*". Je stofwisseling gaat dan over op het verbranden van vet in plaats van suiker. Het niet-eten is de training. Het sporten doe je alleen maar om alle suikers helemaal uit je spieren te trainen.'

De reguliere sportvastkuur bestaat uit drie fasen: er zijn vier afbouwdagen, dan drie vastendagen en dan weer drie opbouwdagen. Alle dagen moet je gedurende twintig tot dertig minuten cardiotraining doen. 'Zo train je je koolhydraatreserves weg uit je spieren. Op de vastendagen neem je slechts drie glaasjes van 150 milliliter sap per dag. Daarnaast neem je dagelijks specifiek afgestemde supplementen die ervoor zorgen dat je lichaam de juiste vitamines en mineralen binnenkrijgt. Eenmaal geswitcht naar de vetverbranding heb je minder trek in suikers en is je stofwisseling beter in het verwerken en verbranden van vet. Zolang je voldoende blijft sporten en gezond blijft eten behoud je deze nieuwe gezonde stofwisselingsstand.'

Remco heeft deze methode ontwikkeld voor topsporters en heeft het programma aangepast voor de vrouw in de overgang: het programma blijft hetzelfde, alleen moet je per dag 45 minuten laag intensief trainen: joggen, wandelen of fietsen. Daarnaast adviseert hij dagelijks te mediteren en ademhalingsoefeningen te doen.

## WAAROM IS SPORTVASTEN GOED VOOR VROUWEN IN DE OVERGANG?

Voor het antwoord op die vraag brengt Remco ons in contact met sportvastencoach Anita Boone. Zij heeft veel ervaring met het aangepaste sportvastenprogramma voor vrouwen in de overgang. 'Het sportvasten verandert een hoop in je lichaam: je verbrandt veel en snel buikvet, waardoor je je taille terugkrijgt en de opvliegers nagenoeg verdwijnen. De snelle suikers die opvliegers verergeren gaan op de eerste dag al uit je lichaam en dit vermindert de klachten. Veel vrouwen krijgen in de overgang ook gewrichtsproblemen. Als al die snelle suikers uit je lichaam gaan en je neemt je sportvastensupplementen, heeft dit direct een positief effect op de gewrichten. De vitaminen, mineralen, visolie en aminozuren zorgen ervoor dat je geen tekorten oploopt tijdens de vastendagen.'

De combinatie sportvasten en werken is volgens Anita Boone ook goed te doen. 'Sommige vrouwen worden op de derde vastendag een beetje traag in het hoofd. Als je een drukke baan hebt, adviseer ik je de kuur in een rustige periode te plannen. Als je je niet lekker voelt, moet je rust kunnen nemen. Maar tijdens de eerste paar dagen van de kuur, de afbouwdagen, kun je prima werken.'

## ONZE SPORTVASTENKUUR

Goed dan, wij wisten genoeg. Tijd om het uit te proberen! We hebben de kuur samen gedaan en dat was heel fijn, want het was niet altijd even makkelijk. Op moeilijke momenten trokken we elkaar erdoorheen. We zijn niet gestopt met werken; we hebben gedurende de hele kuur aan dit boek gewerkt.

De afbouwdagen waren goed te doen, het leek zelfs erg op ons eigen voedingspatroon. We realiseren ons wel dat we er misschien een ander voedingspatroon op nahouden dan de gemiddelde Nederlandse vrouw, dus daarom was de verandering misschien niet zo ingrijpend. Toch werden we tijdens de eerste twee vastendagen wat licht in ons hoofd, onze concentratiespanne werd korter en dit maakte het werken moeilijker. We konden wel goed slapen.

De laatste vastendag was enorm zwaar; ons lichaam had honger, we voelden ons slap en een beetje down. Het was ook saai om niet te eten.

We zijn elke dag 45 minuten gaan wandelen, iets wat we hiervoor nooit deden. Daarnaast hebben we elke dag gemediteerd. Doordat we zoveel tijd overhadden omdat we geen eten hoefden te bereiden en op te eten, zijn we yinyoga gaan doen. Dat was echt een ontdekking: het zorgt ervoor dat je uit je hoofd gaat en weer in contact komt met je lichaam. Het ontspannen gevoel dat hierdoor ontstond was zo fijn dat we het nu nog steeds doen. Het vasten heeft vooral een mentale switch bij ons teweeggebracht; ons razende hoofd kwam tot rust. En dat was lang geleden. Na de kuur voelden we ons energiek en licht, en we zijn inderdaad ook enkele kilo's afgevallen.

Bij mij (Isa) heeft het geen effect gehad op de opvliegers, wel was ik blij met het gewichtsverlies. Het is nu aan mij om ervoor te zorgen dat die kilo's er niet weer aan komen.

Bij mij (Medina) is het vooral een mentale ervaring geweest. Het confronteerde me met mijn eetverleden; het uithongeren. Ik kwam erachter dat ik die weg nooit meer op wil. Eten geeft energie en energie doet leven.

## SIZE ZERO, *TOO GOOD TO BE TRUE?*

Wij zijn altijd geïnteresseerd in manieren om zo slim mogelijk te trainen. We hebben het druk, zijn vaak (te) moe, maar weten wel dat we in beweging moeten blijven. Zo kwamen we terecht bij Size Zero. Het klonk ons als muziek in de oren: op een bed liggen met wat pads op je lichaam, en na 45 minuten ben je een maatje kleiner. Cool, dachten wij, gaan we doen! Al klinkt het wat te mooi om waar te zijn. Daar wilden we eerst het fijne van weten. We spraken met Tamara Elbaz, die Size Zero heeft opgezet.

### *Luieren en toch afvallen?*

'Ik geloofde er eerst ook helemaal niets van, maar na twee behandelingen was ik drie jeansmaten kleiner. Er zijn zes wetenschappelijke rapporten die onze methode hebben onderzocht en het is bewezen dat mensen door deze training afvallen.'

***Hoe werkt het?***

'Je ligt in je ondergoed onder een dekentje op een massagetafel. Er worden maximaal zestien pads op je probleemzones bevestigd. De pads geven onschadelijke geluidsgolven die zorgen voor de verpulvering van de vetcel. Standaardonderdelen van het programma zijn de elektrostimulatie die de huid verstrakt, en de spierstimulator. Als je namelijk vet weghaalt, moet je ook spieren kweken, anders komt het net zo hard weer terug. Daarnaast is er de lymfedrainage: de verpulverde vetcel móét namelijk uit je lijf, net als de afvalstoffen die hierbij vrijkomen. Deze combinatie zorgt dat je centimeters kwijtraakt en op den duur ook kilo's. Je maakt een keuze uit een aantal trainingsprogramma's, tussen de 20 en 55 minuten. Je ligt, dus je kunt ondertussen ook gewoon een boek lezen of slapen.'

***Dat past heel erg bij de vrouwen van nu. Lekker bijkomen terwijl je traint!***

'Onze klanten zijn ook voornamelijk vrouwen van boven de veertig die kilo's kwijt willen. Maar er komen ook veel vrouwen die in de overgang zitten en die te veel vocht vasthouden. En oudere vrouwen of moeders van wie de huid wat slapper is geworden.'

***Stroomstoten, zijn die niet schadelijk voor je lichaam?***

'Uit onderzoek is gebleken dat het niet schadelijk is voor gezonde mensen. Zwangere vrouwen, mensen met hartproblemen, epilepsie of mensen die net een beroerte hebben gehad, mogen het apparaat niet gebruiken.'

***Dus we kunnen eten wat we willen?***

'Nee, zo werkt het niet. Je kunt niet een keer per week naar Size Zero en wel elke dag friet eten. Je moet het vergelijken met sporten: als je drie maanden intensief gaat sporten maar daarna weer veel gaat drinken en eten, komt het gewicht ook weer terug.'

***Doet het ook iets voor je conditie?***

'Er zitten intensieve spierprogramma's ingebouwd, die ervoor zorgen dat spieren worden getraind en je stofwisseling dus ook harder gaat werken. Je lichaam ervaart het als een work-out. Dus het kost energie, ook al lig je. Je lichaam is na zo'n behandeling wel degelijk moe.'

Wij hebben een aantal sessies gedaan. Het is een makkelijke manier om iets aan je lichaam te doen. Je kunt echt even bijslapen terwijl er van alles gebeurt met je lichaam. Het is namelijk vrij intensief: je spieren worden inderdaad echt getraind. Daarnaast werkt het goed tegen het vocht vasthouden waar wij in deze fase mee te maken hebben. Het is zeker niet zo dat je verder niets meer hoeft te doen. Je moet het zien als een prettige aanvulling op en afwisseling van je trainingsprogramma.

## OP EIGEN WIJZE

Voeding en training: je kunt het zo gek maken als je zelf wilt, maar laten we dat gewoon niet doen. We willen ons niet meer verliezen in alle trends. We hebben ons een weg gebaand door alle meningen, visies en hypes, voortgestuwd door onze eigen wensen. Wat kunnen we concluderen?

Dat wij, nu we ouder worden, de omslag moeten maken van de wens om slank te zijn naar de wens om zo lang mogelijk fit en gezond te blijven. Dit heeft ons wel even op onze grondvesten doen schudden. Ook dit is weer een proces van langzaam ombuigen en veel terugvallen in oude patronen. Maar we realiseren ons steeds meer: tot nu toe heeft ons lichaam voor ons gezorgd, het is tijd dat wij voor ons lichaam gaan zorgen. Vroeger was het vanzelfsprekend dat we ons fit voelden, dat we sterk waren. Nu we ouder worden, moeten we daar harder voor werken.

In de komende fase willen we een gezondere relatie met ons lichaam ontwikkelen, zuiniger op ons lichaam zijn zodat we hopelijk lang en gezond kunnen leven. We zijn nu aan het experimenteren met wat we eten en hoe we bewegen.

Ik (Isa) ben me ervan bewust geworden dat ik met minder eten toe kan. Dat was echt een eyeopener voor mij. Ik kon moeilijk maat houden met eten, ook al had ik genoeg. Ik eet nu meer groenten en minder suikers. Ik probeer te minderen met alcohol en elke dag aan yoga te doen. Dat heeft mijn lichaam echt nodig, het ontspant me en brengt me dichter bij mezelf.

Ik (Medina) zie echt in dat ik anders en beter moet gaan eten. Regelmatiger ook. Het roken, dat is wel een ding. Ik rook voornamelijk als ik gestrest ben, en dat ben ik nogal veel. Yoga en meditatie helpen dus om minder te roken. De stap om te stoppen voel ik naderen. Ik drink elke dag een wijntje, dat is een bewuste keuze; het ontspant.

Wij volgen niet één visie maar zijn onze eigen, bij ons passende leefstijl aan het ontwikkelen. De holistische aanpak, waarbij je naar het totaalplaatje kijkt, past ons goed: onbewerkt eten, regelmatig bewegen en minder stress.

**10 gouden regels voor vrouwen in de overgang**

1. Eet zo veel mogelijk volgens het mediterrane dieet: veel groenten (liefst 500 gram per dag), peulvruchten, fruit, veel vis, volkoren granen, olijfolie en verse kruiden. Neem dagelijks voldoende eiwitten voor het behoud van spiermassa en botten en het laag houden van de vetmassa. Eet wat meer vis, kip of sojaproducten. Eieren zijn ook heel goed.
2. Eet dagelijks pistachenootjes. Ze stimuleren je ververbranding.
3. Eet dagelijks klein rood fruit zoals bessen, aardbeien, etc. Deze beschermen tegen hart- en vaatziekten en bevatten weinig calorieën.
4. Gebruik minder zout. Als smaakmakers neem je specerijen als rode peper, kurkuma, (verse) gember en verse kruiden. Die beschermen tegen ontstekingsgerelateerde ziekten en het ontwikkelen van overgewicht. Ook honing, kokosolie en kaneel zijn goede keuzes. Deze producten werken ontstekingsremmend.
5. Drink minder en het liefst géén alcohol, maximaal een glas per dag. Zeker geen bier.
6. Gebruik niet te veel verzadigd vet; dit zit in bewerkte vleeswaren als worstjes en in kaas en volle zuivel. Af en toe mag, dit kan gecompenseerd worden door veel te bewegen.
7. Beperk je suikerinname drastisch.
8. Doe veel aan beweging, maar low impact.
9. Ontstress, bijvoorbeeld door middel van yoga, meditatie of wandelen.
10. Gebruik dagelijks supplementen om je tekorten aan te vullen.

Waar komt dat voor ons op neer? Remco heeft ons tien gouden regels gegeven en daar proberen wij ons aan te houden. Hij raadt het alle vrouwen aan die in de overgang zitten. En ja, wij passen absoluut de 80/20-regel toe. En nee, we gaan nooit meer op dieet!

We moeten eerlijk zijn; we zijn nog steeds liever dun dan dik. In een ideale wereld zouden we ons niet laten meeslepen door opgelegde schoonheidsidealen. Onze werkelijkheid is helaas anders, maar het inzicht dat een goede gezondheid van het grootste belang is krijgt een steeds grotere plek in ons leven. Want waar gaat het nu echt om als je ouder wordt? Kwaliteit van leven. Laten we niet vergeten te genieten!

### Boekentips

*Voedingsmythes* – Martijn Katan
*Wat is nu gezond?* – Martijn Katan
*Hormoonbalans voor vrouwen* – Ralph Moorman en Barbara Havenith

### Websites

www.energiekevrouwenacademie.nl
www.mkatan.nl/aanbevolen-sites.html

### Tv

*Keuringsdienst van Waarde*: fascinerende televisie over de verhalen achter de producten in ons boodschappenmandje
*Cooked*: documentairereeks van Michael Pollan over onbewerkt eten
*Fat, Sick & Nearly Dead*: de veel te zware Joe Cross gaat sapvasten en verandert ook daarna radicaal zijn voedingspatroon

HOOFDSTUK 7

# JIJ & IK

## Vriendschap, relaties en seks

## VRIENDEN VOOR HET LEVEN

Wij hebben enorm veel vrienden. Ze zijn dan wel digitaal, en wie ze zijn weten we eigenlijk niet, maar toch: vrienden zat! Juist in deze snelle digitale tijd waarin mensen meer contact hebben met hun telefoon dan met de persoon die tegenover hen zit, pleiten wij voor het echte contact. Want wat een armoede, dat jezelf exposeren als een fantastisch persoon met een nog fantastischer leven. De werkelijkheid is vaak anders, en dan komt echte vriendschap vaak goed van pas. Zeker nu we ouder worden, blijkt vriendschap van grotere waarde dan ooit.

### ONZE VRIENDSCHAP: LUSTEN ÉN LASTEN DELEN

Wij zijn heel blij dat wij vriendinnen zijn, zeker in deze fase van ons leven. Zonder deze vriendschap zou ons leven een stuk minder leuk en licht zijn. We hebben elkaar ontmoet op de set van *Rozengeur & Wodka Lime* in 2001. Bij de eerste lezing van het script zaten we meteen al zo te giebelen dat de regisseur ons als een schoolmeester berispte. Sindsdien zijn we onafscheidelijk.

In die zestien jaar hebben we altijd dicht op elkaars leven gezeten. We betrokken elkaar bij grote en kleine dingen, steunden elkaar in moeilijke tijden en we hebben zelfs een tijdje samengewoond. Maar bovenal hebben we altijd veel lol gehad samen. We worden blij van elkaar, halen elkaar om de beurt uit een dip. Gewoon door samen te zijn voelen we ons vaak al beter, lichter, vrolijker. Onze vriendschap groeide uit tot een diepe relatie die niet meer weg te denken is uit ons leven. Het is eigenlijk de perfecte relatie, maar dan zonder seks. Het prettige is dat we ook vaak in dezelfde fase zitten. En nu helemaal, met de overgang. We maken iets mee wat veel verwarring veroorzaakt. Dan blijk je ineens in die verwarring elkaars baken. Het delen geeft echt troost en steun, maakt het minder zwaar.

Juist in een ingewikkelde fase in je leven kan vriendschap het verschil maken.

Alles wat er nu met ons gebeurt, is nieuw voor ons. Onze klachten zijn niet helemaal hetzelfde en toch voelen we elkaar goed aan. We mogen net even iets te scherp uit de hoek komen, het wordt meteen vergeven. We geven elkaar ruimte en luisteren naar elkaars klaagzang om er kort daarna grove grappen over te maken. Dingen die in relaties vaak breekpunten zijn, zijn tussen ons juist bevrijdende inzichten. Het is vooral verbindend. Het samen delen, samen lijden, samen relativeren en dan weer doorgaan.

## UIT HET OOG, UIT HET HART?

Door ons werk zien wij het merendeel van onze vrienden minder vaak dan we soms willen. We werken altijd gedurende een aantal maanden heel intensief aan een project. In zo'n periode heb je amper tijd voor je gezin, laat staan voor je vrienden. Sommige vrienden hebben daar moeite mee. Wij nemen het elkaar niet kwalijk; wij kennen het, we snappen van elkaar hoe het werkt.

Dit heeft echter bij andere vriendschappen in het verleden weleens voor frictie gezorgd. Bij vrienden riep het de vraag op of we wel echt *committed* waren, ons gaf het stress en schuldgevoel. We willen onze vrienden niet teleurstellen, maar ons leven is nu eenmaal niet standaard.

MEDINA Vriendschap, echte vriendschap, is voor mij van levensbelang. Zonder vrienden kan en wil ik niet. Ik zie wel dat er in de loop van mijn leven veel vrienden zijn weggevallen. Het is me simpelweg niet gelukt om al mijn vriendschappen te onderhouden, helemaal niet meer toen ik een kind kreeg. Maar bij mij geldt: als je in mijn hart zit, kom je er moeilijk uit, ook al zie ik je sporadisch. Het gaat mij er niet om elkaar vaak te zien, wekelijks koffie te drinken. Als we elkaar dan zien, is het goed en intens. Dan nog heb ik trouwens vaak het gevoel dat ik tekortschiet in vriendschappen omdat ik er vaak gewoonweg niet aan toekom om er tijd voor vrij te maken. Ik heb gelukkig een handjevol beste vrienden, die erg belangrijk voor me zijn.

Er is nog iets bijzonders aan de hand in mijn leven. Mijn ouders zijn, na vijfenveertig jaar gescheiden te zijn geweest, weer bij elkaar en smoorverliefd! Ik heb altijd gedacht dat mijn vader en moeder bij elkaar hoorden en nu is dat ook echt gebeurd, na vijfenveertig jaar! Na een heel lange reis door het leven zijn ze aan het eind weer bij elkaar. En hebben we ineens dat gezinsleven dat ik als kind nooit heb gekend. Mijn zoon plukt daar de vruchten van. En ik haal het als het ware met terugwerkende kracht in. Ik zie mijn ouders groeien en bloeien als geliefden, grootouders, maar ook als ouders voor mij. We halen verloren tijd in. Ik investeer daarom nu veel tijd in dit prille familieleven. Dat is een bewuste keuze waar ik erg van geniet.

ISA Na het verlies van Antonie en ook mijn beide ouders is vriendschap voor mij steeds belangrijker geworden. Nu ik alleen ben, zijn vrienden een soort relaties geworden – een vervanging van familie? Naast oude vrienden kwamen er ook nieuwe vriendschappen; ik werd omarmd door een groep oude, wijze vrouwen waarmee ik vaak ga lunchen, en dan gaan we door tot in de nacht. Met weer een ander groepje ga ik sinds kort eens per jaar op vakantie. We zijn allemaal heel verschillend, maar we delen in zo'n week lief en leed, en ik kom altijd blakend van energie weer terug. Vroeger zou ik dit nooit gedurfd hebben, zo opgaan in anderen. Nu is het bijna een levensbehoefte: het intense en echte contact, het delen, het dragen. Ik denk dat ik, nu ik ouder ben, goede vriendschappen veel meer op waarde schat.

Er is nóg een verandering gaande: ik krijg meer tijd en ruimte voor mezelf omdat mijn kinderen steeds zelfstandiger worden. Die tijd besteed ik dan aan het samenzijn met vrienden. Het is allemaal nieuw voor mij en zo anders dan vroeger. Ik zie dat ik veel meer durf te delen, mezelf kwetsbaarder durf op te stellen naar vrienden en vriendinnen. Dit is heel bevrijdend voor mij. Ook die jarenlange vriendschappen zijn mij erg dierbaar. Het kan mij diep ontroeren als een vriendin tegen me zegt: 'Weet je nog?' en dat ik dan bedenk dat we elkaar al twintig of dertig jaar kennen en zoveel samen hebben meegemaakt. Door het ouder worden zie ik ook dat ik steeds meer begrip kan opbrengen voor vrienden. Iets waar ik vroeger een vriendschap op stuk liet lopen, zie ik nu als een fase. Of we er wel of niet doorheen komen, doet er minder toe: ik hou sowieso van ze.

## VROUWENPRAATGROEPEN

Twee generaties terug verliepen vrouwenvriendschappen heel anders. Een meisje had jeugdvriendinnen, maar zodra ze trouwde, kwamen haar vriendschappen vaak op een lager pitje te staan. Al haar aandacht ging dan naar haar gezin, het huishouden en de (schoon)familie. Dit veranderde in de jaren zestig. Vrouwen trokken weer naar elkaar toe. De feministen in de jaren zestig en zeventig introduceerden de 'vrouwenpraatgroepen', met als doel dat de vrouw weer een individu moest worden: een zelfstandig, zelfbewust opererend wezen met een eigen mening, eigen ambitie en met dezelfde rechten als de man. De groepen waren bedoeld als steun in de rug en als stimulans om elkaar ook onderling te versterken.

Politica en feministe Hedy d'Ancona richtte in 1968 samen met onder anderen Joke Smit de actiegroep Man Vrouw Maatschappij (MVM) op. Deze groep richtte zich vooral op wettelijke verbeteringen voor vrouwen, zoals gelijke lonen, een verbod op seksediscriminatie, grotere onderwijskansen voor meisjes en legalisering van abortus. MVM stak veel energie in onderzoek, publicaties en contacten met de politiek.

In 1969 werd een tweede feministische actiegroep opgericht: Dolle Mina, genoemd naar Wilhelmina Drucker, een radicale feministe van vóór de Eerste Wereldoorlog. Dolle Mina wilde hetzelfde als MVM maar probeerde dit te bereiken met ludieke acties die de aandacht van de pers en media trokken, zoals het verbranden van een dameskorset bij het standbeeld van Wilhelmina Drucker in Amsterdam en het bezetten van kasteel Nyenrode als protest tegen het feit dat daar geen vrouwen mochten studeren. Er waren acties voor meer crèches door het hele land, er werden condooms uitgedeeld en er was een grote demonstratie waarbij ze mannen nafloten en hun blote buik lieten zien, met daarop de tekst 'baas in eigen buik'. Het recht op abortus was hun belangrijkste strijdpunt. Vanaf 1971 werden de vrouwenhuizen en vrouwenpraatgroepen opgericht. In 1975 werd het eerste blijf-van-mijn-lijfhuis geopend voor de opvang van mishandelde en bedreigde vrouwen.

## Mannen komen en gaan, maar vriendinnen blijven.

Hedy zat ook in zo'n vrouwenpraatgroep. 'Eén keer in de maand kwamen we bij elkaar. Wij wilden alleen maar over werk praten, discussiëren over de belemmeringen die we tegenkwamen, maar er kwamen ook vaak onderwerpen als liefdesproblemen en moederschap tussendoor. Vrouwen voelden zich voor het eerst gehoord en gezien, ook door elkaar. Veel vrouwen werden spontaan lesbisch. Ik heb nog steeds hechte vriendschappen uit die tijd. Vriendinnen met wie ik een gedeelde geschiedenis heb, die ik door en door ken. Een man kan gaan, maar vriendinnen blijven. De verbondenheid van het samen strijden voor de goede zaak is nu verdwenen, maar het vriendinnendom is wel gebleven.'

## VAN GENERATIE OP GENERATIE

Het blijkt dat vrouwen altijd de behoefte hebben gehad om samen te komen, hun wel en wee met elkaar te delen en over vrouwenzaken te praten. De oorsprong daarvan ligt in de oertijd. Jong en oud kwam bij elkaar zodat de oudere, wijze vrouwen de jonge dames konden initiëren in een nieuwe fase in hun leven: als een meisje voor het eerst ongesteld werd, als ze met een man ging samenleven, als ze een kind ging baren of bij het verwerken van een verlies. Deze kennis werd zo van generatie op generatie doorgegeven.

'*Sisterhood*: een band tussen twee of meer meiden, die geen bloedband hoeven te hebben. Ze vertellen elkaar altijd de waarheid, zijn loyaal en houden van elkaar als zussen.' – Robin Rinaldi

De vrouwenkring heeft nu een andere vorm aangenomen. Tegenwoordig zie je veel leesclubjes, kookgroepjes en trainingsclubjes. Het uitgangspunt is niet het ondersteunen van elkaar als vrouwen, maar geeft wel aan dat vrouwen het prettig vinden om elkaar op te zoeken en ervaringen te delen – en je maakt ons niet wijs dat het tijdens die samenkomsten alléén over boeken, eten of sporten gaat. Zou dit de moderne versie zijn van de vrouwenkringen en de feministische vrouwengroepen?

## CONCURRENT OF *SISTER*?

Maar het is niet alleen zusterschap en verbondenheid wat de klok slaat. Om ons heen zien we ook veel concurrentie en rivaliteit. Beter willen zijn dan de ander. Het niet laten merken als het leven je wat zwaarder valt. Te vaak de schone schijn ophouden. Misschien heeft het te maken met ons doorgeschoten perfectionisme. Of durven we niet meer kwetsbaar te zijn? Duidelijk is wel dat we onszelf en elkaar er niet mee helpen.

‘Vrouwen kunnen de wereld regeren. We hebben alles in huis om dat te doen. En wat doen we? We slaan elkaar met die peperdure handtas zo van het balkon af.’ – Patty Zomer

De feministische psychologie ziet concurrentie onder vrouwen als een internalisering van het patriarchaat. Psycholoog Noam Shpancer stelt in *Psychology Today*: ‘Omdat vrouwen *het geprezen worden* door mannen zien als de ultieme bron van zelfwaarde, identiteit, kracht en succes, voelen ze zich genoodzaakt tegen elkaar te strijden om die prijs.’

Schrijfster Lisette Thooft beaamt dit. Volgens haar zijn vrouwenvriendschappen een culturele verworvenheid. ‘Biologisch gezien zijn vrouwen, zolang ze vruchtbaar zijn, elkaars concurrenten. Ze worden voortgestuwd door hormonen en de drang tot overleven: wie krijgt het beste mannetje, wie krijgt het beste zaad? Dus die andere vrouwen moeten uit de weg. Een verdekte vorm van concurreren zijn de moderne moeders die elkaar naar de kroon steken: mijn kind moet het leukste verjaardagsfeestje krijgen, de mooiste kleding, et cetera.’

Het lijkt ons nu de juiste tijd om voor eens en altijd te stoppen met deze concurrentie onder vrouwen. Gun elkaar het succes, de liefde, het geluk, de schoonheid. Dat een ander succesvol, mooi en gelukkig is, wil niet zeggen dat jij het niet kunt zijn – er is genoeg voor iedereen. Ga nog een stapje verder: geniet er juist van als een ander bloeit en straalt!

De vrouwenkring vinden wij een mooi beeld. Als wij terugkijken op ons leven, stonden we er vaak alleen voor als we een nieuwe levensfase betraden. Ongesteld worden, je eerste vriendje, je relatie verbreken; hoe moest dat in godsnaam? We hebben het allemaal zelf uitgevogeld, vaak met het schaamrood op onze kaken. Nu gaan we dat anders aanpakken: de overgang van vruchtbaar naar onvruchtbaar gaan we samen doormaken. Dit is hét moment voor vrouwen om te hergroeperen. Laten we ons anders opstellen naar elkaar; niet meer elkaars concurrenten zijn, maar ons juist met elkaar verbinden. Onze ervaringen delen en elkaar ondersteunen. In deze verwarrende overgangsjaren kunnen we dat extra goed gebruiken: elkaar ondersteunen, informeren, wijze raad delen. En vooral elkaar eraan blijven herinneren dat het een fase is. Samen staan we sterker.

*Let's be friends!*

### 45+, 50 om precies te zijn

Op mijn negenendertigste trouwde ik voor de tweede maal. Ik heb mijn jawoord pas na tien jaar gegeven. Mijn naïviteit was door de jaren heen flink afgenomen en aangezien mijn eerste huwelijk een afschuwelijke herinnering was, wilde ik er zeker van zijn dat het deze keer daadwerkelijk 'de mooiste dag van mijn leven' zou worden met de man die puur en alleen uit liefde met me wilde trouwen. Zo geschiedde en nu, elf jaar na dato, wordt er nog over die prachtige dag gesproken.

Datzelfde jaar werd ik veertig. De leeftijd waarvan beweerd wordt dat je leven dan pas echt begint. Ik zat geweldig in mijn vel en had geen moeite met mijn zelfbeeld. Vol energie en levenslust. Drie jaar later werd er hepatitis C bij mij geconstateerd. Gevolg: levercirrose. De aftakeling ging razendsnel. De kuur die ik kreeg, werkte niet. Sterker nog, mijn toestand verslechterde dramatisch, met leverkanker als gevolg.

Ik kan dus niet echt zeggen hoe het ouder worden mij beïnvloedde, daar ik alleen maar bezig was met overleven. Een levertransplantatie bleek uiteindelijk mijn redding. Inmiddels heb ik de vijftig gehaald. Dat hebben we uitvoerig gevierd. Een maand later werd ik helemaal schoon verklaard. Uiteraard zit ik de rest van mijn leven aan de medicijnen, maar toch, een groter geschenk was en is ondenkbaar!

Nu het absoluut zoveel beter met me gaat, waar ik uiteraard ontzettend dankbaar voor ben, ben ik me helaas wel veel bewuster van alles wat ik lelijk en ergerlijk aan mezelf vind. Als ik 's nachts naar de wc moet, ook zo'n leeftijdsding, en de trap op ga, hoor ik mijn knieën kraken. Als ik moet bukken, zucht en steun ik. Hoge hakken? Ik kon er als de beste op lopen, maar als ik nu naar een feestje ga en überhaupt een poging waag, neem ik altijd een paar ballerina's mee in mijn tas omdat ik na een paar uur als een bezopen giraffe mezelf staande probeer te houden. Holde ik drie jaar geleden in Mexico in een bikini over het strand, nu kies ik voor een badpak en sarong. Ik heb continu trek, maar ben me bewust van het resultaat van iedere bitterbal of het koekje bij de koffie (waarom krijg je dat er toch automatisch bij?). Ik let dus vreselijk op met wat ik eet, maar als ik voor mijn man iets lekkers kook, heb ik het idee dat de calorieën via de pannen alsnog bij mij naar binnen vliegen. Bouwvakkers fluiten niet meer naar me. Om tien uur lig ik in bed, als het niet negen uur is... Ik vind ouder worden vreselijk frustrerend!

Maar...! Als ik 's ochtends met mijn kopje 'gewichtsbeheersingsthee' voor het raam sta en de merels en koolmeesjes en met nog meer geluk roodborstjes in de weer zie, als mijn man zichtbaar geniet van zijn omeletje, als de kat zich niet laat wegduwen en eindeloos spint, als de hond me vrolijk tegemoetkomt, als ik een tafel vol gasten heb die stilvallen vanwege mijn kookkunsten, als ik een geweldige band zie in Paradiso of overweldigende kunst in een museum, als ik een prachtig boek lees, als ik samen met mijn man op reis ben, als ik met mijn kleine sloepje over de Amstel vaar... Dan geniet ik intenser, en met zulke teugen dat ik er bijna dronken van word. Dan weet ik dat ik het leven heb en kijk ik, ondanks dat ik niet meer de jeugd heb (die zo krankzinnig snel voorbijgevlogen is), uit naar de jaren die mij nog resten. Alle fysieke veroudering en aftakeling ten spijt, dat ik het leven mag vieren, en het delen met hen van wie ik houd, is zó waardevol.

*To those about to reach older age: I salute you!*

– Louise Schiffmacher

## OVER RELATIES EN OUDER WORDEN

De overgang is een periode van reflectie. Er gebeurt van alles in je lijf, hoofd en hart, en dat roept allerlei vragen op. Veel vrouwen nemen in deze fase niet alleen zichzelf onder de loep, maar ook hun relatie. Als in diezelfde jaren je kinderen zelfstandiger worden of op zichzelf gaan wonen, komt de relatie met je partner nog meer centraal te staan. Je komt er niet onderuit om je relatie te evalueren: hoe zie ik mijn partner, wie ben ik als partner en hoe beleef ik mijn relatie? Maar ook: vind ik mijn partner eigenlijk nog wel leuk? Past hij/zij nog wel bij mij in deze nieuwe levensfase? En wie ben ik eigenlijk zelf? Ook al zijn wij op dit moment alleenstaand, deze vragen spelen ook bij ons. En ook als je geen kinderen hebt, vraagt deze nieuwe fase om reflectie.

### LIEFDE IS DE DRIJFVEER

ISA Ik ben sinds zes jaar alleen. Het heeft best een tijd geduurd voordat ik überhaupt weer aan een andere man kon denken. En nog langer voor ik weer iets voor iemand kon voelen. Het is sowieso niet niks om na een relatie van bijna twintig jaar open te staan voor een nieuwe man. Ik vond het lastig om niet te vergelijken met wat ik ooit had. Wilde ik dit wel echt? Moest ik niet hetzelfde verpletterende gevoel hebben dat ik ooit bij Antonie had? Of zou het juist beter zijn van niet? Allemaal vragen die niet echt helpen bij het aangaan van een nieuwe relatie. Ik besloot er eens anders naar te gaan kijken. Ik ging me meer openstellen voor vriendschap met mannen. Dankzij die vrienden leer ik mezelf beter kennen. Bij de een komt mijn lichte, vrolijke kant naar boven, bij de ander mijn diepere kant, mijn behoefte aan zingeving.

Toen ik jong was, was ik veel spontaner in de liefde. Nu weet ik veel beter wie ik ben en wat ik wil, en ik heb kinderen die natuurlijk op de eerste plek komen. Misschien was dit allemaal niet zo ingewikkeld geweest als ik patsboem tot over mijn oren verliefd was geworden, maar dat is tot nu toe niet gebeurd.

Ik zie vriendinnen nieuwe relaties aangaan en soms vind ik dat moeilijk. Ik wil ook wel weer een arm om me heen, iemand aan wie ik al mijn verhalen kwijt kan en die onvoorwaardelijk van me houdt. Aan de andere kant ben ik inmiddels ook behoorlijk happy met hoe mijn leven nu is. Ik heb geleerd op eigen benen te staan en een leuk leven te creëren voor mijn kinderen en mezelf. Dat is wel het grootste cadeau van de afgelopen jaren: ik kan heel goed met mezelf door een deur. Ik zie dit echt als een verworvenheid.

Maar hoe fijn het nu ook is, alleen oud worden is niet iets waar ik warme gevoelens bij krijg. In vrijheid met iemand samenzijn, het leven nadat de kinderen het huis uit zijn, dat lijkt me heerlijk. Maar moet het per se in de vorm van een vaste relatie? Vind ik het wel allemaal in één man? Ik zie mezelf ook wel met een groep vrienden een groot huis kopen waar we gezellig met z'n allen onze laatste dagen slijten – met een leuke verpleger natuurlijk. Wie weet. Zolang mijn hart openstaat en ik me openstel voor nieuwe ontmoetingen, blijft het vlammetje wel branden. Liefde is en blijft de drijfveer, de motor van mijn voertuig. In welke vorm dan ook, met of zonder partner. Want de basis ben ik.

## FASAIRE LIEFDE

**MEDINA** Ik vind het wel fijn om in deze fase van mijn leven even alleen te zijn; het is een turbulente tijd met al die overgangsperikelen en daar wordt niemand wijzer van. Dat doe ik dan liever alleen. Die arme vooralsnog niet-bestaande man hoeft dit nu in ieder geval niet over zich heen te krijgen en ik kan even lekker mezelf kwijt zijn zonder me te hoeven verantwoorden.

Ik vermoed sowieso dat ik iets anders naar relaties kijk dan de meeste mensen. Ik was rond de vijfendertig toen ik de term 'fasaire liefde' bedacht. Ik had al een paar relaties achter de rug en merkte dat ik na een tijd van liefdesverdriet en verwerking toch ook weer smoorverliefd kon worden en me met overgave in een nieuwe relatie kon storten. Sindsdien zie ik het zo: je gaat van de ene levensfase naar de andere. Je ontmoet iemand in een bepaalde fase en begint een relatie. Je ontwikkelt je allebei – door wat je meemaakt en door met elkaar te zijn. Op het moment dat een van de twee naar een nieuwe levensfase gaat, kan het zijn dat de ander dit niet doet, of niet op dezelfde manier. Dan kun je uit elkaar groeien.

Is het dan zo erg om uit elkaar te gaan? Ik vind van niet. Ik zeg niet dat je al na de eerste ruzie uit elkaar moet; een relatie vergt inzet en toewijding. Maar ik voel heel duidelijk wanneer iets klaar is. En dan ben ik blij en dankbaar voor wat er was, maar wil ik ook verder. Het liefst ga ik als vrienden uit elkaar, juist omdat we iets moois met elkaar hebben gedeeld. Zo voel ik het.

Daarbij is het voor mij essentieel om tijd voor mezelf te hebben. Om in mijn pyjama door mijn huis te kunnen dwalen en naar mijn eigen gedachten te kunnen luisteren. Samenwonen vind ik dus best een ding, want dan raak je die eigen ruimte heel snel kwijt.

Zeg ik nu dat ik niet in de liefde geloof? Nee hoor, het leven kan gek lopen en daar sta ik altijd voor open. Kijk naar mijn ouders. Ik vind het heel mooi en hoopvol dat twee mensen die al een heel leven achter de rug hadden, toch de moed vonden om vol in het leven en de liefde te stappen, en niet te verpieteren achter de geraniums; zij dragen de liefde hoog. Het kan zomaar zijn dat ik morgen iemand tegenkom met wie ik door alle fasen heen samen kan groeien.

## DE GLANS GAAT ERAF

*En ze leefden nog lang en gelukkig...* Helaas is geen enkele relatie zo simpel. Het lijkt wel alsof partners altijd iets anders willen. En als ze wél hetzelfde willen, dan nooit op hetzelfde moment. Te vaak verliest een stel zich in het dagelijkse gekissebis. Terwijl het zo mooi begint: je bent dolverliefd, je straalt, je ziet er beter uit dan ooit en je kunt aan niets anders denken dan aan samenzijn met je geliefde. De eerste irritaties vergeef je elkaar nog snel. Maar dan komt die eerste grote ruzie die niet zo snel overgaat en al helemaal niet zo makkelijk wordt vergeven. Je ziet ineens allerlei dingen bij de ander die je helemaal niet bevallen. Helaas woon je dan meestal al samen. De sleur heeft zich inmiddels gezellig naast jullie op de bank genesteld. Voor je het weet snauw je alleen nog maar tegen je geliefde, om je uiteindelijk terug te trekken in je eigen veilige coconnetje; *living apart together.*

Het gaat gelukkig niet met ieder stel zo, maar dit is wel het patroon waarin wij vaak vervallen, elke relatie opnieuw. Die botsingen, hoe komt dat toch?

Kunnen wij iets doen zodat we deze hobbel bij een volgende relatie wat beter kunnen nemen? Of als je wel in een relatie zit en dit patroon herkent, hoe kun je het dan anders aanpakken?

## DE MAN MOET AAN DE BAK

Therapeute Joke Metselaar ziet dat de vrouw zich in de afgelopen vijftig jaar enorm heeft ontwikkeld. Aangezien de meeste vrouwen een relatie hebben met een man, vindt zij dat de man nu aan de slag moet. 'Vrouwen werden tot voor kort als tweederangsburgers gezien en hebben generaties lang moeten vechten voor hun bestaansrecht. Ze zijn hierdoor sterker geworden en hebben door die strijd hun mannelijke energie meer kunnen ontwikkelen.' Twintig jaar geleden zag ze in haar praktijk voornamelijk vrouwen die worstelden met een laag zelfbeeld, die zichzelf wegcijferden en opofferden. 'Vrouwen zijn sindsdien veel zelfbewuster geworden. Het wordt tijd dat de mannen ook een inhaalslag gaan maken. Mannen moeten echt aan de bak om weer op één lijn te komen met de vrouwen van nu. Als de vrouw sterker wordt, moet de man ook sterker worden, zodat er weer een evenwicht ontstaat.'

'Ieder mens heeft zowel vrouwelijke energie (in- en aanvoelen) als mannelijke energie (doelgericht, actie) in zich. Het is belangrijk dat ieder mens beide kanten in zich ontwikkelt,' zegt Joke. 'Wat de man vaak vergeet, is om die vrouwelijke energie in te zetten voor hij actie onderneemt; het empathisch in- en aanvoelen van "wat moet ik doen?" De man kan dit echt nog beter leren ontwikkelen.' Joke leert mannen in haar praktijk te voelen en van daaruit te communiceren. 'Er speelt vaak een agressieprobleem,' zegt ze. 'Die agressie wordt grotendeels veroorzaakt door testosteron, dat mannen van nature in overvloed hebben. Daar kunnen ze niets aan doen, maar ze kunnen wel leren hoe ermee om te gaan. Een goed voorbeeld is een man die gefrustreerd thuiskomt van zijn werk en dat afreageert op zijn gezin zonder dat hij het zelf doorheeft. Ik leer hem dan om voor hij naar huis gaat even de auto aan de kant te zetten en een moment te nemen om de dag van zich af te laten glijden. Zo ontlaadt hij de opgedane stress, irritatie, frustratie en/of boosheid en neemt hij die niet mee naar huis.'

En wat voor beide partijen geldt, of het nu mannen of vrouwen zijn: in een relatie is het heel belangrijk dat je goed communiceert. We leggen te vaak de schuld bij de ander, we zeggen te makkelijk: jij maakt mij ongelukkig. Maar daarmee duw je de ander van je af. Joke adviseert om meer vanuit jezelf te leren communiceren: ik heb behoefte aan dit, ik voel dat, dit is voor mij… 'En laat de ander óók weten wanneer je iets fijn vindt. Want als het zo scheef zit tussen jullie en je partner doet eens iets liefs voor je, dan krijg je het vaak niet meer over je lippen.'

Dit is zo herkenbaar! En wij worden er ook zo lelijk van, letterlijk en figuurlijk: boze zuurpruimen die geen goed woord meer over hebben voor onze partner. En steeds hogere eisen gaan stellen. Dat is toch geen liefde?

## ZIE DE VERSCHILLEN

Filosoof en cabaretier Paul Smit vindt ook dat zowel de man als de vrouw hier iets te leren heeft. 'Er is een wezenlijk verschil tussen het mannelijke en het vrouwelijke brein dat maakt dat beiden anders reageren op een probleem: het mannelijk brein is geprogrammeerd om een oplossing te zoeken; het vrouwelijk brein is geprogrammeerd om een emotie drie keer te ontladen en dan is het probleem ook weg. Dus wij mannen moeten inzien dat als een vrouw een probleem met ons wil bespreken, we dan gewoon even onze mond houden en moeten luisteren. Maar wij zeggen dan: weet je wat jij moet doen… Wij willen het meteen oplossen, terwijl die vrouw dat helemaal niet wil. Zij wil gewoon even haar hart luchten. Mannen kunnen al die emoties vaak niet aan. Zij worden aangestuurd door hun testosteron, dat meteen in actie wil komen. En emoties moeten per definitie weggedrukt worden, want die staan de actie in de weg. En dát moet de vrouw dan weer begrijpen.'

## WRIJVING ZORGT VOOR ONTWIKKELING

Volgens schrijfster Lisette Thooft hebben de verschillen tussen mannen en vrouwen een functie: 'We zijn als mannen en vrouwen zó ontworpen dat in elke relatie vanzelf wrijving ontstaat. Een vrouw zit biologisch en emotioneel zo in elkaar dat ze in liefdesrelaties geneigd is tot vasthouden. Een man daarentegen is van nature gericht op afstand nemen en loslaten. Dat botst. Vrouwen ergeren zich mateloos aan de luie, botte, slordige, afstandelijke, onverantwoordelijke en egocentrische mannen om hen heen. Mannen worden vaak gek van de bemoeizuchtige, bazige en bezitterige vrouwen in hun leven. Maar juist deze botsingen, die wrijving, zorgt ervoor dat wij, als mannen én als vrouwen, ons geestelijk ontwikkelen en zo elkaar beschaven.' Dit geldt trouwens ook voor lesbische- of homostellen, benadrukt Lisette, want ieder mens heeft die mannelijke en vrouwelijke kant in zich. Wel blijkt dat lesbiennes relatief het vaakst scheiden. Lesbisch relatietherapeute Ingrid Verbeek verklaart dat in een artikel in *Trouw* als volgt: 'Vrouwen kijken positief kritischer naar hun relatie en kiezen eerder voor hun eigen geluk. Het zijn ook in heterorelaties vaak de vrouwen die problemen aankaarten. Vrouwen willen eerder praten en zoeken eerder hulp. Als je die lijn doortrekt, is het logisch dat dit bij twee vrouwen dubbel optelt.'

'Langdurige liefde is vooral een vaardigheid die wij ons langzaam en met de nodige moeite eigen moeten maken.' – Alain de Botton

De verschillende inzichten en zienswijzen hebben ons aan het denken gezet. Hoe zit het met onze vrouwelijke en mannelijke energie? Wij hebben hard aan onszelf gewerkt om zelfstandige en sterke vrouwen te worden. Een eventuele nieuwe relatie zou voor ons een aanvulling moeten zijn. Want we zijn heel blij met ons leven: de vrijheid, onze kinderen, ons werk, onze vrienden. We merken dat mannen daar aan de ene kant wel op vallen, maar aan de andere kant zoeken ze toch ook (liever?) die verzorgende vrouw die het huishouden doet.

## DE VERSTOORDE MAN-VROUWBALANS

Vera Steenhart is seksuologe, relatietherapeute en schrijfster van het boek *Lust of last? Verhalen uit de praktijk van een seksuoloog.* We spreken haar over de ontwikkelde vrouw, de achtergebleven man en het herstellen van de balans.

***Zijn wij te sterk geworden voor de man?***

'Waar krachtige vrouwen tegenwoordig vaak tegenaan lopen – of je nu alleenstaand bent of een partner hebt – is dat de meeste mannen wat meer bevestiging nodig hebben. Bevestiging van hun belangrijke bijdrage aan jouw leven. In andere levensgebieden dan de liefde kan hij zich misschien prima redden, maar in de liefde wil hij op zeker koersen en weten dat hij het goed doet in jouw ogen. Dat maakt hem afhankelijk en een afhankelijke partner is niet erg sexy. Maar een krachtige vrouw heeft natuurlijk ook haar onzekere kanten. Anders werkt een relatie ook niet: het niveau van differentiatie moet niet te ver uit elkaar liggen.'

***Wat bedoel je met 'niveau van differentiatie'?***

'Differentiatie betekent: ik ben ik en jij bent jij. Het is van belang daadwerkelijk verschillend te kunnen zijn ten opzichte van de ander. We zijn twee verschillende mensen, maar we gaan ook een verbintenis met elkaar aan. Het gaat erom dat je die twee aspecten evenveel gewicht geeft: jezelf zijn én verbonden zijn met de ander. Partners moeten het aandurven zichzelf bloot te geven in plaats van zich te laten leiden door de angst voor afkeuring. Dat lijkt heel eng, maar het levert per saldo krachtigere relaties op met meer dynamiek. En natuurlijk wil je je ook verbinden met de ander. Je doet en laat dingen omdat de relatie je veel waard is.'

***Waarom is dit evenwicht zo belangrijk?***

'Als het uitschiet – te veel met jezelf bezig zijn of te veel opgaan in de ander – dan loopt het scheef in de relatie. Een paar generaties terug waren mannen het sterke geslacht. Vrouwen volgden de mannen braaf, in elk opzicht. Veel mannen van nu vinden het fijn dat de vrouw zelfstandig is en dat ze niet alleen op hem steunt. Veel vrouwen vinden het prettig dat de man wat zachter is geworden. Maar nu de vrouw zo sterk is geworden en de man softer, ontstaat er een nieuw probleem. Vrouwen kunnen zich niet meer overgeven, is een veelgehoorde klacht. En niet verrassend, want om je over te kunnen geven, moet er wel iemand stáán!'

***Eisen wij dan te veel van de man?***

'Als vrouwen een relatie aangaan met een man, hebben ze de neiging om te denken: dit is een leuk vertrekpunt. Hier maak ik nog wel wat van. Zij zien *potentie* en gaan een relatie aan in de veronderstelling dat de man zich nog zal ontwikkelen. Mannen denken daarentegen: zo is ze, zo vind ik haar leuk, zo mag ze blijven. Hier kun je als stel behoorlijk mee op je bek gaan. De man kan na verloop van tijd doodziek worden van al die potentie die zij in hem ziet en alles wat hij moet waarmaken. Er zijn natuurlijk mannen die dat wel leuk vinden, maar de meeste mannen worden héél moe van dat gigantische eisenpakket van de vrouw. Vaak zijn het ook nog eens eisen waar de man helemaal niet aan wíl voldoen. Ze vinden het prima zo en ze willen helemaal niets veranderen.'

***Zonen van feministen***

'Wat jullie ook moeten beseffen: de mannen van jullie leeftijd zijn de zonen van de vrouwen uit de feministische golf in de jaren zestig. Dit feministische denken heeft voor deze mannen, eerlijk gezegd, niet op alle vlakken zo positief uitgepakt. Ik zie het veel in mijn praktijk: zo'n man is door zijn feministische moeder opgevoed met dingen als: "Als een meisje nee zegt, dan bedoelt ze ook nee", en "Je moet als man vooral niet aandringen". Ze zijn panisch voorzichtig geworden in het seksueel benaderen van de vrouw. Terwijl de meeste vrouwen soms ook de behoefte hebben even goed genomen te worden. De man mag best eens zeggen: "Kom eens even lekker hier, want ik heb zo'n zin in je." Maar dat durft hij dus niet meer. Hij wil niet die man zijn die zijn lust aan vrouwen opdringt… En zo kom je dus nergens.'

***Is het moeilijk voor de oudere vrouw om een nieuwe relatie te vinden?***

'Vrouwen die op latere leeftijd opnieuw de relatiemarkt betreden, schrikken zich vaak rot. De hele markt is totaal anders dan vroeger. Er zijn nu datingapps zoals Tinder, maar ook SecondLove; voor mensen die naast hun relatie seks willen met anderen. Je kunt wel drie afspraakjes per dag hebben als je wilt. De keuring verloopt ook drie keer sneller dan vroeger, en dat kan even wennen zijn. Het kan vrouwen afschrikken, waardoor ze afhaken. Dat is jammer, want zo lopen ze misschien wel die perfecte partner mis. Het is dus vooral een kwestie van doorzettingsvermogen en ook als vrouw heel veel schiften in het aanbod.'

***Is de oudere man niet eerder op zoek naar een (veel) jongere vrouw?***

'Het algemene denkbeeld is dat mannen altijd een jongere vrouw willen. Als een alleenstaande vrouw van 40+ zich aanmeldt op een datingsite, smokkelt ze soms haar leeftijd een aantal jaar naar beneden, want, denkt ze: anders krijg ik alleen maar aandacht van (bijna) bejaarde mannen. Ze wil liever een man van haar eigen leeftijd, maar hoe komt ze daaraan? De zelfstandige, leuke mannen die goed zijn in het onderhouden van een relatie, zijn vaak al bezet. Dus als alleenstaande, zoekende vrouw kun je het gevoel krijgen dat je het moet doen met de restjes. Zo kan er paniek ontstaan: zie je wel, straks blijf ik voor altijd alleen. Dit kan vrouwen weer bitter maken. En juist die bitterheid ruiken mannen op kilometers afstand en houdt hen ook op afstand. Zelfs zo erg dat het een selffulfilling prophecy wordt en de vrouw echt alleen blijft.'

**Cougars**

Niet alleen mannen lijken op zoek naar een jongere partner. Tegenwoordig zie je steeds vaker dat vrouwen een relatie krijgen met een jongere man. Vroeger werd daar wat meesmuilend over gedaan: 'Op een oude fiets moet je het leren.' Het was als man niet echt iets om trots op te zijn. Tegenwoordig wordt het steeds meer geaccepteerd. Veel vrouwen vinden mannen van hun eigen leeftijd een beetje saai. Jongere mannen zijn minder gezapig, nog niet zo ingedut. Bovendien is het voor hoogopgeleide vrouwen van boven de veertig, die vaak moeite hebben om een geschikte partner te vinden, een manier om hun markt te 'verruimen'. Vitaliteit, levenslust, energie – dat zijn woorden die genoemd worden als vrouwen hun zoektocht naar een jongere partner proberen te verklaren. Wat er ook nog bij komt: vrouwen hebben een hogere levensverwachting, dus een vrouw die een relatie aangaat met een man van gelijke of hogere leeftijd, loopt grote kans uiteindelijk alleen achter te blijven.

Je kunt het zo zien: jonge vrouwen (tot een jaar of dertig) vallen vaak voor een man die ouder is. Status, financiële zekerheid en de rust om te settelen zijn in die fase belangrijk. Zijn ze tien jaar ouder, dan zitten vrouwen daar niet meer op te wachten. Ze hebben hun leven (financieel) op orde en zoeken heel andere kwaliteiten in een partner.

***Vera, is er wel hoop voor ons, of kunnen wij beter alleen blijven?***
'Nee, alleen blijven is zeker niet "beter". In relaties kun je dingen over jezelf leren en jezelf verbeteren. De wrijvingen die ontstaan binnen een relatie zorgen ook voor persoonlijke groei. Het is wel belangrijk dat vrouwen het evenwicht leren creëren tussen enerzijds op zichzelf vertrouwen en anderzijds niet veroordelend zijn naar de man in relaties en intimiteit. Ik hoor vaak van mannen dat vrouwen van boven de veertig zo verbitterd en ontevreden zijn en dat ze enorme eisenpakketten hebben. Je staat dan als vrouw jezelf en je geluk in de weg. Een man is geen veranderingsproject. Werk aan jezelf.'

***Je moet een man dus meer nemen zoals hij is?***
'Dat is wel zo handig. Dat doet hij bij jou meestal ook.'

Een man is geen veranderingsproject.

We zijn onder de indruk van Vera's verhaal. We herkennen er veel in en zien ook in dat we bij een volgende relatie iets milder moeten zijn naar de man. En inderdaad het eisenpakket iets kleiner maken. En zoals mannen dus vaak wel blijken te doen: de ander accepteren zoals hij is. Als je dat niet kunt, kun je er maar beter niet aan beginnen.

**Hoe minder je het bij de ander zoekt, hoe beter je relatie**

Lisette Thooft vertelt ons dat voor haar het grote verschil met vroeger is dat zij toen vaak bij relatieproblemen de oorzaak bij haar partner legde. 'Het lag altijd aan de ander dat ik niet gelukkig was. Op een gegeven moment zei de psychiater: "Lisette, je levert je man hier af als een defect huishoudelijk apparaat." Ik ben aan mezelf gaan werken en merkte: hoe minder je je geluk bij de ander zoekt, hoe beter je relatie. Dit is een grote verworvenheid. Als je leert je eigen emotionele behoefte te vervullen, is alles wat die ander toevoegt een cadeau.'

## MAG HET LICHT UIT? SEKS & DE OVERGANG

In deze maatschappij moet alles maar strak en mooi blijven, terwijl de natuur het tegenovergestelde doet. Dit botst. Ook bij seksualiteit gaat het om durven zijn wie je bent, maar als je schaamte voelt over je ouder wordende lichaam, geeft dat spanning en kun je er niet van genieten.

Seks hebben met ons ouder wordende lichaam, daar voelen we ons nu nog niet helemaal senang bij… Hoe gaan we dat aanpakken? Een paar wijntjes erin en het gaat allemaal vanzelf? De gedachten over ons lijf zitten overgave vaak in de weg. En nu we ouder worden, speelt dat steeds meer. We schuiven opnieuw aan bij Vera Steenhart, ditmaal om te leren op een evenwichtige manier om te gaan met seks.

***Seks met je verouderende lichaam, hoe doe je dat?***

'Ik heb hier geen gouden tip voor. Alles gaat hangen en wordt slap, terwijl vrouwen toch vaak worden afgerekend op hun uiterlijk. Dat kun je soms met kleren aan nog wel allemaal netjes in vorm houden. Maar zeker als je de relatiemarkt weer betreedt, wordt dit ingewikkeld: o jee, mijn borsten hangen. Straks ziet hij dat en hoe gaat hij daarop reageren? Dit is vaak een reden waarom vrouwen niet zo snel de stap naar seks durven te nemen. Of ze drinken zich voor de eerste keer een stuk in de kraag, "dan hebben we het maar gehad". Het blijft dus lastig. Ik spreek zelden een vrouw die zegt: "Ik word ouder en mijn lichaam gaat ook een beetje uitzakken maar ik vind dat allemaal helemaal oké." Terwijl voor mannen nog steeds geldt: hoe ouder, hoe knapper. Maar dat is helemaal niet waar, want niet iedere man is George Clooney. De meeste mannen worden kaal en krijgen een dikke buik.'

***Hoe zie jij de overgang ten aanzien van seksualiteit?***

'De overgang betekent niet het einde van je seksleven – integendeel. Je hebt al een half leven achter de rug en hebt veel levenservaring opgedaan. Je bent min of meer geworden wie je bent of hoe je bedoeld was en durft veeleisender te zijn. Je bent meestal ook los van een aantal beperkingen waar je eerder in je leven last van had. Het is vaak een periode waarin je wat meer *in charge* durft te zijn. Dit kan ook consequenties hebben voor de manier waarop je je seksualiteit wilt beleven. Dat je niet meer tevreden bent met een plichtmatig nummertje, dat je er meer van wilt maken, dat je je meer wilt verbinden met je partner.'

***Heeft de overgang invloed op seks in een relatie?***

'In een relatie pas je je continu aan elkaar aan. Naarmate de relatie belangrijker voor je wordt, ga je meestal een beetje inbinden. Als je bijvoorbeeld merkt dat de ander niet zo gecharmeerd is van jouw initiatief om in de duinen te gaan vrijen, dan kun je denken: oké, het is niet zo belangrijk wat ik wil, dan vrijen we niet in de duinen. Zo maak je jezelf kleiner en beperkter. Als je beter weet wat je zelf wilt – en dat weet je als je wat langer geleefd hebt en jezelf beter kent – dan durf je er ook meer voor te gaan. Dan denk je van: wacht even, ik ga mezelf niet weer in een keurslijf proppen, want daarmee verdwijnt mijn levenslust en die is heel belangrijk voor me. Het kan dus heel goed zijn dat je met het vorderen der jaren meer gaat nadenken over hoe jíj seks wilt beleven. Er zijn vrouwen die al jaren in een relatie zitten en er dan ineens achter komen dat een monogame relatie eigenlijk niks voor hen is. Die gaan dan ineens het pact openbreken dat ze als stel hebben gesloten: het is óf dat, óf we gaan uit elkaar. Ik ken stellen van tegen de vijftig waarin een van de partners zegt: "Ik wil het helemaal anders, ik wil veel meer vrijheid en ik vind dat jij dat ook moet doen." Dan is het belangrijk om precies te onderzoeken wat de grenzen en behoeftes van de een zijn en wat de grenzen en behoeftes van de ander. Alles kan en mag, zolang geen van beide partners zichzelf geweld aandoet – dat is wel de les uit de jaren zeventig en de partnerruilperiode. Veel mensen zijn toen maar overal in meegegaan en voelden zich daar achteraf ongelukkig onder. Ze hadden daar nog jaren last van of moesten in therapie.'

***We kampen vaak met een schuldgevoel ten aanzien van onze seksuele behoeftes, of het gebrek daaraan. Hoe komt dat?***

'Vrouwen voelen zich er vaak verantwoordelijk voor om de seksuele relatie goed te houden. Als ze weinig zin hebben, voelen ze zich daar schuldig over; dan denken ze dat ze hun partner tekortdoen. Dit geldt trouwens ook als ze wél zin hebben in seks, maar niet dezelfde dingen willen als hun man. Een vrouw moet zich "openen" bij seks. Maar vergis je niet in wat het voor de man betekent: bij het vrijen vertrouwt hij zijn intiemste en kostbaarste lichaamsdeel toe aan de vrouw. Oudere mannen zijn zich hier vaak meer bewust van en wachten er dan ook langer mee. Vanuit de gedachte: seks is niet zomaar iets, dat moet goed voelen, anders doe ik het niet. Klaarkomen kan ik zelf ook wel, daar heb ik mijn rechterhand voor.'

***Wat is de waarde van seks volgens jou?***

'Seks is een taal. Je zegt er heel veel mee, ook als je seksleven dood is. Ik verwijs mensen ook weleens naar een haptotherapeut zodat ze beter leren voelen met hun lichaam – dat ze niet alleen met hun hoofd "voelen" maar ook met hun lijf. Er zit ontzettend veel variatie in hoe een vrijpartij gaat; de ene keer kan beter zijn dan de andere omdat jij en je partner allebei elke keer in een andere stemming zijn. Ik vind het belangrijk om mensen te leren zich preciezer op elkaar af te stemmen. Met name voor vrouwen geldt dat ze verbinding willen voelen. Met je vrienden kun je uit eten en heb je het gezellig, maar met je partner heb je dat speciale.'

***Moe en geen zin: wat nu?***

'Het punt is dat jullie casusvrouw niet alleen in de overgang zit, maar ook nog eens de hele dag in de weer is: op haar werk, voor haar kinderen, het huishouden, boodschappen doen. Die vrouw is om negen uur 's avonds gewoon bekaf. Dan staat ze niet meer open voor wie dan ook. En seks vraagt juist om je openstellen. Dan denk je als vrouw al snel: nu even niet. Het betekent gewoon dat er voor de vrouw overbelasting is op meerdere gebieden. Als dit chronisch is, kun je niet ook nog eens verwachten dat ze zich openstelt voor een vrijpartij. Terwijl mannen juist alle opgehoopte stress kwijtraken door seks en daarna heerlijk in slaap vallen. Een vrouw kan daar een tijdje aan meedoen, toegeven aan zijn wens om te vrijen, maar na een paar keer denkt ze ook: ja dag, ik ben geen slaapmiddeltje, het moet wel om mij gaan. En dit schept nog meer afstand.'

***Wat moet je doen als je geen zin hebt, maar je partner wel?***

'De vrouw die geen zin heeft is de meest voorkomende klacht waar mensen mee bij een seksuoloog komen. Maar er zijn tegenwoordig ook veel mannen die geen zin hebben. Hier is geen eenduidige therapie voor. Ik ga altijd eerst analyseren wat er in de relatie allemaal speelt. Geen zin in seks kan verband houden met onvrede in de relatie: ik krijg niet wat ik wil, dus jij krijgt ook niet wat jij wilt. Als zij chronisch steun van hem tekortkomt in alles wat er moet gebeuren in het gezin of in het huishouden, kijken we wat hij kan doen om een bijdrage te leveren en haar te ontlasten. Maar het kan ook zijn dat zij zich moet realiseren dat ze zulke hoge eisen aan zichzelf stelt dat ze op een burn-out afstevent. Dan zal zij eerst meer ruimte voor zichzelf in haar leven moeten maken. Vaak praat ik dan ook over zingeving: hoe geef jij betekenis aan je leven? Waarom is je werk zo belangrijk, waarom moeten je kinderen naar zoveel clubjes? Hou je dit nog vijf jaar vol? Het gaat niet alleen maar over "de daad". Ik kijk eerst naar wat er in de breedte speelt en dat gebruik ik om uit te leggen waar het op seksueel gebied misloopt. Anders is het alleen maar symptoombestrijding.'

***En als je allebei geen zin meer hebt in seks?***

'Ik heb veel stellen gezien die al jaren met elkaar zijn en die mij vertellen dat ze een heel fijne relatie hebben, alleen vrijen ze al jaren niet meer. Ze weten niet hoe dit komt. Ik vind dit altijd heel interessant, want er zal toch een reden zijn waarom ze niet meer vrijen. Daar gaan we dan naar op zoek. Er kan een probleem zijn op seksueel gebied, iets wat niet aan het licht mag komen over de relatie of een probleem in de aantrekkelijkheidssfeer; iemand wast zich niet vaak genoeg of iemand heeft alleen maar zin in seks als hij of zij heel veel gedronken heeft. De ander vindt dat een paar keer oké, maar daarna niet meer. Door uit te zoeken wat er aan de basis ligt van een seksloze relatie, wordt vaak al de ruimte gecreëerd die nodig is om datgene wat vastzit weer in beweging te brengen, zodat er meer ruimte is voor intimiteit en erotiek.'

## LICHAMELIJKE VERANDERINGEN EN DE INVLOED OP HET SEKSLEVEN

Bij ongeveer 25 procent van de 45+-vrouwen lijdt hun seksleven onder de overgang! Hoe komt dat? Laten we om het antwoord daarop te vinden eerst eens kijken wat er precies verandert in je lichaam tijdens de overgang, en wat we kunnen doen om eventuele klachten te voorkomen of verlichten.

### Emotionele veranderingen

Verpleegkundig overgangsconsulent Jos Teunis legt ons uit dat zin krijgen in seks toch al een complex proces is voor vrouwen, en al helemaal als ze dan ook nog eens in de overgang zitten. Als er lichamelijk of geestelijk iets uit balans is, heeft dit direct invloed op de zin in seks. Overgangsklachten als opvliegers en stemmingswisselingen kunnen de seksuele motivatie verlagen. Maar ook nachtelijke zweetaanvallen, die vaak op hun beurt weer slapeloosheid, zenuwachtigheid en een slecht humeur veroorzaken, kunnen voor minder zin in seks zorgen.

Tijdens de overgang kan er sowieso een verandering plaatsvinden in de beleving van seksualiteit. Dat wat je vroeger heel prettig en spannend vond, kan je nu gaan tegenstaan. Vaak wordt de behoefte aan seks minder, terwijl de behoefte aan intimiteit blijft, zelfs vaak groter wordt: knuffelen, zoenen en strelen worden belangrijker dan een orgasme krijgen. Na de menopauze, wanneer het lichaam relatief over meer testosteron beschikt, neemt de lust vaak weer toe. Die verandering in seksbeleving tijdens de overgang is dus heel normaal. Maar het kan wel een probleem opleveren in de relatie met je partner. Zijn verwachtingspatroon blijft misschien hetzelfde en dan zal hij het niet direct begrijpen als jij het liever anders wilt. Het is dus belangrijk om hier samen over te praten. Het positieve is dat de angst voor een ongewenste zwangerschap definitief wegvalt en voor de meeste vrouwen geldt dat de kinderen wat zelfstandiger zijn of al uitgevlogen, wat betekent dat je meer tijd en oog hebt voor elkaar, en de seks weer kan opbloeien.

Daarnaast gaat deze fase vaak gepaard met gebeurtenissen die een grote invloed kunnen hebben op het gevoelsleven van de vrouw. 'De kinderen die onafhankelijk worden, ouders die ziek of hulpbehoevend zijn of sterven, de partner die nu rond de vijftig is en misschien ook niet de leukste en makkelijkste periode van zijn leven doormaakt. Ook de angst om niet meer sexy of mooi gevonden te worden omdat ze "oud" is, zit diep, en kan het seksleven verstoren. Het omgekeerde komt ook voor: dat een vrouw juist meer zin in seks heeft.'

### Vaginale droogheid

De meest voorkomende seksgerelateerde klacht waarmee vrouwen bij Jos komen, is vaginale droogheid. Het komt voor bij ongeveer 55 procent van de vrouwen in de overgang. Vrouwen die bij Jos op consult komen, beginnen vaak meteen te huilen. Ze vertellen dat ze al een tijd geen seks meer hebben omdat het vrijen zo'n pijn doet. Ze schamen zich hier vaak voor en willen er eigenlijk niet over praten, al zeker niet met hun partner. En als ze dit dan al aan hun huisarts durven te vertellen, krijgen ze vaak te horen: "Ja mevrouw, dat hoort erbij." Jos maakt zich hier echt kwaad over. 'Ga toch weg man. Hoezo, dat hoort erbij? Ja, als je negentig bent, maar niet nu!'

## Dat je een leuke vent ziet en denkt: mwoah, laat maar!

Er bestaat een enorm misverstand over vaginale droogheid door de overgang, vertelt Jos ons. 'Inderdaad, je vagina kan droger worden in niet-seksuele situaties.' Het seksuele opwindingsvocht daarentegen vermindert helemaal niet naarmate je ouder wordt. 'Elke vrouw is tot op hoge leeftijd seksueel stimuleerbaar. Je moet dan wel voldoende tijd nemen voor het voorspel en de stimulatie, zodat je genoeg seksueel opgewonden bent. De pijn bij penetratie wordt meestal veroorzaakt doordat er geen goede opwinding is, waardoor er geen seksueel opwindingsvocht geproduceerd wordt. Hierdoor zakt natuurlijk ook je seksdrive tot een nulpunt. Want elke keer als je seks hebt, denk je: dat gaat toch niet goed. Dat remt de opwinding en dan kom je in een vicieuze pijncirkel. Als je dan een leuke vent ziet, of je hebt echt een leuke partner, dan denk je alsnog: ach, laat maar, van mij hoeft het niet meer. Veel jongere vrouwen kunnen pijnloze seks hebben zonder goed opgewonden te zijn. Maar wil je geen pijnklachten krijgen tijdens de overgang, dan is het essentieel dat vrouwen goed opgewonden raken en dus seksueel opwindingsvocht produceren. Vergelijk het met een man die onvoldoende opgewonden is: hij kan niet penetreren met een halve of geen erectie.' Bij klachten is het belangrijk om te weten hoe het voor de overgang was. Het trieste is dat vrouwen vaak veel te lang met klachten door blijven lopen. Dit komt vaak door schaamte, ziet Jos ook in haar praktijk. 'Ze krijgen het gevoel: ik voldoe niet meer, en dan krijg ik dit er ook nog eens bij? Ze stoppen het liever weg. Glijmiddel is in dit soort gevallen slechts symptoombestrijding. Seksueel opgewonden raken, daar gaat het om. Hoe doe je dat? Bekijk dát eens.'

### BEGRIJP JE LIJF

Jos wordt in haar praktijk elke dag geconfronteerd met vrouwen die weinig van hun lichaam weten en al helemaal niets van hun seksualiteit. 'Hier is echt een wereld te winnen. Vrouwen moeten beter weten wat er gebeurt met hun lichaam en geest, zeker in deze fase. Als vrouw moet je je vooral realiseren dat je niet alles hoeft te accepteren. En ook zeker niet te lang met je klachten blijven rondlopen. Het is dus belangrijk dat je je eigen lijf kent en begrijpt, en dat je weet dat je lijf en je hoofd elkaar beïnvloeden.'

Naast dat het normaal aanwezige vaginale vocht afneemt, zijn er meer veranderingen die tijdens de overgang plaatsvinden. Zo kunnen de schaamlippen en vagina 'atrofisch' worden. Dit betekent dat de vaginawand dunner wordt door de verminderde hoeveelheid oestrogeen, en ook minder flexibel en elastisch. De clitoris wordt gevoeliger. Dit komt doordat het vetweefsel, dat om de clitoris heen zit, dunner wordt. Er kunnen ook wat makkelijker vaginale infecties ontstaan (jeuk, ontsteking, witte vloed en dergelijke). Tot aan de menopauze zorgt de pH-waarde van de vagina dat microben zich niet kunnen vermeerderen. De daling van de oestrogenen na de overgang vermindert echter deze zuurgraad, met als gevolg dat vaginale infecties sneller ontstaan. Door het verminderde oestrogeengehalte wordt de binnenbekleding van de vagina gedurende de overgang kwetsbaarder. Je merkt dat ook bij fietsen of paardrijden, of bij het dragen van strakke kleding. Het zit niet meer zo lekker.

Een orgasme kan als minder intens en explosief worden ervaren, omdat de stuwing en de samentrekkingen die vanuit de geslachtsorganen door het lichaam golven minder hevig en langdurig zijn. 'Het testosteronniveau speelt hierbij een belangrijke rol. Ook voor vrouwen is dit hormoon van groot belang bij het orgasme. In de overgangsjaren ontstaat er een andere verhouding tussen het dalend oestrogeen en het aanwezige testosteron. Testosteron wordt, óók na de menopauze, aangemaakt in de eierstokken en de bijnieren. Sommige vrouwen ontwikkelen in de overgang een hogere testosteronspiegel, wat kan zorgen voor acne of overbeharing. Bij een te laag testosteronniveau ben je vermoeid en voel je je futloos. Als je niet vooruit te branden bent, een minder intens orgasme hebt, of als het zelfs helemaal uitblijft en je nauwelijks meer zin hebt in seks, is het raadzaam om naar je huisarts te gaan voor verder onderzoek. Bij een te laag testosteronniveau kan hij of zij je doorverwijzen naar een gespecialiseerd arts voor behandeling.'

## LICHAMELIJKE VERANDERINGEN BIJ DE OUDER WORDENDE MAN

Laten we ook eens kijken of er bij de ouder wordende man iets verandert. We hebben per slot van rekening ook met hem te maken en dan is het fijn als we hem begrijpen. Bij mannen zijn er zeker ook veranderingen. Naarmate mannen ouder worden, krijgen ze minder actief testosteron en meer oestrogeen in hun lijf. De daling in testosteron wordt soms wel de mannelijke menopauze of penopauze genoemd. Op lichamelijk vlak is deze periode echter in niets te vergelijken met de overgangsperiode van de vrouw. Bij de man is er geen sprake van een plotselinge daling in de hormoonproductie. De daling gaat bij hen veel geleidelijker.

**Testosteronboost**

Volgens neurotherapeute Anita Warmerdam is het belangrijk dat beide partners weten dat mannen nog een laatste testosteronboost krijgen tegen hun zestigste. 'Voor een vrouw is de overgang meestal een periode van rust en inkeer; je bent klaar met het vruchtbaar zijn. Vaak komt de man dan juist in een fase dat hij nog graag de wereld wil veroveren. Dit kan voor flinke spanningen zorgen binnen de relatie: je spreekt elkaars taal niet meer. Mannen en vrouwen zitten in die periode vaak niet op één lijn. Als je dit vooraf weet, kun je er meer in ontspannen en uiteindelijk vind je elkaar dan weer.'

Bij de oudere man verloopt de lichamelijke reactie op erotische opwinding trager. Dat wil zeggen dat er iets meer tijd nodig is voor de penis stijf wordt. Alhoewel dit een normaal verschijnsel is, gaan heel wat niet (goed) ingelichte mannen zich zorgen maken en vrezen meteen impotent te worden. Juist de angst om impotent te worden is in veel gevallen de oorzaak van impotentie.

De ervaring van het orgasme kan ook veranderen. Voor een jonge man is het vaak moeilijk de ejaculatie uit te stellen: zijn zaadlozing wordt tijdens de gemeenschap al vrij snel onvermijdelijk. De oudere man kan dit ogenblik langer uitstellen en veel bewuster kiezen, wat het makkelijker maakt om zijn partner te bevredigen. Want in het algemeen is het zo dat vrouwen minder snel klaarkomen dan mannen. Het verschil kan wel een kwartier zijn. Zo raken partners bij het ouder worden dus juist seksueel beter op elkaar ingespeeld.

Niet alleen vrouwen krijgen tijdens de overgang te maken met het zoeken naar een nieuwe balans. Ook mannen ondergaan een emotionele verandering. Zij gaan zich in de tweede helft van hun leven minder richten op de buitenkant, hun rol in de maatschappij en het veroveren van de buitenwereld. Er komt meer ruimte voor hun vrouwelijke kant.

**De man verwennen**

Wij denken dat we onze seksualiteit door de jaren heen wel hebben uitgedokterd. We kennen al onze plekjes. De mannelijke seksualiteit daarentegen blijft een bron van verwondering. We kunnen nooit voelen wat hij voelt. Als je dan toch gaat experimenteren in de volgende fase, is het misschien ook een idee om je wat meer te verdiepen in zijn seksualiteit. We hebben de enige echte pijpcursus gevonden op internet. Nooit te oud om te leren, toch?
Zie: http://partyflock.nl/topic/20700:Pijpcursus

## ADVIEZEN VOOR EEN GOED SEKSLEVEN NA JE 45STE

Seks is goed voor lichaam en geest. De onvermijdelijke veroudering van de geslachtsorganen wordt zelfs in sterke mate tegengegaan door regelmatige seks. Overgangsconsulent Jos Teunis zegt dat het belangrijk is dat je je lichaam seksueel aan de gang houdt. 'Veel mensen missen seks niet als het er niet is; seksuele verlangens kunnen uitdoven als een nachtkaars. Het seksuele systeem staat "uit" en moet weer aan de praat worden gebracht.' Maar dat kan een aardige klus zijn. Beter is het om het niet zover te laten komen. Hoe doe je dat?

- **Langer voorspel**: naarmate het lichaam ouder wordt, heeft het een langer voorspel nodig om goede opwinding te ervaren. Dit is met name voor de vrouw van groot belang.
- **Experimenteer**: denk bijvoorbeeld aan het geven of ontvangen van een erotische massage of het gebruik van een vibrator. Als je ouder wordt, heb je meer tijd en sensuele prikkels nodig om verlangens op te wekken en opwinding te voeden. Ga niet zitten afwachten tot de prikkels uit de lucht vallen. Beter is het om er zelf naar op zoek te gaan. Seks begint in het hoofd. Ga op zoek naar voor jullie opwindende prikkels en laat de fantasie het werk doen. Dat kan bijvoorbeeld een erotische film zijn of een opwindend verhaal.
- **Ontspan**: spanning en seks gaan slecht samen. Ontspanning is de basis voor samen genieten. Als je ontspant, daalt je hartslag en kan de seksuele opwinding op gang komen. Door dagelijks een moment te ontspannen door bijvoorbeeld sport, wandelen of meditatie, zal je seksleven enorm verbeteren.
- **Let's talk about sex, baby**: over seks praten met je partner geeft rust en duidelijkheid voor jullie allebei.
- **Hormonen**: ook het nemen van een hormoonpreparaat kan een positief effect hebben op je seksleven. De meeste ongemakken op seksueel gebied worden tenslotte veroorzaakt door het tekort aan het vrouwelijk hormoon oestrogeen.
- **Professionele hulp**: meer last dan lust? Blijf er niet te lang mee rondlopen. Mocht je er zelf of samen met je partner niet uitkomen, weet dan dat er hulp bestaat. Aarzel niet om die in te schakelen. Ga naar je huisarts voor advies of een doorverwijzing naar een overgangsconsulent of seksuoloog.

## 45+, HET NIEUWE SEXY

Vrouwenarts Christiane Northrup heeft een aantal heldere tips voor de 45+-vrouw om een goed seksleven te onderhouden. Ze zegt dat het belangrijk is dat je je sexy blijft voelen. Haar advies:

- Investeer in mooie lingerie, zelfs al heb je geen partner.
- Herdefinieer jezelf, ga eens voor een totale make-over. Durf bijvoorbeeld te experimenteren met kleuren als je voordien meestal donkere kleding droeg.
- Leer van jezelf te houden en verwen jezelf. Koop bijvoorbeeld elke week bloemen of laat je regelmatig masseren.
- Leer jezelf kennen. Ga op ontdekkingstocht bij jezelf; leer je meest erogene plekjes kennen.
- Ban negatieve gedachten uit. Focus je op je positieve eigenschappen, zoals je zachte huid, en denk niet aan je zogenaamd te dikke billen.
- Doe aan sport, mediteer en probeer regelmatig seks te hebben.

> 'Men begint door te krijgen dat oudere vrouwen seksueel aantrekkelijk zijn. Dat is een *sign of the times* waar ik dankbaar gebruik van maak. Ik voel me seksueel vrij. Ik zie het als een onderdeel van onze emancipatie dat het niet ineens is afgelopen.'
>
> – schrijfster en journaliste Esther Voet in *Volkskrant Magazine*

De overgang betekent dus niet het einde van je seksuele leven. Integendeel, het kan juist een positieve impuls zijn, horen wij van veel ouder wordende vrouwen. Linda de Mol: 'Nu ik wat ouder ben zit ik zelfverzekerder en lekkerder in mijn lijf, in mijn vel. Daardoor durf ik misschien ook meer en ben ik sexyer. Ik keek vroeger altijd naar anderen die knapper waren, spannender waren. Daar moet je ook een keer mee ophouden. Wees maar tevreden met wie je bent. Nu.'

Je kunt deze periode aanwenden om zowel je lijf als je seksualiteit beter te leren kennen en uit te diepen. Je ouder wordende lichaam moet je wel gaan accepteren, en de onzekerheid laten vallen. Het gaat toch nu meer dan ooit over het omarmen van wat is. En daarbij: is er een leeftijdsgrens aan verlangen, verleiden en beminnen? No way!

## Boekentips

*De overgang als bron van kracht* – Christiane Northrup
*Het geheime genot van de overgang* – Christiane Northrup
*Lust of last? Verhalen uit de praktijk van een seksuoloog* – Vera Steenhart

## Website

www.depaarsekeizerin.nl

HOOFDSTUK 8

# WERK AAN DE WINKEL!

## Werk en carrière

'"*It's okay to be ambitious.*" Zo besloot koningin Máxima haar speech op zakenvrouwenevenement The Innovation Summit. Daar sla je toch steil van achterover. Moeten wij vrouwen dit nu nog steeds tegen elkaar zeggen? Het is de eenentwintigste eeuw!'

– Jildou van der Bijl, hoofdredacteur van *LINDA*.

Naast moederschap en relaties is werk minstens zo belangrijk in ons leven. Het liefst doen wij zo veel en zo verschillend mogelijke dingen en dat allemaal tegelijkertijd: acteren, schrijven, produceren, maatschappelijke projecten initiëren. We worden blij van iets creëren, ergens onze tanden in zetten.

Werk is voor ons een bestaansrecht, een belangrijk onderdeel van onze identiteit. Wij zijn freelancers, we verkiezen dit boven een negen-tot-vijfbaan. Dit past beter bij ons karakter, maar het betekent wel dat je nooit zekerheid hebt en ook geen pensioen opbouwt. De kracht van een freelancer is weer dat je gewend bent met onzekerheden om te gaan en daardoor altijd creatief blijft: als wij even geen werk hebben, creëren we het zelf. Tot nu toe lukt ons dat goed.

# ONS VAK & OUDER WORDEN

'Vijftig is het nieuwe veertig', wordt tegenwoordig vaak gezegd – zoals veertig tien jaar geleden het nieuwe dertig was en dertig het nieuwe twintig. Wat dat betreft hebben we geluk; zo geredeneerd zijn we nog steeds twintig. Maar zo zien we er niet uit.

In de wereld van film en televisie kan ouder worden een nadeel zijn. Daar geldt toch de regel: jong is aantrekkelijk en verkoopt. Er zijn schrijnende voorbeelden van populaire tv-presentatrices die rücksichtslos zijn afgeschreven omdat ze ouder werden. Angela Groothuizen en Hanneke Groenteman bijvoorbeeld, beide vakvrouwen die hun plek moesten afstaan aan een jongere ster. Ook de oudere garde actrices komt minder aan bod. Zeker, er zijn rollen, maar lang niet zoveel als voor jongere actrices. Nu zitten wij niet vast aan alleen film en tv – we kunnen en doen van alles – maar het is wel waar een groot deel van ons hart ligt en we hopen er nog lang in te kunnen werken.

Linda de Mol vertelt ons dat haar vrees om afgeschreven te worden tot nu toe ongegrond is gebleken: 'Ik heb heel lang gedacht: alles moet jong zijn, en mijn houdbaarheidsdatum is verstreken. Maar ik behoor allang niet meer tot mijn eigen doelgroep Ik werk voor een commerciële omroep, en die mikt op een publiek van veertien tot 49.' Jildou van der Bijl, hoofdredacteur van *LINDA.*, vult aan: 'Linda is groter dan haar leeftijd, vind ik. Mensen vragen mij weleens: "Hoelang kan Linda op de cover?" En dan zeg ik: totdat ze het zelf niet meer leuk vindt. Linda heeft een doelgroep van achttien tot zeventig jaar. Dus het gaat helemaal niet meer over hoe oud ze is, maar om wie ze aanspreekt.'

Toch maken we ons hierover soms wel zorgen, en we zijn niet de enigen. Chantal Janzen zegt in de serie *Sophie in de kreukels* dat ze het angstaanjagend vindt dat vrouwen niet meer op tv komen omdat ze een jaartje ouder zijn. 'Ik had vroeger juist iets met die oudere generatie actrices. Het lijkt me vreselijk als iemand tegen mij zegt: je doet het hartstikke goed hoor, maar je ziet er niet meer uit. Dat is kritiek van de bovenste plank. Als iemand zegt: dit heb je niet goed gezongen, of je hebt te snel gepraat, dan kun je daar wat aan doen – dat gaat over je vaardigheden. Maar hoe je eruitziet, dat ben jij! Daar word ik wel onzeker van. Op mijn dertigste begon dat. Maar ik hou me behoorlijk vast aan vrouwen als Simone Kleinsma, die heeft ook nog nooit wat laten doen. Misschien is theater ook wel een redding, dat de camera niet meer zo dichtbij kan. Ik heb een escape!'

Als Chantal zich al zorgen maakt over haar uiterlijk, wat moeten wij dan wel niet? We zien gelukkig wel een voorzichtige trend ontstaan in film- en televisieland van meer aandacht voor de ouder wordende mens. Nederland vergrijst, omroep Max wint aan populariteit en kiest als presentatoren van hun kijkcijferhits juist níét voor jonge blommen. Film en televisie zijn beeldbepalend, dus dat de verandering daar zichtbaar is, is positief. Voor acteren is er bovendien geen leeftijdsgrens, zeker niet op het toneel – daar heeft Chantal gelijk in. We kunnen rollen spelen tot we erbij neervallen. Wij kijken uit naar het spelen van oudere rollen, omdat die vaak meer diepgang hebben en wij intussen meer levenservaring. We opereren bovendien niet in Hollywood, waar iedereen standaard aan de botox en de fillers moet om er maar zo jong mogelijk uit te blijven zien. Ouderdom mag in Nederland wel degelijk gezien worden en wij hebben de indruk dat er meer ruimte voor komt. Angela Groothuizen en Hanneke Groenteman zijn gelukkig weer op televisie te zien. Overwint vakmanschap uiteindelijk toch?

## WERKEN EN ZORGEN

De combinatie van werken en zorgen is voor ons een baan op zich, helemaal omdat wij als alleenstaande moeders zelf de kar moeten trekken. De burn-out ligt altijd op de loer. Vaak genoeg werken we aan meerdere projecten tegelijkertijd: film, tv… een boek. Dat vraagt enorm veel flexibiliteit van ons en is niet zelden een kwestie van supermanagement. Maar ook als we ineens geen werk hebben, hebben we daar weer zorgen en stress over.

Voor meer vrouwen om ons heen blijkt de combinatie werk en moederschap een continue zoektocht naar balans. Vaak gaat het ten koste van tijd voor jezelf. De overgang maakt het nog zwaarder. Je hebt minder energie, kunt door diepe dalen gaan en hebt meer dan ooit tijd voor jezelf nodig. Als je dan ook nog moet mantelzorgen of als rond die tijd je carrière meer van je gaat vragen, kom je helemaal klem te zitten. Dit wordt wel 'het tweede spitsuur' genoemd.

## 45+-VROUW OP DE WERKVLOER: DE PRAKTIJK

De ouder wordende vrouw heeft in haar werkende leven nogal wat hobbels te nemen. Om ons heen zien we veel vrouwen een burn-out krijgen. Hoogopgeleide vrouwen die heel gericht met een carrière zijn begonnen en die ver zijn gekomen, maar overbelast worden en compleet opgebrand raken. Anderen hebben de pech dat ze in de crisisjaren hun baan zijn verloren. Die komen over het algemeen niet zo makkelijk weer aan de bak. Sommigen gaan zelfstandig verder, maar dat is niet voor iedereen mogelijk of wenselijk. Ook door omstandigheden kunnen vrouwen in deze leeftijdsfase thuis komen te zitten. Persoonlijke perikelen als het verlies van een dierbare of mantelzorg kunnen zoveel energie en tijd vreten dat je op professioneel gebied behoorlijk op achterstand komt te staan. We kennen ook vrouwen die net als wij kostwinner zijn en zich door die verantwoordelijkheid minder vrij voelen om zich professioneel te ontwikkelen en de baan behouden die ze misschien al lang niet meer willen. De keus is dus lang niet altijd aan jou om je carrière vorm te geven zoals je deze idealiter voor je ziet.

Hoe gaan we om met die vaak (te) zware combinatie van werk, zorg en ouder worden? In welke situatie je ook zit: deze fase vraagt van je dat je nadenkt over je werkende bestaan. Hoe kun jij ervoor zorgen dat jij je carrière vasthoudt? Wil je dat nog wel? Wat vind jij nu belangrijk en wat heb je daarvoor nodig?

**Niemand vraagt iets aan een oud nekje**

We vonden een artikel uit *Volkskrant Magazine* van twintig jaar geleden waarin de feministen die hun strijd in de jaren zestig en zeventig streden aan het woord komen. Zij hadden inmiddels de 45+-leeftijd bereikt en blikten terug op hun idealen en of die verwezenlijkt waren: de (toen) vijftigplussers wisten precies hoe ze níét wilden zijn. Geen zielige, opgeverfde vrouwen die wanhopig op mannen jagen. Geen uitgezakte, onverzorgde grijze dames. Maar hoe wel?

Toen ze jong waren, veranderden ze de wereld voor vrouwen. Maar in de nieuwe wereld is geen plaats voor hen. 'Jong was correct, oud fout,' zegt Emma Brunt (toen 53). Nu ze ouder is, ziet ze zichzelf van 'een klassieke romantische heldin als Madame Bovary' veranderen in 'een figurant in het leven van anderen'.

De trendsetters beschreven in boeken en kranten toentertijd hun scheiding, problematische moederschap, mannenjacht, depressies en redding door Prozac. In hun werk horen ze bij de top, maar privé lijken ze te vervagen. 'Vroeger werd mijn schrijven gewantrouwd omdat ik er zo leuk uitzag,' zegt schrijfster Annemarie Oster (toen 54). 'Tegenwoordig wordt mijn werk au sérieux genomen, maar ervaar ik minder waardering in mijn persoonlijk leven. Bij vrouwen blijft het of-of. Het is nooit, zoals bij mannen, en-en.'

Voorheen radicaal feministe Anneke van Baalen (toen 60), universitair docente politicologie: 'Ik vind het vreselijk om oud te worden. Ik zou het niet zo erg vinden als oud zijn prestige had, maar dat is niet het geval. Niemand vraagt iets aan een oud nekje. Feminisme is ook al uit.'

'Het is weleens lastig het brood goed belegd te houden,' zegt Emma Brunt. 'Ik moet aldoor mijn ideeën op peil houden, actief zijn op internet, nadenken over de toekomst. Ik vind het leven soms erg hectisch en vermoeiend. Ik heb zwakke momenten waarop ik denk: ik zou het geen straf vinden om nu alleen de rozen te hoeven knippen en een appeltaart te bakken. Dat dit voldoende is.'

## LEVENSERVARING, WIJSHEID EN KENNIS

Voor de ouder wordende vrouw zijn er veel zaken die een carrière in de weg kunnen staan. Ten eerste is er de ongelijkheid die nog steeds bestaat tussen man en vrouw, ongeacht hun leeftijd: in de verdeling van zorgtaken en salaris. Vrouwen in de overgang hebben nog een extra strijd te voeren, want over de ouder wordende vrouw en de overgang wordt vooral gedacht in negatieve termen: niet meer jong, niet meer gezond, niet meer dit, niet meer dat. In veel bedrijven wordt de oudere vrouw gezien als een risico – ze zal zich wel vaker ziek melden, ze loopt meer kans op een burn-out, ze is niet meer zo flexibel.

Wij willen een nieuw denkkader creëren voor onze leeftijdsgenoten, waarin deze levensfase positiever geladen wordt. Waarin levenservaring, wijsheid en kennis worden gevierd. Dat lijkt ons hard nodig. We staan hier gelukkig niet alleen in.

Het vrouwennetwerk WOMEN Inc. zet sinds 2005 belangrijke thema's voor vrouwen op de (politieke) agenda. Zij zijn hét netwerk voor vrouwen die zichzelf en elkaar willen versterken. We spraken met oprichtster en algemeen directeur Jannet Vaessen en namen met haar alle aspecten door van de moderne werkende vrouw en het systeem om haar heen. Haar ideeën zijn volgens ons van groot belang voor alle vrouwen en de toekomst van onze kinderen. Jannet is er net als wij voorstander van dat vrouwen hun eigen pad kunnen bewandelen, zodat ze achteraf nooit hoeven te denken: had ik dit maar geweten, dan had ik het heel anders gedaan.

***Wat doet WOMEN Inc.?***

'Wij zijn een platform dat de kansen van vrouwen wil vergroten. WOMEN Inc. bekijkt wat er moet veranderen voor de positie van vrouwen in onze maatschappij. Er is veel ongelijkheid tussen man en vrouw, op allerlei gebied. Dat proberen we te laten zien en bespreekbaar te maken. Ons doel is sociale gelijkheid.

We hebben twee thema's die voor alle vrouwen van belang zijn: geld en gezondheid. Deze twee thema's staan namelijk voor iedereen, man én vrouw, aan de basis van de behoeftepiramide van Maslow. Wil je als mens tot grotere waardering en zelfontplooiing komen, dan moet je die twee voor elkaar hebben.

We zagen dat de rechten in Nederland weliswaar gelijk zijn, maar dat de uitkomsten op het gebied van geld en gezondheid voor vrouwen in Nederland veel slechter uitpakken dan voor mannen. Onze aanpak is om dat aan te kaarten bij zowel het brede publiek als bij de professionals: het bedrijfsleven en werkgevers, overheid en politiek, media en wetenschappers.

Ik ben tien jaar geleden begonnen met één stagiair, inmiddels zijn we met vijftien man. Maandelijks staan we in contact met twee miljoen vrouwen. We zijn heel laagdrempelig begonnen, vanuit onze eigen ervaringen en hoe we ons zouden verhouden ten opzichte van de vroegere feministische bewegingen.'

***Is een instituut als WOMEN Inc. nog nodig in deze tijd?***

'Honderd procent ja! Vooral op het vlak van gezondheidszorg zijn er nog grote verschillen tussen mannen en vrouwen. Ook op het gebied van werk zijn er heftige statistieken, zoals dat mannen van veertig tot vijfenveertig jaar het dubbele aan pensioen hebben opgebouwd in vergelijking met vrouwen in diezelfde leeftijdsgroep. Dit komt ook doordat ons systeem is ingericht op de man als kostwinner. Slechts de helft van de vrouwen in Nederland zorgt voor haar eigen inkomen: 53 procent. Hoewel 64 procent van de vrouwen werkt, kan slechts 53 procent echt voor zichzelf zorgen. We zien wel een trend dat vrouwen boven de 45 jaar relatief meer zijn gaan werken. Maar als zij dat in hun jonge jaren niet hebben gedaan, hebben ze minder pensioen opgebouwd. Vrouwen hebben lange tijd gefungeerd als 'klapstoel van de economie'. Alleen als het economisch nodig was, gingen vrouwen werken, *e*n daarna weer naar huis alstublieft. Vrouwen mochten niet de banen van mannen inpikken, zoals nu wordt geredeneerd dat immigranten niet het werk van autochtone Nederlanders mogen doen. Ik ben blij om te zien dat steeds meer vrouwen in hun eigen onderhoud voorzien, al vind ik het lastig dat er nog steeds veel naïviteit is: vrouwen die stoppen met werken om jarenlang voor de kinderen te zorgen. Vroeger was het realistisch dat je als vrouw gokte op een huwelijk en de daarbij horende deal 'hij werkt, ik zorg', maar nu klopt dat niet meer. Er wordt tegenwoordig veel meer gescheiden, een op de drie huwelijken klapt. Dan sta je er als vrouw alleen voor en ben je financieel kwetsbaar.'

***Maar het is toch ook nog steeds zo dat vrouwen meer zorgen?***

'Onderzoek toont aan dat vrouwen meer zijn gaan werken, maar niet minder zijn gaan zorgen: vrouwen zorgen twee keer zoveel voor de kinderen als mannen. Dat is in de afgelopen tien jaar niet veranderd. Tegelijkertijd vraagt de politiek om een grotere inzet in de mantelzorg. En ook die zorgtaken komen vaker op schouders van vrouwen terecht. Vrouwen zijn twee keer zo vaak mantelzorger als mannen.

Bij WOMEN Inc. zijn we bezig dit allemaal zichtbaarder te maken. WOMEN Inc. wil voorkomen dat vrouwen overbelast raken of minder gaan werken en we pleiten daarom voor een nieuwe verdeling van zorg en werk. We ontrafelen eerst het probleem: hoe is dit zo gekomen? Vervolgens vragen we ons af: hoe kunnen we helpen het te veranderen? Bij wie moeten we aankloppen: de politiek in Den Haag, de media in Hilversum of het bedrijfsleven? En wat kunnen vrouwen zélf veranderen? Onze campagne 'Ik ben er even niet' van 2015 ging erover dat vrouwen zonder daar bewust voor te kiezen, meer zorgen dan mannen. Met deze campagne willen we tegen die vrouwen zeggen: zet nou eens een stapje terug. Trek niet automatisch die zorgtaken naar je toe. Anders gaat het ook nooit veranderen.'

**Vrouwen voelen zich gejaagd, zelfs in hun vrije tijd**

Vrouwen hebben meestal evenveel vrije tijd als hun partner. Toch voelt dat vaak niet zo. Het Sociaal & Cultureel Planbureau en Atria, het Kennisinstituut voor Emancipatie & Vrouwengeschiedenis, deden in het voorjaar van 2016 een onderzoek naar tijdsbesteding. De conclusie is dat man en vrouw na een optelsom van betaald en onbetaald werk ongeveer evenveel vrije tijd over blijken te houden. Toch voelen vrouwen zich minder vrij: voor hun gevoel is het aantal vrije uren per week maar de helft van de uren die ze werkelijk vrij zijn (gemiddeld 43). Zelfs in hun vrije tijd voelen ze zich gejaagd en druk. Die conclusie wordt ondersteund door sociaalwetenschappelijk onderzoeker Justine Ruitenberg, die onderzoek deed naar de arbeidskeuzes van moeders. Hoeveel werken ze en hoe maakten ze deze keuze? En hoe tevreden zijn ze daarmee? Vrouwen draaien op voor het leeuwendeel van het onbetaalde werk, ontdekte ze. Zestig procent van de vrouwen met een relatie stelt de verdeling van onbetaald werk niet eens ter discussie. Veel vrouwen vergelijken de bijdrage van hun man met die van hun vader en redeneren dan dat hun partner veel in huis doet. Maar aangezien zeventig procent van de (in deeltijd) werkende vrouwen zelf geen werkende moeder had, is dat geen realistische vergelijking. En de deur van je werk kun je achter je dichttrekken, maar als het werk thuis op jou neerkomt, blijf je die verantwoordelijkheid altijd voelen.

***Kunnen vrouwen zelf alles veranderen?***

'Nee, dat denk ik niet. Er speelt te veel om de positie van vrouwen heen. Ik denk dat we nu op een kantelpunt tussen twee tijden zitten. We komen uit een tijd waarin er een handige taakverdeling was: de kostwinner (man) en de huishoudster (vrouw). Daar zitten allemaal hardnekkige ideeën en idealen aan vast. Voor mannen: hoe word je zo groot, zo zichtbaar, zo succesvol mogelijk? En voor vrouwen: hoe word je zo lief, zo knap, zo moederlijk mogelijk? Die rolverdeling geldt allang niet meer. Meer dan de helft van de mensen is "taakcombineerder" geworden; zowel mannen als vrouwen zorgen én werken. Maar de werkvloer is daar nog niet op ingericht.

Dat zie je bijvoorbeeld aan hoe er wordt aangekeken tegen 45+-vrouwen op de werkvloer. Zij werken tegenwoordig in groten getale. Wanneer ze met overgangsklachten te maken krijgen, is er geen passende oplossing voorhanden, waardoor de helft van de vrouwen in die levensfase zich vaak ziek meldt. Op het moment dat een werkgever het complete plaatje niet ziet, worden er vaak stereotiepe beslissingen genomen: "Neem die vrouw maar niet aan, want die gaat zwanger worden of over hormonen zeiken." Mede daarom werken er in Nederland nog steeds relatief weinig vrouwen – daar zit een enorm gat. Ze zouden juist gestimuleerd moeten worden! Dat zou ook nog eens beter zijn voor de economie.'

**4x meer winst met zorgvriendelijker werkgeverschap**

Vrouwen zouden gestimuleerd worden om meer te werken als werkgevers meer investeren in een goede werk-privébalans van hun werknemers. Niet alleen vrouwen profiteren; álle werknemers en werkgevers hebben er baat bij als organisaties 'zorgvriendelijker' zijn. WOMEN Inc. heeft dit onderzocht en de bevindingen gepresenteerd in het rapport *De winst van zorgvriendelijk werkgeverschap*:

**Ziekteverzuim**: kostenbesparing van 25% op ziekteverzuim. 3,3 miljard euro aan totale kostenbesparing voor alle organisaties in Nederland samen.

**Omzetgroei**: hogere omzet door 1,3% meer omzetgroei. 5,7 miljard euro netto omzetstijging voor alle grote ondernemingen in Nederland samen.
**Werving en verloop**: aantrekkelijke werkgever door 2% minder verloop. Besparing wervingskosten: 7100 euro per nieuwe medewerker.
**Vrouwen in topposities**: diverser senior management met 19% vrouwen vs. 11% gemiddeld. Voorkomt gedwongen vrouwenquotum.

***Moeten we de vrouw (en de man) anders gaan bekijken?***

'Niemand ziet het complete plaatje, ook vrouwen niet. De vrouw krijgt van generatie op generatie, van moeders en tantes, oma's, vriendinnen en buurvrouwen, te horen hoe je als vrouw moet zijn. Maar deze nieuwe tijd vraagt om nieuwe beelden van mannen, vrouwen en kinderen. Moeten we steeds als individuen blijven zorgen voor ons kind of onze ouders, of moet de overheid toch echt, net als in andere landen, meer gaan investeren in het jonge kind, in goede opvang voor iedereen en een echt goede visie ontwikkelen op mantelzorg?

Het is veelzeggend dat bij de rondetafelgesprekken die wij organiseren over kinderen die voor hun ouders moeten zorgen, alleen de dochters komen opdagen. Dat gebeurt namelijk ook twee keer zoveel: de zoon is niet beschikbaar, oké, dan maken we wel met de dochter afspraken wie er voor mama zorgt. En wat gebeurt er dan: de dochter raakt overspannen, gaat verzuimen op haar werk, en dan denkt de baas: weer dat gezeik met die wijven.

Mensen moeten minder verschil maken tussen mannen en vrouwen. We herhalen steeds dezelfde aannames dat we biologisch toch echt wel anders zijn, dat mannen echt wel sterker zijn, dat ze evolutionair geprogrammeerd zijn om zich minder zorgen te maken over zorgtaken. Lekker makkelijk! Zo'n bewering lijkt heel wetenschappelijk en onontkoombaar, maar het is onzin. We kunnen beter praten over oude denkers en nieuwe denkers. Oude denkers zitten vast in oude stereotypen over werk en zorg; nieuwe denkers zien in dat mensen werk en zorg willen en zelfs moeten combineren. Straks zijn er namelijk helemaal geen banen meer die een hele dag opvullen – nee, ook niet voor mannen. De informatie die vroeger van generatie op generatie werd overgedragen, is niet meer relevant. Die moet aangepast worden aan deze nieuwe tijd – om vrouwen zich goed te laten voelen en om hun de informatie te bieden die ze nodig hebben voor een volwaardig leven.'

***Onze stelling is dat feminisme veel veranderd heeft voor ons vrouwen, thank god. Maar de consequentie is wel dat wij nu moederschap en werk combineren. We doen eigenlijk meer dan ooit. Dubbele lasten.***
'En dubbele lusten.'

***Dat is ook mooi, positiever. Maar als we naar onszelf en onze vriendinnen kijken, denken we: dit ga je niet lang meer volhouden.***
'Als je ergens zelf voor kiest, hou je het vaak een stuk beter vol. Mijn moeder had als motto: wat je ook doet, doe het goed. Dat heb ik ietsje aangepast: wat je ook doet, doe het zo goed mogelijk. Iets wat je alleen kunt als je erachter staat. Dat wil overigens niet zeggen dat alles maar leuk moet zijn. Er zijn ook dingen die simpelweg moeten, en als je dat accepteert, is dat ook een keuze. Dan ga je er niet over mokken, want het moet nu eenmaal. Maar je accepteert niet klakkeloos alles. Als je in een leven terechtkomt dat je te veel is, is het zaak om daar iets aan te doen.'

***Waarom is het zo belangrijk dat ook mannen openstaan voor verandering?***
'Anders groeit het scheef. Dan heb je straks overgeëmancipeerde vrouwen – die bekaf zijn omdat ze een vette carrière hebben én een berg zorgtaken – en onderontwikkelde mannen. Dan verandert de samenleving niet. Ik denk dat de focus van alleen vrouwenemancipatie verlegd moet worden naar mannen- en vrouwenemancipatie tegelijk.'

***Wij merken ook vaak dat mannen emotioneel gezien wat achterlopen.***
'Kijk uit dat je niet te vaak woorden als "mannelijk" en "vrouwelijk" gebruikt. Wij hebben zelf bepaalde waarden als mannelijk en vrouwelijk bestempeld.

Opnieuw beelden die stammen uit de oertijd en nu te pas en te onpas worden aangehaald om te bewijzen dat mannen en vrouwen écht heel anders zijn. Maar jongens van nu worstelen net zo goed met het feit dat zij in dat frame van mannelijkheid moeten passen. Als je brains hebt, kun je met een hoge opleiding slagen in het leven. Heb je die niet, dan moet het op de ouderwetse manier van fysieke macht. Negentig procent van alle mannen is op geen van beide vlakken *top dog*. Daar zou je als vrouw begrip voor moeten opbrengen, want ook voor vrouwen is het moeilijk geweest om zich te onttrekken aan de norm van vrouwelijkheid, keuzevrijheid te krijgen en als "rond" mens door het leven te gaan. Dit is de man nu ook aan het doen: zichzelf opnieuw uitvinden en dat achterhaalde beeld van mannelijkheid van zich afschudden.

Aan het einde van de vorige eeuw hebben de feministen de vrouwelijke ontwikkeling een enorme boost gegeven. Dit zal ook aan de mannenkant moeten gebeuren, want veel issues van deze tijd – agressie, verslaving, radicalisering – hebben te maken met gefrustreerde mannen. Dus als je zegt dat je mannen oninteressant vindt, dat ze emotioneel achterlopen, herhaal je eigenlijk dat stereotype en hou je het in stand. De kern is volgens mij dat onze beelden en ideeën van mannelijkheid en vrouwelijkheid allang achterhaald zijn. Iedereen is toe aan nieuwe beelden. Maar die zijn er nog niet. Die zijn jullie en wij aan het maken. Dus ik zou uitkijken met...'

***Ja, we begrijpen je: dat polariserende is niet goed.***
***Even terug naar het werk. Niet alleen de taken zijn ongelijk verdeeld, ook het salaris, horen we vaak. Is dat echt zo'n groot probleem?***

'Het loonverschil tussen mannen en vrouwen is 17,5 procent. Ga zelf maar na of dat een groot probleem is. Dit is al sinds de jaren zeventig zo en daar is sindsdien niets aan veranderd. Als je onderzoekt waar dat verschil vandaan komt, blijkt dat het voor de helft komt door de keuzes die vrouwen zelf maken. Maar zijn het wel echt keuzes? Doen ze het bewust? Het blijkt af te hangen van de vraag of je bij een groot of klein bedrijf werkt, het aantal uren dat je werkt, de mate van bijscholing. Dit zijn keuzes die financiële implicaties hebben die je zelf helemaal niet overziet. Wij hebben een tool ontwikkeld voor die keuzes; dan zie je wat je salaris beïnvloedt.

Maar het gaat niet alleen over keuzes, want zelfs in gelijke functies en met hetzelfde aantal uren verdienen mannen meer. Dat je in een sollicitatiegesprek als vrouw minder hoog wordt ingeschat dan een mannelijke collega met dezelfde achtergrond, dat is beeldvorming. Discriminatie. Er wordt altijd geroepen "we mogen niet discrimineren!" maar als het wél gebeurt, wordt het niet aangepakt. Hoe is dit mogelijk? En wat gebeurt er nog meer tijdens zo'n gesprek? Onderhandelt hij beter dan zij? Wij hebben voor vrouwen workshops onderhandelen opgezet, maar ook hier geldt dat vrouwen het gat niet in hun eentje kunnen dichten, zolang de denkbeelden van werkgevers niet veranderen. Het zou goed zijn als hier eens gedegen onderzoek naar werd gedaan, bijvoorbeeld door de Arbeidsinspectie.'

**Waar is mijn € 300.000,-?**

Een vrouw in Nederland krijgt in een werkend leven gemiddeld € 300.000,- minder salaris dan een man. En dit verschil kan soms zelfs oplopen tot één miljoen. Wil je weten hoeveel meer jij verdient? En wat jij kunt doen om daar te komen? Doe de test op de website van WOMEN Inc. en bekijk ter inspiratie het filmpje van *Toren C*.

***Wat voor denkbeelden hebben werkgevers?***

'Daar is wetenschappelijk onderzoek naar gedaan. Als een Mathilda en een Matthew precies hetzelfde onderzoeksartikel inleveren, wordt het stuk van Mathilda minder interessant gevonden, minder relevant en minder goed onderbouwd dan hetzelfde stuk van Matthew. Dat heeft te maken met onbewuste vooroordelen. Het zijn de beelden die we steeds herhaald zien worden, op de werkvloer, op de televisie, in de krant. "Man" wordt nog steeds gekoppeld aan werk en "vrouw" nog steeds aan zorg en uiterlijk. De media houdt deze stereotypes in stand omdat daar het vermaak zit. Dat snap ik bij bepaalde programma's wel, maar ik snap het niet bij bijvoorbeeld nieuwsprogramma's. Over vijftig of honderd jaar, als onze kleinkinderen die beelden anders hebben ingekleurd, zullen ze terugkijken en de waanzin zien die nu de realiteit is.'

***Denk jij dat je na je veertigste ook nog een radicale carrièreswitch kunt maken?***
'Ik zou niet weten waarom niet. Vrouwen onderschatten zichzelf vaak. Je zou als vrouw drie dingen moeten leren: je doel stellen, lef tonen en je netwerk inzetten. Het begint bij je doel: wat wil ik? Die vraag blijkt voor veel vrouwen al moeilijk te zijn. Als je het antwoord hebt gevonden, moet je lef tonen. Ga maar eens de zekerheid van je vaste baan opzeggen en aan mensen vertellen dat je je wilt laten omscholen. En schroom vooral niet om dan je netwerk in te zetten. Netwerken is niet visitekaartjes uitdelen bij de nieuwjaarsbijeenkomst van de Kamer van Koophandel. Nee, netwerken betekent vooral: gebruikmaken van de contacten die je al eerder hebt opgebouwd. Durf wat meer te vragen. Dat doen anderen ook. Waarschijnlijk roept het vooral bewondering op, want veel mensen willen iets anders, maar durven niet. Jij durft wel!'

***Hoe ziet de ideale wereld er voor jou uit op het gebied van emancipatie?***
'Mijn ideaal is dat zowel mannen als vrouwen werkelijke keuzevrijheid hebben en gelijke kansen op het gebied van werk en gezondheidszorg. Ik zou graag zien dat iedereen bewust, op basis van goede informatie, zijn eigen keuzes kan maken.'

Wat WOMEN Inc. heel goed doet, vinden wij, is gesignaleerde problemen omzetten in gerichte acties. Wat zit er scheef? Wat is het doel en hoe komen we daar? Vervolgens zetten ze alle betrokken partijen aan tot concrete stappen: werkgevers, politiek, media, maar zeker ook vrouwen zelf. Zo komen we langzaam maar zeker vooruit. Er zijn positieve maatschappelijke veranderingen gaande. We zien om ons heen dat mannen tegenwoordig veel meer betrokken zijn bij het gezin en dat ze ook meer zorgtaken op zich nemen. Niemand kijkt meer gek op als je als man zegt: ik ben huisvader. Dat is echte winst. We zijn wel geschrokken van het feit dat er nog zo'n grote ongelijkheid tussen man en vrouw bestaat op het gebied van werk, zorgtaken en gelijke beloning.

Het doorbreken van oude patronen lukt dus alleen als het van alle kanten komt: initiatieven als WOMEN Inc. die zowel het systeem als de burger bewust maken, werkgevers die het werk vrouwvriendelijker durven in te richten, meer rijpe vrouwen op tv en in de bladen, een gezondheidszorg die het vrouwenlichaam niet atypisch noemt maar er onderzoeksgeld voor vrijgemaakt, een overheid die de mantelzorger beter ondersteunt, mannen en vrouwen die de zorgtaken eerlijker verdelen, vrouwen die zich organiseren in netwerken om elkaar te versterken – er is nog een lange weg te gaan. De droom van de feministen van de jaren zestig is nog niet uitgekomen; de positie van de vrouw kan nog een stuk sterker. Ze heeft een wereld te winnen.

Christien Brinkgreves ideaalbeeld is ook een veel grotere gelijkheid op het gebied van werken en zorgen. 'Niet alleen gelijke beloning, maar ook meer waardering voor vrouwelijke kwaliteiten. Mannen worden nog steeds eerder op hoge posities geïnstalleerd. Er zit nog zo'n hiërarchie in waardering. Vrouwen zijn geneigd zichzelf kleiner te maken, zelfs topvrouwen in de zakenwereld. Het wordt van generatie op generatie doorgegeven: ken je plaats. Als je te veel "praatjes" hebt, word je direct teruggefloten. Je zit er niet aan vast, het zit niet in de genen, maar het is wel iets wat je meekrijgt. Dit is heel moeilijk te doorbreken. En je hebt ook weer mannen nodig die dat zien.'

Wanneer gaan wij toch eens goed onderhandelen over ons salaris, wanneer gaan we thuis en op de werkvloer goed voor onszelf zorgen en de ruimte innemen die wij nodig hebben? Op wie wachten we? Het is aan ons. Niet alleen aan ons, maar wel óók aan ons. Maak daarom eens de balans op, juist nu je in de overgang bent. Wat heb je gedaan met je leven en wat wil je nog doen? Je hebt als het goed is nog dertig of veertig jaar voor de boeg. Bedenk wat je daarmee wilt en grijp je kansen. Als je het nog niet hebt gedaan, is dit het moment: maak vanaf nu keuzes die goed zijn voor jou, het is nooit te laat. Investeer in jezelf en niet in een baas of een bedrijf. Stel jezelf vragen: wil je verder met je baan? Welke cursus of opleiding zou je willen doen? Wil je meer of juist minder gaan werken? Heb je meer tijd nodig voor jezelf? Bouw dat in. Als dat betekent dat je je werk dan niet meer helemaal perfect kunt uitvoeren, *so be it.* Je doet het *zo goed mogelijk*. En je hoeft het niet alleen te doen. Vraag hulp. Er zijn allerlei instellingen en netwerken die je hierbij kunnen helpen, plus natuurlijk je eigen sociale en professionele netwerk. Nee, het is niet altijd even makkelijk, maar doe het stapje voor stapje, en heel belangrijk: laat je nergens meer door tegenhouden.

## DE 45+-VROUW HEEFT NOG EEN EXTRA STRIJD TE VOEREN

Je kunt zeggen dat de ouder wordende vrouw een extra strijd te voeren heeft; omdat ze vrouw is én omdat ze ouder wordt. Oud = uitgerangeerd. Maar draai het eens om en kijk wat je wint in deze periode. Het leuke aan ouder worden vinden wij dat we minder onzeker zijn, ook in ons werk. We hebben veel meer lef dan vroeger; we durven nu meer buiten de gebaande paden te treden. We zijn bijvoorbeeld naast het acteren gaan schrijven en zingen. Hier durfden we vroeger alleen maar van te dromen. Ons werkveld is breder dan ooit. Bovendien weten we veel beter wat we níét willen. We willen ons niet meer over de kop werken, we willen niet meer zoveel stress, we willen niet meer zomaar met iedereen samenwerken. Te grote ego's kunnen rechtsomkeert; gewoon omdat we er geen zin in en tijd meer voor hebben. Wat een verworvenheden.

Linda de Mol vertelde ons dat ze juist door haar levenservaring en alles wat ze al bereikt heeft veel meer kan genieten dan vroeger, toen ze haar ambities nog bloedserieus nam. 'Ik dacht vroeger precies te weten hoe mijn leven ging lopen. Ik kreeg laatst een oud interview van het blad *Veronica* opgestuurd. Ik was 21 en stond op de cover met de kreet: "Ik wil alles bereiken." Hoe pretentieus om dat op je eenentwintigste te zeggen! Ik had helemaal bedacht hoe ik het ging doen: ik ga vijf jaar keihard werken en heel veel geld verdienen. Dan hoop ik een leuke man te vinden en ik wil graag kinderen. Dan neem ik een beetje gas terug, ga ik voor de kinderen zorgen, en heb ik altijd die carrière om op terug te vallen. Ik wist het al helemaal! Ik voelde me een vrouw van de wereld. En tegenwoordig denk ik: je weet nooit hoe het gaat lopen. En eigenlijk vind ik dat ook wel spannend. Dat er wel degelijk nog van alles in het verschiet ligt. En dat ik sterk genoeg ben om de hobbels, of de dingen die niet lopen zoals ik ze gepland had, op te vangen. Dat geeft een enorme rust en zelfvertrouwen, wat ik heel prettig vind.'

Als 45+-vrouw sta je veel bewuster in het leven, je kent jezelf beter, het leven heeft je lessen geleerd. De volgende stap is dat je durft te gaan staan voor wat je echt wilt. Dus trek een leuke jurk aan, geef jezelf een schop onder de kont en laat jezelf zien – met buikje of zonder. Als we niet zelf iets gaan ondernemen, laten we kansen liggen. *Get your act together,* want voor je het weet is het te laat. Dat zou eeuwig zonde zijn: al die levenservaring, die opgedane wijsheid, het relativeringsvermogen, al jouw door de jaren heen opgedane kennis heeft deze maatschappij juist zo hard nodig.

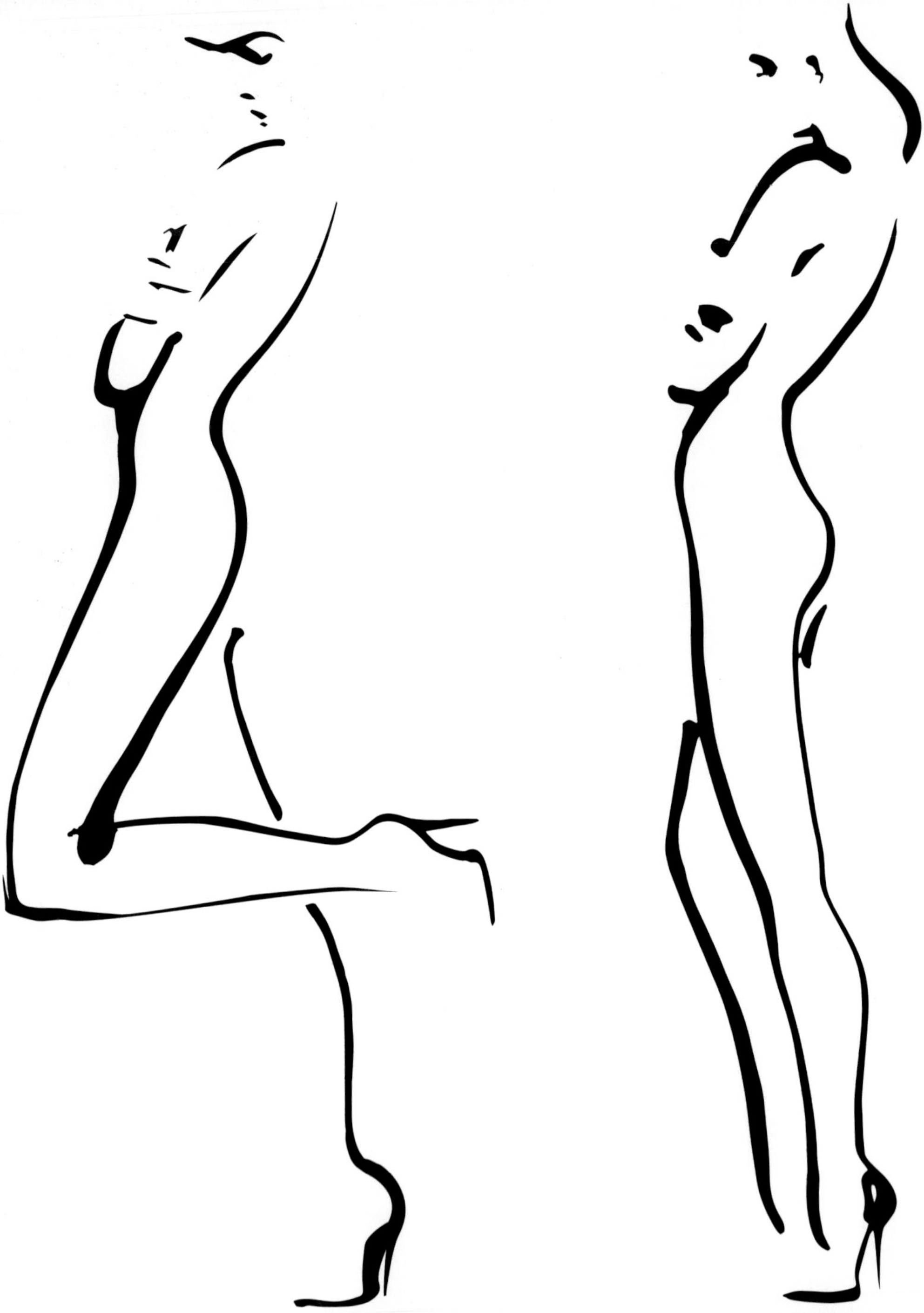

NAWOORD

# TE LIJF

Hoe met het leven te dansen
in plaats van te strijden

Het is geen kattenpis, de overgang: opvliegers, sombere buien, felle emoties, een haperend lijf en alle gevolgen die deze verwarring en veranderingen hebben voor jezelf, je relatie(s), je seksleven en je werk.

Op naar die mooie tweede helft, want daar ging het ons om. Maar het is een feit: de overgang, daar moeten we toch echt eerst doorheen, en wel zo soepel mogelijk graag! Door het van alle kanten te bekijken, onze zoektocht te delen en uit te zoeken wat we er zelf aan kunnen doen om uiteindelijk zo prettig mogelijk ouder te worden. Dit heeft ons nu al zoveel opgeleverd. We hopen dat jij er ook iets aan hebt.

Als we terugkijken zien we in dat we er echt de ballen verstand van hadden, van die hele overgang en het ouder worden dat ons te wachten staat. Alles wat wij geleerd hebben was nieuw voor ons. Wij zijn de eerste generatie vrouwen die zich echt goed verdiept in de impact van de overgang. Nu weten we er beter mee om te gaan en kunnen we intussen doorgaan met ons leven. Veel beter dan onze moeders en oma's kunnen wij erop inspelen en elkaar ondersteunen. En dat is belangrijk, want we hebben als het goed is nog dertig of veertig jaar te gaan. Door er eerlijk over te schrijven hopen we dat de overgang en het ouder worden een positievere lading krijgen. En laat het nooit meer een taboe worden!

Geïnspireerd door onze experts en nu goed geïnformeerd komen we tot de conclusie dat de moderne vrouw in de overgang haar aandacht meer moet gaan richten op zichzelf. Dat is de essentie. Er komt een hoop over ons heen in deze periode, maar we moeten ons vooral realiseren dat we vrij zijn om onze eigen keuzes te maken. Zoals Linda de Mol zei: 'Zit je in een ongelukkige situatie? Blijf er niet in hangen, maar neem een beslissing. Zit je in een dorp waar je niet wilt wonen? Ga verhuizen. Heb je een baan waar je geen kansen krijgt en niemand je leuk vindt? Zoek een nieuwe baan. Doe iets.' Hier sluiten wij ons bij aan: het is aan jou.

Laat je wapenuitrusting vallen en ga het leven en elkaar met open armen tegemoet. Je hebt genoeg gestreden met jezelf en met elkaar.

## EEN BEETJE *SADDER* MAAR WEL VEEL *WISER*

We zijn door het schrijven van dit boek door een heel proces gegaan. Elk hoofdstuk dat we schreven, hebben we doorleefd. We keerden onszelf telkens weer binnenstebuiten. Dat was niet altijd even leuk, eerder confronterend en soms zelfs verdrietig. Het was ook een beetje afscheid nemen van onze jeugd. Met lichte melancholie kijken we nu terug, maar door het schrijven zagen we ook onze toekomst aan ons verschijnen. Een stralende, wat ons betreft.

We moeten voor die mooie tweede helft ballast van ons afschudden en gaan voor wat wij nu belangrijk vinden. Nu we ouder zijn, hebben we gewoonweg het recht om meer schijt aan alles te hebben: durf te leven op je eigen wijze, wees eigenwijs. Alleen zo hou je energie over voor de dingen die echt belangrijk voor je zijn. Zo maak je die mooie tweede helft mogelijk. We hebben tijdens dit proces veel dingen geleerd: dat relativeren heel belangrijk is, zeker in deze verwarrende fase. Dat het vaak al goed genoeg is wat je doet. Dat stress een keuze is; je kunt het leven vaak niet controleren of veranderen, maar wél hoe je ermee omgaat – dit was een heel belangrijk inzicht voor ons. Dat je niet meer moet geloven in al die negatieve piekergedachten. Dat je jezelf wat minder in de weg moet zitten. Dat je vaak even moet uitzoomen, zoals Paul Smit het zegt. Dat alles naast elkaar mag bestaan; je ellende en je geluk. Dat je je niet meer zo gek moet laten maken door alles wat anders loopt dan gepland. Zo is het leven nu eenmaal, accepteer het! Zoals Lisette Thooft zei: 'Zolang je ergens tegen vecht, lijkt het zwaarder dan het is.' Laten we net als Hedy d'Ancona vooral trots zijn op wat wél lukt. Staar je vooral niet te blind op wat je allemaal verliest, zie ook wat je wint. Zoals Christien Brinkgreve zei: 'Als je je vergelijkt met je jongere zelf, is er vooral afscheid en rouw.' Als je anders leert kijken, zie je wat je wint door het ouder worden. Daarnaast heb je gewoon een flinke dosis humor nodig. Dat zit bij ons wel goed; wij trekken elkaar er wel doorheen met onze grappen.

## FEMINISME 2.0

Het feminisme is lange tijd een beetje uit geweest. Ook wij vonden dat er een vies smaakje aan zat. Feministen waren in onze ogen een soort manwijven die mannen haatten en altijd maar op de barricades klommen. Dat was niet iets waar wij ons mee konden identificeren. Maar door onze gesprekken met de feministen die we voor dit boek interviewden, raakten wij *begeistert* door hun denken, en zagen we in dat wij *dankzij hen* kunnen zijn wie wij nu zijn.

We zijn tot het heuglijke besef gekomen dat wij de nieuwe feministen zijn. En dat het werk nog lang niet gedaan is. Er zijn nog zaken te regelen op veel gebieden: de overgang, vrouw-zijn, ouder worden, werk en moederschap, en man-vrouwzaken zoals de liefde. Laten we niet meer wijzen, niet klagen en achteroverleunen, maar elkaar ondersteunen en samenwerken. En het goede voorbeeld geven aan de volgende generatie, zeker ook aan onze kinderen: durf te zijn wie jij wilt zijn, durf van het verleden mee te nemen wat bij je past en durf ook los te laten wat niet meer bij je past; op alle gebieden. Laten we het oppakken waar de feministen in de jaren tachtig het hebben achtergelaten. Het is nu aan ons.

*Was will das Weib? Alles, bitte...* zo begonnen we het boek. Maar wat je wilt, is vaak niet wat je nodig hebt. Daar zijn we wel achter gekomen. Tussen je twintigste en veertigste levensjaar jaag je alles na wat je wilt. Terwijl het in deze fase meer gaat over acceptatie en loslaten: van je jeugd, de schijn, de ratrace, de verwachtingen. De fase van vruchtbaarheid is voorbij en je krijgt er iets heel waardevols voor terug: eigenwijsheid en kracht, inzicht en relativering, humor en empathie. Maar ook verbondenheid; ten diepste lijken we namelijk meer op elkaar dan dat we van elkaar verschillen.

Aan het begin van onze zoektocht voor dit boek balanceerden we beiden op de rand van een burn-out. Nu staan we op het punt van meer geluk, blijheid en een groot gevoel van keuzevrijheid.

Ter afsluiting wensen we jou *genoeg.*

*We wish you enough sun to keep your attitude bright*
*We wish you enough happiness to keep your spirit alive*
*We wish you enough pain so that the smallest joys in life appear much bigger*
*We wish you enough gain to satisfy your wanting*
*We wish you enough loss to appreciate all that you possess*
*We wish you enough hellos to get you through the final goodbye*

Liefs, Isa & Medina

# DANKWOORD

Bij een boek als dit hoort een mooi dankwoord. Want dankbaar zijn we, ook voor de mensen die ons zo geholpen hebben bij dit hele proces.

Als eerste onze kinderen Merlijn, Vlinder en Jonathan. Door hen zijn wij de vrouwen die we zijn. Zij hebben (te) vaak gehoord dat we nog even moesten werken of ze werden gek van ons constante gebel naar elkaar. Ook onze ouders zijn we zeer dankbaar. Dat wij er zijn dankzij hen. Dat zij, in mijn geval, Medina, er nog zijn als lichtend voorbeeld in de keten van liefde en ouderschap. En als oppas en luisterend oor. Maar ook voor mij, Isa, stond er iemand klaar: Katinka, steun en toeverlaat in deze drukke tijd van schrijven, ander werk en zorg voor de kinderen. Bovendien, en zeker niet onbelangrijk, verzorgde ze elke dag weer een fantastische lunch voor ons. En dan waren er de ouders van Antonie, die ons zomaar aanboden een week bij hen te komen schrijven; een aanbod dat wij met beide handen aangrepen. Het werd een bijzondere week waarin we de laatste hand legden aan dit dierbare document.

En dan het boek zelf. Zonder alle experts zou dit boek niet zijn wat het nu is. Hedy d'Ancona, Christien Brinkgreve, Jannet Vaessen, Jos Teunis, Monique Brood-van Zanten, Lisette Thooft, Joke Metselaar, Anita Warmerdam, Remco Verkaik, Hans van Zutphen, Anita Boone, Dick Swaab, Emilia Gransberg, Ralph Moorman, Barbara Havenith, Vera Steenhart, Paul Smit, Marnix Pauwels, Stine Jensen, Linda de Mol, Jildou van der Bijl, Marlous Volkers, Stephanie Litjens, Marguerite van Randwijck, Patty Zomer, Yvonne van den Hurk, Maaike Dorsteen, Hana Moestoredjo en Tamara Elbaz; dank voor al jullie inzichten, kennis en levenslessen. Mylène, Louise, Patricia; dank dat jullie jullie zeer intieme verhalen met ons wilden delen.

En natuurlijk bedanken we onze uitgever: Tanja Hendriks, die vanaf de allereerste minuut enthousiast was en ons nooit heeft laten vallen. Achter haar staat een toegewijd team: Jet Hopster, Linda Visser, Petra Kruijt, Marry van Baar en stagiairs Peter Eleveld, Eva Heijne en Christien van der Harst – dank jullie wel voor jullie tomeloze inzet. We bedanken ook onze literair agenten Paul Sebes en Willem Bisseling voor het initiatief, Mark Uyl voor de prachtige foto's, Petra Lunenburg voor de unieke illustraties en natuurlijk Hans Teeuwen voor zijn meesterlijke tekst over vrouwen in de overgang.

En als laatste danken wij elkaar. Het was een confronterend proces, maar ook helend. We hebben het samen maar mooi geflikt!

# DE EXPERTS

**Hedy d'Ancona** (1937) is een bekende feministe. Tijdens de jaren tachtig was zij als staatssecretaris van Sociale Zaken en Werkgelegenheid verantwoordelijk voor onder andere emancipatiezaken. Begin jaren negentig was zij minister van Welzijn, Volksgezondheid en Cultuur. Daarnaast is zij bekend als medeoprichtster van het feministisch tijdschrift *Opzij,* waarvan zij acht jaar lang hoofdredacteur was.

**Jildou van der Bijl** (1971) is hoofdredacteur van *LINDA.*, en creatief directeur van Mood for Magazines. Na haar studie journalistiek in Zwolle was zij redacteur en hoofdredacteur bij *Nieuwe Revu*. Sinds 2008 werkt zij nauw samen met Linda de Mol.

**Anita Boone** (1959) is vanuit liefde voor sport en bewegen lerares lichamelijke opvoeding geworden. Sinds 1981 is zij werkzaam in het onderwijs en sinds 1994 is ze fulltime fitnessondernemer. Haar bedrijf is uitgegroeid tot een organisatie met drie locaties, 65 werknemers en ruim vijfduizend leden. Sinds 2011 is ze sportvast- en lifestyleoach.

**Christien Brinkgreve** (1949) is hoogleraar sociale wetenschappen aan Universiteit Utrecht en schrijfster. Haar belangrijkste focus ligt op thema's als verschuivende machtsverhoudingen, emancipatie van de vrouw en het belang van zelfkennis. Naast haar werk aan de universiteit schreef zij voor een groter publiek, waaronder *De ogen van de ander* (2009), *Het verlangen naar gezag* (2012) en *Vertel. Over de kracht van verhalen* (2014).

**Monique Brood-van Zanten** (1959) is arts op de afdeling Gynaecologie bij het VUMC, AMC en het Antoni van Leeuwenhoek in Amsterdam. Ze is gespecialiseerd in de werking van vrouwelijke geslachtshormonen en werkt mee aan landelijke richtlijnen met betrekking tot behandeling van vrouwen in de overgang. Deze zijn met name gericht op vrouwen die kanker hebben gehad of daar nog mee worstelen.

**Maaike Dorsteen** (1978) schrijft als beautyblogger over mooi ouder worden. Door haar werkervaring achter de schermen bij verschillende televisieprogramma's ging zij zich bezighouden met ouder worden en de fysieke consequenties hiervan. Op haar blog *Furrow*, 'de leukste rimpelblog van Nederland', houdt ze botox- en beautytrends bij.

**Tamara Elbaz** (1982) is voormalig model, oprichtster van afslankketen Size Zero en de afslankproductenlijn Diet Couture. Na haar carrière in de mode heeft zij in 2016 besloten om zich volledig te richten op alles wat met afvallen te maken heeft.

**Emilia Gransberg** (1975) is natuurgeneeskundig therapeut en gecertificeerd mindfulnesstrainer. Met een achtergrond in fysiotherapie focust zij zich op psychosomatische klachten. Zelfkennis en zelfbewustzijn zijn de speerpunten in haar therapie.

**Barbara Havenith** (1963) is gynaecoloog. Naast reguliere medische methoden helpt zij vrouwen met hun klachten door middel van andere voeding, supplementen, beweging en omgang met stress. Zij richtte de onafhankelijke Vrouwenpoli Boxmeer op. Samen met Ralph Moorman schreef zij *Hormoonbalans voor vrouwen* (2015).

**Yvonne van den Hurk** (1959) is actrice en theatermaakster. Bekend is zij onder andere van de televisieseries *Pleidooi, Unit 13* en *Bloedverwanten* en haar werk bij *Het Klokhuis*. Samen met het Amsterdamse Bostheater produceerde zij *De Vaginamonologen*, de Nederlandse versie van het bekende theaterstuk *The Vagina Monologues*. Als vervolg hierop maakte zij *Hormonologen*, met als doel taboes te doorbreken over de overgang.

**Stine Jensen** (1972) is filosoof, programmamaker en schrijver. Van haar hand verschenen onder meer de succesvolle boeken *Waarom vrouwen van apen houden, Dokter Jazz* en *Licht op het Noorden. Go East* (2015) is een autobiografisch verslag en zoektocht door het spirituele (wilde) Westen en een filosofisch onderzoek naar het ego, goeroes en andere ongemakken.

**Stephanie Litjens** (1975) is medeoprichtster van SOAP TREATMENT STORE in Amsterdam.

**Joke Metselaar** (1956) is intuïtief coach en docente. In 2009 richtte zij het Centrum voor Intuïtieve Coaching en Scholing op, waar zij trainingen geeft en readings doet. Zij focust op onderwerpen als zelfkennis, maar ook het herkennen en duiden van dynamiek binnen sociale groepen als de familie en de werkkring.

**Hana Moestoredjo** (1985) is de oprichtster en eigenaresse van Change Laserclinic.

**Linda de Mol** (1964) is programmamaakster, presentatrice en redactrice van haar eigen blad *LINDA*. Al meer dan dertig jaar is zij een van de meest spraakmakende vrouwen op de Nederlandse televisie.

**Ralph Moorman** (1976) is hormoondeskundige. Hij studeerde levensmiddelentechnologie in Wageningen. Hij adviseert bedrijven over voeding en is ambassadeur bij EkoPlaza. Daarnaast schreef hij verschillende boeken, onder andere *Hormoonbalans voor vrouwen* (2015) met Barbara Havenith.

**Marnix Pauwels** (1968) is mede-eigenaar van het reclamebureau Woedend!. Hij heeft na een jarenlange verslaving *Vrij* (2016) geschreven, een praktisch boek over zijn worsteling met afhankelijkheid, angst en depressie, én de oplossing voor veel problemen.

**Marguerite van Randwijck** (1971) is cosmetisch arts. Ze studeerde geneeskunde aan Universiteit Leiden en heeft aansluitend als academisch huisarts gewerkt bij de Universitaire Huisartsenpraktijk van het VU medisch centrum. Sinds 2011 is Marguerite in Nederland werkzaam als cosmetisch arts en heeft zij – in samenwerking met Stephanie Litjens en Esther Meijer van SOAP TREATMENT STORE – de DOCTORS AT SOAP-klinieken opgericht.

**Paul Smit** (1976) is filosoof en cabaretier. Hij schreef zijn scriptie over de evolutie van het menselijk bewustzijn en na een paar omzwervingen kwam hij op het podium terecht om filosofie en neurowetenschap te verenigen met cabaret. Inmiddels heeft hij negen boeken gepubliceerd, waaronder *Verlichting voor luie mensen* (2012).

**Vera Steenhart** (1953) is relatie- en gezinstherapeut, seksuoloog-NVVS en professional coach. Zij combineert wetenschap met spiritualiteit, mindfulness en tantra. Haar focus ligt voornamelijk op het verbeteren van verbintenissen tussen mensen. In 2014 publiceerde zij het boek *Lust of last? Verhalen uit de praktijk van een seksuoloog,* waarin zij mensen een inkijkje biedt in haar werk.

**Dick Swaab** (1944) is een bekende neurobioloog. Hij was hoogleraar neurobiologie aan de Universiteit van Amsterdam en dertig jaar lang directeur van het Nederlands Instituut voor Hersenonderzoek. Hij is voornamelijk bekend geworden met zijn werk over de aantoonbaarheid van sekseverschillen in het brein. Hij publiceerde onder andere de bestsellers *Wij zijn ons brein* (2010) en *Ons creatieve brein* (2016).

**Jos Teunis** (1957) is verpleegkundig overgangsconsulent. Sinds 2002 heeft zij haar eigen praktijk waar zij als verpleegkundig overgangsconsulent, seksuologisch hulpverlener en orthomoleculair therapeut vrouwen helpt in alle fases van hun leven. Samen met José Rozenbroek schreef zij het boek *De overgang* (2016).

**Lisette Thooft** (1953) is schrijfster, coach en huisfilosofe van het spirituele tijdschrift *Happinez*. Na haar studie Engelse taal- en letterkunde aan de Rijksuniversiteit Utrecht kwam zij terecht in de journalistiek. Zij schrijft voor uiteenlopende tijdschriften als *Happinez, De Optimist, De Verwondering* en *Psychologie Magazine*. Ook schreef zij zestien boeken, waaronder *De beste tijd van je leven* (2015) over de overgang, en *Kom uit je hoofd* (2016) over lichaamsbewustzijn.

**Jannet Vaessen** (1969) heeft na haar doctoraal geschiedenis aan de Universiteit van Amsterdam gewerkt als zelfstandig ondernemer, programmamaker, opnameleider en producent voor verschillende omroepen. Inmiddels is zij al vijftien jaar directeur van WOMEN Inc., een organisatie die ernaar streeft om de positie van de vrouw te verbeteren.

**Remco Verkaik** (1973) is medisch bioloog. Hij doceert personal trainers, artsen en therapeuten in de toepassing van voeding en supplementen bij allerlei doelgroepen en ontwikkelt lifestyleprogramma's voor mensen met een actieve levensstijl en interesse in gezond en vitaal ouder worden.

**Marlous Volkers** (1980) is marketing- en franchisemanager van SOAP TREATMENT STORE. Ze studeerde communicatiewetenschappen aan Hogeschool Inholland, en begon in 2005 als schoonheidsspecialiste bij SOAP TREATMENT STORE. Sinds 2008 is zij verantwoordelijk voor de marketing en is zij werkzaam als franchisemanager.

**Anita Warmerdam** (1959) is directeur en mede-eigenaar van Brain-Fit, een centrum voor neurofeedbacktraining. Zij heeft meerdere studies afgerond op medisch, psychosociaal en orthomoleculair gebied.

**Patty Zomer** (1961) is zangeres, styliste en presentatrice. Ze werd bekend als een van de Dolly Dots. Hierna begon ze te werken als styliste. Ze presenteerde populaire modeprogramma's als *De Modepolitie* en *Make Me Beautiful*. Nu is zij stylecoach bij Style Counsel om mensen bewuster te maken van zichzelf en hun presentatie. Daarnaast doet ze de styling voor bladen, BN'ers en televisie.

**Hans van Zutphen** (1952) is integraal therapeut, osteopaat en sportvastcoach. Als therapeut meent hij dat de wetenschappelijke medische methoden niet altijd toereikend zijn om zijn cliënten te helpen. Voeding, beweging en mentale technieken kunnen volgens hem ook resultaat bewerkstelligen.

# VERANTWOORDING

## 2 De eitjes zijn op

De tekst van Hans Teeuwen komt van www.hansteeuwen.net.

Het klachtenoverzicht stelden we samen op basis van informatie uit *Hot topic* (magazine over de overgang), van GezondheidsNet.nl en uit het boek *De overgang* (2016) van José Rozenbroek en Jos Teunis.

De informatie voor het kader '1 op 3 vrouwen meldt zich ziek' vonden wij op www.vrouwenwijzer.nl.

De informatie voor het kader 'Vroeg in de overgang?' komt van de website vrouwenpoliboxmeer.com.

## 3 Tussen schoonheid en verval

De passage over de voordelen van schoonheid is afkomstig van www.beauty-review.nl/belang-schoonheid.

De passage over geluk en schoonheid baseerden we op uitspraken van psycholoog en geluksonderzoeker Ad Bergsma in de serie *Sophie in de kreukels* (BNN), aflevering 3.

De zin 'Vrouwen kijken gemiddeld 38 keer per dag in de spiegel, mannen 18 keer' uit *The Guardian* lazen we in *Psychologie Magazine* (juni 2016).

De informatie over het dalend zelfvertrouwen bij meisjes en het genoemde percentage in de zin 'Wist je dat slechts vier procent van de vrouwen, over de hele wereld, zichzelf mooi vindt?' komt uit onderzoek van Dove: http://www.nl.dove.com/nl/onze-missie/dove-onderzoek/default.aspx?StayOnSite=true.

### 4 Moderne menopauzemoeders

De informatie in de paragraaf 'Pittige puber en menopauzemoeder' komt uit *Opzij* (juni 2016).

### 5 Met hart & ziel

Het citaat van Rumi, 'De herberg', is vertaald door Romeck van Zeijl.

### 6 10 kilo cadeau?

Het citaat van Martijn Katan komt uit *NRC Handelsblad* (14 april 2016). http://www.nrc.nl/nieuws/2016/04/14/we-doen-te-heilig-over-groente-en-fruit-1609643-a1397225.

De passage over calcium en vitamine D is gebaseerd op informatie van de website van de Osteoporose Stichting (http://www.osteoporosestichting.nl/) en uit het boek *Menoblues* (2009) van Pauline Ottervanger en Wilma Smit.

De informatie voor het kader over hart- en vaatziekten komt van de website van de Hartstichting: www.hartstichting.nl.

### 7 Jij & ik

De passages over lichamelijke veranderingen zijn onder andere gebaseerd op informatie die wij vonden op de website www.depaarsekeizerin.nl.

Het citaat van Robin Rinaldi komt uit haar boek *Mijn man en mijn minnaars* (2015).

De informatie over concurrentie onder vrouwen komt uit een artikel uit *The New York Times* (1 november 2015): http://www.nytimes.com/2015/11/01/opinion/sunday/why-women-compete-with-each-other.html?_r=0.

De informatie over lesbische huwelijken komt uit *Trouw* (30 maart 2016): http://www.trouw.nl/tr/nl/4492/Nederland/article/detail/4272466/2016/03/30/Lesbische-huwelijken-stranden-het-vaakst.dhtml.

Het citaat van Alain de Botton komt uit zijn boek *Weg van liefde* (2016).

De informatie voor het kader 'Cougars' komt uit AD (25 juni 2016): http://www.ad.nl/nieuws/gezocht-jongere-man~a5a12027/.

Het citaat van Esther Voet komt uit *Volkskrant Magazine* (20 juli 2016): http://www.volkskrant.nl/magazine/-er-zijn-momenten-dat-ik-denk-nu-lig-ik-weer-alleen-in-mijn-bed~a4342602/.

De tips voor een goed seksleven zijn afkomstig van Christiane Northrup; uit haar boek *Het geheime genot van de overgang* en van haar website www.drnorthrup.com.

**8 Werk aan de winkel!**

De uitspraken van Chantal Janzen komen uit de serie *Sophie in de kreukels* (BNN), aflevering 4.

Het artikel 'Niemand vraagt iets aan een oud nekje' komt uit *Volkskrant Magazine* (29 november 1997): http://www.volkskrant.nl/magazine/niemand-vraagt-iets-aan-een-oud-nekje~a476088/.

De informatie voor het kader 'Waar is mijn € 300.000,-?' komt van de website van WOMEN Inc.: https://www.womeninc.nl/loonverschil/.

De informatie voor het kader '4x meer winst met zorgvriendelijker werkgeverschap' komt uit het rapport *De winst van zorgvriendelijker werkgeverschap* van WOMEN Inc.: www.womaninc.nl/vrijepagina/de-winst-van-zorgvriendelijk-werkgeverschap.